关税纪事与评论

（2017–2018）

李九领　主　编
钟昌元　副主编

上海财经大学出版社

图书在版编目(CIP)数据

关税纪事与评论.2017—2018/李九领主编.—上海:上海财经大学出版社,2020.7
ISBN 978-7-5642-3542-0/F·3542

Ⅰ.①关… Ⅱ.①李… Ⅲ.①关税制度-研究报告-中国-2017-2018 Ⅳ.①F752.53

中国版本图书馆CIP数据核字(2020)第113857号

责任编辑:江 玉
封面设计:张克瑶

关税纪事与评论(2017—2018)

著 作 者:李九领 主编 钟昌元 副主编
出版发行:上海财经大学出版社有限公司
地 址:上海市中山北一路369号(邮编200083)
网 址:http://www.sufep.com
经 销:全国新华书店
印刷装订:江苏凤凰数码印务有限公司
开 本:787mm×1092mm 1/16
印 张:17.5
字 数:342千字
版 次:2020年7月第1版
印 次:2020年7月第1次印刷
定 价:78.00元

关税纪事与评论

（2017—2018）

序　言

关税是对进出境货物和物品征收的一种流转税。作为最古老的税种之一，关税在历史上曾是各国财政收入的重要来源，近代在保护国内幼稚产业、调节进出口贸易、维护国家利益方面发挥了极其重要的作用。目前关税仍是我国中央财政收入的重要来源，在保护国内产业发展、调节进出口贸易、保护国家安全、维护国家利益等方面发挥着积极作用。

近年来，世界经济仍处于国际金融危机后的深度调整期，经济增长持续放缓，全球动荡源和风险点显著增多，面临诸多不确定和复杂性。全球贸易保护主义抬头，国际贸易摩擦频繁，区域分化更加明显。作为全球第一大经济体的美国，特朗普政府追求"美国优先"，推行贸易单边主义，使复苏艰难的世界经济雪上加霜。而中国作为全球第二大经济体、全球第一国际贸易大国而且是全面开放的负责任的大国，正处在转变发展方式、优化经济结构、转换增长动力的攻关期，结构性、体制性、周期性问题相互交织，"三期叠加"影响持续深化，经济下行压力加大。在以习近平同志为核心的党中央领导下，我国坚持稳中求进工作总基调，坚持以供给侧结构性改革为主线，推动高质量发展，保持经济社会持续健康发展，全面建成小康社会取得新的重大进展。关税在我国稳增长、促改革、调结构、惠民生、防风险、保稳定中发挥了重要的积极作用。

2017 年我国 GDP 为 820 754 亿元，经济增长率为 6.8%，进出口贸易额 278 099 亿元，比上年增长 14.3%。2018 年 GDP 达到 900 309 亿元，经济增长率为 6.6%，进出口贸易额 305 010 亿元，比上年增长 9.7%。面对严峻复杂的外部环境挑战，我国将继续全面贯彻落实稳外贸决策部署，全力营造法治化、国际化、便利化的营商环境，不断提高贸易便利化水平，进一步扩大对外开放。

随着我国开放之门越开越大，维护国门安全面临更大的考验。2018 年《海关全面深化改革总体方案》使海关在维护国家政治、经济、文化、社会、生态安全等方面的责任更加重大。因此，海关进行了全国海关通关一体化改革，建立了“两中心三制度”，实现了关检深度融合。海关各项业务改革举措的实施，有利于保护国门安全，促进了贸易安全与便利，提高了通关效率，降低了企业通关成本。同时，海关坚持依法征管、科学征管、综合治税，坚持“量、质、效”并举，提高税收征管能力。在外贸形势非常严峻的情形下，海关坚持“应收尽收，应免则免”，全面落实国家各项税收优惠政策和减税降费政策，提高税收征管质量，完成海关税收计划。2017 年和 2018 年，全国海关税收收入分别达到 18 968 亿元和 19 727 亿元，占中央一般公共预算收入的比重分别为 23.38%和 23.09%。海关税收为增强中央财力、调节经济和贸易结构、促进国民经济和外贸持续、稳定、协调、健康发展做出了重要贡献。

为反映我国关税政策的变化和海关征税制度改革进展情况，并对世界各国关税政策的变化作对比研究，以更好发挥关税的作用，上海海关学院海关税收研究中心于 2010 年开始启动“关税纪事与评论”项目，持续收集国内外关税制度、政策及相关资料，加以整理和研究，每两年出版一辑国内外关税资讯和评述，作为各方了解和研究各国关税制度的基础性资料，为我国关税制度和政策的研究制定提供参考。在海关总署关税征管司的大力支持下，《关税纪事与评论》已连续出版四辑(2009—2010、2011—2012、2013—2014、2015—2016)。该项目从本辑开始将作为海关税收研究中心的常规研究项目继续开展，由上海海关学院科研著作出版资金资助出版。

本书以 2017—2018 年中外关税制度方面的变化为对象，分八个模块整理资料并加以评述。主要包括:中国海关法律规范及关税政策的变化、境外关税政策的变化、进口环节增值税和消费税政策的变化、商品归类与原产地规则的变化、关税谈判与自贸区发展、中国对进口产品贸易救济措施的变化、境外对中国出口产品的贸易摩擦、主要涉及中国的世界贸易组织争端等内容。此外，本书增加附章介绍我国出口退(免)税政策的变化，分四个附表列出我国海关税收收入、原产地规则主要法律文件、我国已经签订和正在谈判的自由贸易协定情况等内容，供读者参考。

上海海关学院海关与公共经济学院院长、海关税收研究中心执行主任李九领教授负责该项目的整体策划，研究确定本书的撰写思路、篇章结构和主要内容、研究团队、审稿和出版等事宜。钟昌元副教授具体负责组织实施并承担统稿工作。各章资料的收集整理和评述写作分工情况如下(按照本书的章节顺序):钟昌元副教授(第一章和附表一、二)，张磊博士(第二章)，毛道根副教授(第三章和附章)，金宏彬博士(第四章)，匡增杰副教授(第五章和附表三、四)，查贵勇副教授(第六章和第七章)，高军博士(第八章)。上海海关学院税务专业硕士研究生赵雪娟、刘冰、李瑞锦和部分本科生同学参与了本书部分原始资料的收集和初步整理工作。同时，许多校内外及海关系统的专家和领导对本书的写作出版提供了诸多的指导和帮助，在此表示衷心感谢！

本书原始资料主要来源于中国政府、海关总署、商务部、财政部、国家税务总局、中国自由贸易区、中国贸易救济信息等国内官方网站和世界贸易组织、世界海关组织等官方网站，也参考了国内外专家的观点，在此表示感谢！由于国内外资料收集、翻译的难度以及项目组成员的水平所限，本书可能存在许多遗漏和不足，恳请读者批评指正。

编　者

2020 年 3 月

目　录

第一章

中国海关法律规范及关税政策的变化

第一节　2017—2018年中国海关法律法规规章变化

一、《中华人民共和国海关法》第五次修正，自2017年11月5日起生效

2017年11月4日发布的国家主席令第八十一号，公布了《全国人民代表大会常务委员会关于修改〈中华人民共和国会计法〉等十一部法律的决定》。该决定由中华人民共和国第十二届全国人民代表大会常务委员会第三十次会议于2017年11月4日通过，自2017年11月5日起施行。

该决定对《中华人民共和国海关法》作出了修改，这是自1987年1月22日《中华人民共和国海关法》通过以来的第五次修正。此次修正涉及《中华人民共和国海关法》中第三十三条第一款和第三款内容。具体修改情况如下：

将第三十三条第一款修改为："企业从事加工贸易，应当按照海关总署的规定向海关备案。加工贸易制成品单位耗料量由海关按照有关规定核定。"

第三款修改为："加工贸易保税进口料件或者制成品内销的，海关对保税的进口料件依法征税；属于国家对进口有限制性规定的，还应当向海关提交进口许可证件。"

《中华人民共和国海关法》于1987年1月22日第六届全国人民代表大会常务委员会第十九次会议通过，1987年7月1日生效。此后，根据2000年7月8日第九届全国人民代表大会常务委员会第十六次会议《关于修改〈中华人民共和国海关法〉的决定》第一次修正，根据2013年6月29日第十二届全国人民代表大会常务委员会第三次会议《关于修改〈中华人民共和国文物保护法〉等十二部法律的决定》第二次修正，根

据2013年12月28日第十二届全国人民代表大会常务委员会第六次会议《关于修改〈中华人民共和国海洋环境保护法〉等七部法律的决定》第三次修正，根据2016年11月7日第十二届全国人民代表大会常务委员会第二十四次会议《关于修改〈中华人民共和国对外贸易法〉等十二部法律的决定》第四次修正。此次根据2017年11月4日第十二届全国人民代表大会常务委员会第三十次会议《关于修改〈中华人民共和国会计法〉等十一部法律的决定》第五次修正。

二、《中华人民共和国船舶吨税法》发布，自2018年7月1日起生效

2017年12月27日发布的国家主席令第八十五号，公布了《中华人民共和国船舶吨税法》。该法由中华人民共和国第十二届全国人民代表大会常务委员会第三十一次会议于2017年12月27日通过，自2018年7月1日起施行。2011年12月5日国务院公布的《中华人民共和国船舶吨税暂行条例》同时废止。

《中华人民共和国船舶吨税法》是我国船舶吨税征管最重要的法律依据。该法共22条，涉及征税对象、税目税率设置、计税依据、应纳税额、征收机关、免税、申报纳税程序、纳税义务发生时间、纳税期限、担保等重要内容。

船舶吨税是针对船舶使用海上航标等助航设施的行为设置的税种。1952年，经原政务院财政经济委员会批准，海关总署发布了《中华人民共和国海关船舶吨税暂行办法》。2011年12月，国务院制定了《中华人民共和国船舶吨税暂行条例》。为贯彻落实税收法定原则、深化税收制度改革，按照税制平移的思路，基本保持税制框架和税负水平不变，此次制定船舶吨税法主要是将船舶吨税暂行条例上升为法律。

三、《中华人民共和国船舶吨税法》2018年10月26日第一次修正，自公布之日起生效

2018年10月26日，国家主席令第十六号发布，公布了《全国人民代表大会常务委员会关于修改〈中华人民共和国野生动物保护法〉等十五部法律的决定》。该决定由第十三届全国人民代表大会常务委员会第六次会议于2018年10月26日通过，自公布之日起施行。

该决定对《中华人民共和国船舶吨税法》作出了修改，这是自2017年12月27日《中华人民共和国船舶吨税法》通过以来的第一次修正。此次修正涉及《中华人民共和国船舶吨税法》中第十一条内容。具体修改情况为：删去第十一条中的"或者出入境检验检疫部门"。

由于《国务院机构改革方案》将国家质量监督检验检疫总局的出入境检验检疫管

理职责和队伍划入海关总署，据此删去第十一条中的“或者出入境检验检疫部门”。

四、《中华人民共和国进出口关税条例》第四次修订，自 2017 年 3 月 1 日生效

2017 年 3 月 1 日，国务院令第 676 号发布，公布了《国务院关于修改和废止部分行政法规的决定》，自公布之日起施行。

该决定指出，为了依法推进简政放权、放管结合、优化服务改革，国务院对取消行政审批项目、中介服务事项、职业资格许可事项和企业投资项目核准前置审批改革涉及的行政法规，以及不利于稳增长、促改革、调结构、惠民生的行政法规，进行了清理。经过清理，国务院决定对 36 部行政法规的部分条款予以修改，对 3 部行政法规予以废止。

其中将《中华人民共和国进出口关税条例》第十六条第三项中的“暂准”修改为“暂时”。删去第四十二条第一款中的“经海关批准”，将“经纳税义务人申请，海关可以根据海关总署的规定延长复运出境或者复运进境的期限”修改为“需要延长复运出境或者复运进境期限的，纳税义务人应当根据海关总署的规定向海关办理延期手续”。第二款、第三款中的“暂准”修改为“暂时”。

目前实施的《中华人民共和国进出口关税条例》是在 2003 年 10 月 29 日由国务院第 26 次常务会议通过，并自 2004 年 1 月 1 日起生效的。之后根据 2011 年 1 月 8 日《国务院关于废止和修改部分行政法规的决定》进行了第一次修订，根据 2013 年 12 月 7 日《国务院关于修改部分行政法规的决定》进行了第二次修订，根据 2016 年 2 月 6 日《国务院关于修改部分行政法规的决定》第三次修订。此次是《中华人民共和国进出口关税条例》的第四次修订。

五、《中华人民共和国海关事务担保条例》《中华人民共和国知识产权海关保护条例》修改，自 2018 年 3 月 19 日起实施

2018 年 3 月 19 日，国务院令第 698 号发布，公布了《国务院关于修改和废止部分行政法规的决定》，自公布之日起施行。

为了依法推进简政放权、放管结合、优化服务改革，国务院对取消行政许可项目及制约新产业、新业态、新模式发展涉及的行政法规进行了清理。经过清理，国务院决定对 18 部行政法规的部分条款予以修改，对 5 部行政法规予以废止。

其中，删去《中华人民共和国知识产权海关保护条例》第三十二条。将《中华人民共和国海关事务担保条例》第十条修改为：“按照海关总署的规定经海关认定的高级认证企业可以申请免除担保，并按照海关规定办理有关手续。”

六、《中华人民共和国海关关于最不发达国家特别优惠关税待遇进口货物原产地管理办法》公布,自 2017 年 4 月 1 日起施行

2017 年 3 月 1 日,海关总署发布第 231 号令,公布了已于 2017 年 2 月 27 日经海关总署署务会议审议通过的《中华人民共和国海关关于最不发达国家特别优惠关税待遇进口货物原产地管理办法》,自 2017 年 4 月 1 日起施行。

该办法是为了正确确定与我国建交的最不发达国家特别优惠关税待遇进口货物的原产地,促进我国与有关国家间的经贸往来,根据《中华人民共和国海关法》《中华人民共和国进出口货物原产地条例》的有关规定制定的,适用于从与我国建交的最不发达国家进口并且享受特别优惠关税待遇货物的原产地管理。

署令指出,对于自与我国建交的最不发达国家进口的货物,符合该办法规定的原产地标准的,可以自公布之日起按该办法的规定向海关办理申报进口手续,申请享受特别优惠关税待遇。

2010 年 6 月 28 日海关总署令第 192 号公布的《中华人民共和国海关最不发达国家特别优惠关税待遇进口货物原产地管理办法》、2013 年 7 月 1 日海关总署令第 210 号公布的《海关总署关于修改〈中华人民共和国海关最不发达国家特别优惠关税待遇进口货物原产地管理办法〉的决定》同时废止。

七、《中华人民共和国海关监管区管理暂行办法》公布,自 2017 年 11 月 1 日起施行

2017 年 8 月 8 日,海关总署发布第 232 号令,公布了已于 2016 年 12 月 27 日经海关总署署务会议审议通过的《中华人民共和国海关监管区管理暂行办法》,自 2017 年 11 月 1 日起施行。

该办法适用于海关对海关监管区的管理。海关监管区是指《中华人民共和国海关法》第一百条所规定的海关对进出境运输工具、货物、物品实施监督管理的场所和地点,包括海关特殊监管区域、保税监管场所、海关监管作业场所、免税商店以及其他有海关监管业务的场所和地点。海关监管作业场所是指由企业负责经营管理,供进出境运输工具或者境内承运海关监管货物的运输工具进出、停靠,从事海关监管货物的进出、装卸、储存、集拼、暂时存放等有关经营活动,符合《海关监管作业场所设置规范》,办理相关海关手续的场所。

但是,海关规章对海关特殊监管区域、保税监管场所、免税商店的管理另有规定的,从其规定。

2008 年 1 月 30 日海关总署令第 171 号发布的《中华人民共和国海关监管场所管理办法》、2015 年 4 月 27 日海关总署令第 227 号公布的《海关总署关于修改部分规章的决定》第六条同时废止。

根据 2018 年 5 月 29 日发布的《海关总署关于修改部分规章的决定》(海关总署第 240 号令),为进一步简化海关手续,减轻企业负担,降低制度性交易成本,海关总署决定对《中华人民共和国海关监管区管理暂行办法》等 82 部规章进行修改,自 2018 年 7 月 1 日起施行。

八、《中华人民共和国海关暂时进出境货物管理办法》公布,自 2018 年 2 月 1 日起施行

2017 年 12 月 8 日,海关总署发布第 233 号令,公布了已于 2017 年 11 月 20 日经海关总署署务会议审议通过的《中华人民共和国海关暂时进出境货物管理办法》,自 2018 年 2 月 1 日起施行。

该办法是为了规范海关对暂时进出境货物的监管,根据《中华人民共和国海关法》《中华人民共和国进出口关税条例》以及有关法律、行政法规的规定而制定的海关对暂时进境、暂时出境并且在规定的期限内复运出境、复运进境货物的管理适用该办法。

2007 年 3 月 1 日海关总署令第 157 号公布的《中华人民共和国海关暂时进出境货物管理办法》、2013 年 12 月 25 日海关总署令第 212 号公布的《海关总署关于修改〈中华人民共和国海关暂时进出境货物管理办法〉的决定》同时废止。

九、《中华人民共和国海关关于异地加工贸易的管理办法》废止,自 2017 年 12 月 8 日起生效

2017 年 12 月 8 日,海关总署发布第 234 号令,公布了已于 2017 年 11 月 20 日经海关总署署务会议审议通过的《海关总署关于废止〈中华人民共和国海关关于异地加工贸易的管理办法〉的决定》,自公布之日起生效。

署令指出,为进一步深化海关简政放权、放管结合、优化服务改革,在保证海关有效监管、精准监管的同时,优化加工贸易业务管理模式,为企业减负增效,决定废止 1999 年 9 月 22 日以海关总署令第 74 号公布并于 2010 年 11 月 26 日以海关总署令第 198 号、2014 年 3 月 13 日以海关总署令第 218 号修改的《中华人民共和国海关关于异地加工贸易的管理办法》。

十、海关总署发布第235号令,决定自2017年12月20日公布之日起修改部分规章

2017年12月20日,海关总署发布第235号令,公布了已于2017年11月20日经海关总署署务会议审议通过的《海关总署关于修改部分规章的决定》,并自公布之日起施行。

署令指出,为进一步深化海关简政放权、放管结合、优化服务改革,在保证海关有效监管、精准监管的同时,推动通关以及相关作业流程"去繁就简",去除不必要的制度性成本,营造良好营商环境,海关总署决定对《中华人民共和国海关对进出境旅客行李物品监管办法》等23部规章进行修改。

十一、《中华人民共和国海关预裁定管理暂行办法》公布,自2018年2月1日起施行

2017年12月26日,海关总署发布第236号令,公布了已于2017年12月12日经海关总署署务会议审议通过的《中华人民共和国海关预裁定管理暂行办法》,自2018年2月1日起施行。

该办法是为了促进贸易安全与便利,优化营商环境,增强企业对进出口贸易活动的可预期性,根据《中华人民共和国海关法》以及有关法律、行政法规和我国政府缔结或者加入的有关国际条约、协定的规定而制定的。

在货物实际进出口前,海关应申请人的申请,对其与实际进出口活动有关的海关事务作出预裁定,适用该办法。

十二、《中华人民共和国海关企业信用管理办法》公布,自2018年5月1日起施行

2018年3月3日,海关总署发布第237号令,公布了已于2018年1月29日经海关总署署务会议审议通过的《中华人民共和国海关企业信用管理办法》,自2018年5月1日起施行。

该办法是为推进社会信用体系建设,建立企业进出口信用管理制度,促进贸易安全与便利,根据《中华人民共和国海关法》《中华人民共和国海关稽查条例》《企业信息公示暂行条例》以及其他有关法律、行政法规的规定而制定的。海关注册登记和备案企业以及企业相关人员信用信息的采集、公示,企业信用状况的认定、管理等适用该办法。

2014 年 10 月 8 日海关总署令第 225 号公布的《中华人民共和国海关企业信用管理暂行办法》同时废止。

十三、海关总署发布第 238 号令，决定自 2018 年 5 月 1 日起修改部分规章

2018 年 4 月 28 日，海关总署发布第 238 号令，公布了已于 2018 年 4 月 27 日经海关总署署务会议审议通过的《海关总署关于修改部分规章的决定》，自 2018 年 5 月 1 日起施行。

署令指出，为贯彻落实中共中央《深化党和国家机构改革方案》和第十三届全国人大一次会议审议通过的《关于国务院机构改革方案的决定》，对因改革影响机构合法性和执法合法性的规章尽快予以修订，海关总署决定对《中华人民共和国海关关于超期未报关进口货物、误卸或者溢卸的进境货物和放弃进口货物的处理办法》等 71 部规章进行修改。

十四、海关总署发布第 239 号令，自 2018 年 4 月 28 日起废止《出入境检验检疫行政复议办法》和《出入境检验检疫行政处罚程序规定》

2018 年 4 月 28 日，海关总署发布第 239 号令，公布了已于 2018 年 4 月 27 日经海关总署署务会议审议通过的《海关总署关于废止部分规章的决定》，自公布之日起生效。

署令指出，为贯彻落实中共中央《深化党和国家机构改革方案》和第十三届全国人大一次会议审议通过的《关于国务院机构改革方案的决定》，对因改革影响机构合法性和执法合法性的规章尽快予以清理，决定废止 1999 年 11 月 23 日以原国家出入境检验检疫局令第 7 号公布的《出入境检验检疫行政复议办法》和 2006 年 1 月 28 日以原国家质量监督检验检疫总局令第 85 号公布的《出入境检验检疫行政处罚程序规定》。

十五、海关总署发布第 240 号令，决定自 2018 年 7 月 1 日起修改部分规章

2018 年 5 月 29 日，海关总署发布第 240 号令，公布了已于 2018 年 5 月 28 日经海关总署署务会议审议通过的《海关总署关于修改部分规章的决定》，自 2018 年 7 月 1 日起施行。

署令指出，根据国务院进一步深化“放管服”改革的决策部署，为进一步简化海关手续，减轻企业负担，降低制度性交易成本，海关总署决定对《中华人民共和国海关关于境外登山团体和个人进出境物品管理规定》等 82 部规章进行修改。

十六、海关总署发布第241号令,自2018年5月29日起废止《海关对出口退税报关单管理办法》和《出入境检验检疫标志管理办法》

2018年5月29日,海关总署发布第241号令,公布了已于2018年5月28日经海关总署署务会议审议通过的《海关总署关于废止部分规章的决定》,自公布之日起生效。

署令指出,根据国务院进一步深化"放管服"改革的决策部署,为进一步简化海关手续,减轻企业负担,降低制度性交易成本,决定废止1991年3月6日以海关总署令第16号公布的《海关对出口退税报关单管理办法》和2000年5月31日以国家出入境检验检疫局令第23号公布的《出入境检验检疫标志管理办法》。

十七、《中华人民共和国海关统计工作管理规定》公布,自2018年10月1日起施行

2018年8月17日,海关总署发布第242号令,公布了已于2018年8月16日经海关总署署务会议审议通过的《中华人民共和国海关统计工作管理规定》,自2018年10月1日起施行。

该规定是为了科学、有效地开展海关统计工作,保障海关统计的真实性、准确性、完整性和及时性,发挥海关统计服务宏观决策、对外贸易和经济社会发展的作用,根据《中华人民共和国海关法》《中华人民共和国统计法》《中华人民共和国海关统计条例》《中华人民共和国统计法实施条例》以及有关法律、行政法规而制定的。海关对进出口货物、进出境物品以及有关海关业务的统计工作,适用该规定。

2006年9月12日海关总署令第153号公布的《中华人民共和国海关统计工作管理规定》同时废止。

十八、海关总署发布第243号令,决定自2018年11月23日起修改部分规章

2018年11月23日,海关总署发布第243号令,公布了已于2018年11月21日经海关总署署务会议审议通过的《海关总署关于修改部分规章的决定》,自公布之日起施行。

署令指出,为贯彻落实党中央、国务院关于优化口岸营商环境的决策部署,进一步降低制度性交易成本,压缩通关时间,巩固和提升精简进出口环节监管证件改革成效,海关总署决定对《中华人民共和国海关关于超期未报关进口货物、误卸或者溢卸的进境货物和放弃进口货物的处理办法》等45部规章进行修改。

十九、《中华人民共和国海关〈中华人民共和国政府和格鲁吉亚政府自由贸易协定〉项下进出口货物原产地管理办法》公布，自2018年1月1日起执行

2017年12月13日，海关总署发布2017年第61号公告，经国务院批准，《中华人民共和国政府和格鲁吉亚政府自由贸易协定》(简称《中格自贸协定》)将自2018年1月1日起正式实施。为了正确确定《中格自贸协定》项下进出口货物原产地，促进我国与格鲁吉亚的经贸往来，海关总署制定了《中华人民共和国海关〈中华人民共和国政府和格鲁吉亚政府自由贸易协定〉项下进出口货物原产地管理办法》，自2018年1月1日起执行。

该办法适用于我国与格鲁吉亚之间的《中格自贸协定》项下进出口货物的原产地管理。

二十、修订后的《亚洲-太平洋贸易协定》原产地规则公布，自2018年7月1日起执行

2018年6月27日海关总署发布2018年第69号公告，指出《〈亚洲-太平洋贸易协定〉第二修正案》已经国务院核准。该修正案对《亚洲-太平洋贸易协定》原产地规则进行了修订，《亚洲-太平洋贸易协定》委员会对原产地证书有关内容进行了调整。海关总署将修订后的《亚洲-太平洋贸易协定》原产地规则重新公布，自2018年7月1日起执行，海关总署2006年第57号、2007年第77号公告同时停止执行。

二十一、《中华人民共和国海关〈《内地与澳门关于建立更紧密经贸关系的安排》货物贸易协议〉项下进出口货物原产地管理办法》公布，自2019年1月1日起执行

2018年12月28日，海关总署发布2018年第213号公告，经国务院批准，《〈内地与澳门关于建立更紧密经贸关系的安排〉货物贸易协议》自2019年1月1日起正式实施。为了正确确定该协议项下进出口货物原产地，促进内地与澳门的经贸往来，海关总署制定了《中华人民共和国海关〈《内地与澳门关于建立更紧密经贸关系的安排》货物贸易协议〉项下进出口货物原产地管理办法》，自2019年1月1日起执行。

二十二、《中华人民共和国海关〈《内地与香港关于建立更紧密经贸关系的安排》货物贸易协议〉项下进出口货物原产地管理办法》公布，自2019年1月1日起执行

2018年12月28日，海关总署发布2018年第214号公告，经国务院批准，《〈内地与香港关于建立更紧密经贸关系的安排〉货物贸易协议》自2019年1月1日起正式实施。为了正确确定该协议项下进出口货物原产地，促进内地与香港的经贸往来，海关总署制定了《中华人民共和国海关〈《内地与香港关于建立更紧密经贸关系的安排》货物贸易协议〉项下进出口货物原产地管理办法》，自2019年1月1日起执行。

第二节 2017—2018年中国关税政策变化

一、进口关税政策变化

(一)《2017年关税调整方案》公布，自2017年1月1日起实施

2016年12月19日国务院关税税则委员会发布了《关于2017年关税调整方案的通知》(税委会〔2016〕31号)。

通知指出，《2017年关税调整方案》已经国务院关税税则委员会第七次全体会议审议通过，并报国务院批准，自2017年1月1日起实施。

根据《2017年关税调整方案》，进口关税税率设置情况如下：

(1)最惠国税率。

①对《中华人民共和国加入世界贸易组织关税减让表修正案》附表所列信息技术产品最惠国税率自2017年1月1日至2017年6月30日继续实施首次降税，自2017年7月1日起实施第二次降税。

②自2017年1月1日起对822项进口商品实施暂定税率，自2017年7月1日起，将实施进口商品暂定税率的商品范围调减至805项。

(2)关税配额税率。

继续对小麦等8类商品实施关税配额管理，税率不变。其中，对尿素、复合肥、磷酸氢铵3种化肥的配额税率继续实施1%的暂定税率。继续对配额外进口的一定数量棉花实施滑准税。

(3)协定税率。

根据我国与有关国家或地区签署的贸易或关税优惠协定，对有关国家或地区实施协定税率：

①中国与澳大利亚、巴基斯坦、瑞士、哥斯达黎加、冰岛、韩国、新西兰、秘鲁的自贸协定以及内地分别与香港、澳门的更紧密经贸关系安排(CEPA)项下的部分产品的协定税率进一步降低。

②中国与东盟、智利、新加坡的自贸协定、亚太贸易协定以及海峡两岸经济合作框

架协议(ECFA)项下商品继续实施协定税率,商品范围和税率水平均维持不变。

(4)特惠税率。

对有关最不发达国家继续实施特惠税率,商品范围和税率水平均维持不变。

2017年,我国进出口税则税目与《商品名称及编码协调制度》同步转版。根据国内需要,对部分税则税目进行调整。经转版和调整后,2017年税则税目数共计8 547个。

(二)国务院关税税则委员会决定,对新完成原产地标准磋商的6项香港原产商品和27项澳门原产商品,自2017年7月1日起实施零关税

2017年6月29日,国务院关税税则委员会发出《关于2017年下半年CEPA项下部分货物实施零关税的通知》(税委会〔2017〕10号)。

通知规定,根据《内地与香港关于建立更紧密经贸关系的安排》和《内地与澳门关于建立更紧密经贸关系的安排》及其补充协议的规定,国务院关税税则委员会决定,对新完成原产地标准磋商的6项香港原产商品和27项澳门原产商品,自2017年7月1日起实施零关税。

(三)从2017年12月1日起,我国对原产于冈比亚共和国、圣多美和普林西比民主共和国的97%税目产品实施最不发达国家零关税待遇

2017年10月27日,国务院关税税则委员会发出《关于给予冈比亚共和国、圣多美和普林西比民主共和国97%税目产品零关税待遇的通知》(税委会〔2017〕22号)。

通知指出,按照经国务院批准的《关于对最不发达国家97%税目产品实施零关税的方案》(税委会〔2014〕5号)及有关实施程序(税委会〔2014〕31号),根据最新签署的换文情况,从2017年12月1日起,对原产于冈比亚共和国、圣多美和普林西比民主共和国的97%税目产品实施最不发达国家零关税。97%税目产品零关税待遇货品清单按照《国务院关税税则委员会关于2017年关税调整方案的通知》(税委会〔2016〕31号)附表5执行。

(四)国务院关税税则委员会决定自2017年12月1日起,以暂定税率方式降低部分消费品进口关税

2017年11月22日,国务院关税税则委员会发出《关于调整部分消费品进口关税的通知》(税委会〔2017〕25号)。

通知规定,自2017年12月1日起,以暂定税率方式降低部分消费品进口关税。

根据国务院要求,自2015年以来,为满足居民消费升级需要,合理增加与人民生活密切相关的一般消费品进口,我国已陆续降低了部分服装、箱包、鞋靴、特色食品和药品等消费品的进口关税。在此前降税的基础上,此次进一步降低消费品进口关税,范围涵盖食品、保健品、药品、日化用品、衣着鞋帽、家用设备、文化娱乐、日杂百货等各类消费品,共涉及 187 个 8 位税号,平均税率由 17.3%降至 7.7%。

(五)国务院关税税则委员会发出《关于 2018 年关税调整方案的通知》,自 2018 年 1 月 1 日起,对部分商品的进出口关税进行调整

2017 年 12 月 12 日,国务院关税税则委员会发出《关于 2018 年关税调整方案的通知》(税委会〔2017〕27 号)。

通知指出,根据《中华人民共和国进出口关税条例》相关规定,自 2018 年 1 月 1 日起,对部分商品的进出口关税进行调整。其中进口关税税率调整如下:

(1)最惠国税率。

①自 2018 年 1 月 1 日起对 948 项进口商品实施暂定税率,其中 27 项信息技术产品暂定税率实施至 2018 年 6 月 30 日止。

②对《中华人民共和国加入世界贸易组织关税减让表修正案》附表所列信息技术产品最惠国税率自 2018 年 1 月 1 日至 2018 年 6 月 30 日继续实施第二次降税,自 2018 年 7 月 1 日起实施第三次降税。

③自 2018 年 7 月 1 日起,对碎米(税号 10064010、10064090)实施 10%的最惠国税率。

(2)关税配额税率。

继续对小麦等 8 类商品实施关税配额管理,税率不变。其中,对尿素、复合肥、磷酸氢铵 3 种化肥的配额税率继续实施 1%的暂定税率。继续对配额外进口的一定数量棉花实施滑准税。

(3)协定税率。

根据我国与有关国家或地区签署的贸易或关税优惠协定,对中国与格鲁吉亚自贸协定项下的部分产品开始实施协定税率,对中国与东盟、巴基斯坦、韩国、冰岛、瑞士、哥斯达黎加、秘鲁、澳大利亚、新西兰的自贸协定以及内地分别与香港、澳门的更紧密经贸关系安排(CEPA)项下的部分商品的协定税率进一步降低。

此外,根据国内需要对部分税则税目进行调整。经调整后,2018 年税则税目数共计 8 549 个。

(六)国务院关税税则委员会发出通知,决定自 2018 年 4 月 2 日起对原产于美国的部分进口商品中止关税减让义务

2018 年 4 月 1 日,国务院关税税则委员会发布《对原产于美国的部分进口商品中止关税减让义务的通知》(税委会〔2018〕13 号)。

通知指出,为维护我国利益,平衡因美国对进口钢铁和铝产品加征关税(即 232 措施）给我国利益造成的损失，国务院关税税则委员会决定对原产于美国的部分进口商品中止关税减让义务，自 2018 年 4 月 2 日起实施。具体通知如下：

（1）对原产于美国的水果及制品等 120 项进口商品中止关税减让义务，在现行适用关税税率基础上加征关税，加征关税税率为 15%。

（2）对原产于美国的猪肉及制品等 8 项进口商品中止关税减让义务，在现行适用关税税率基础上加征关税，加征关税税率为 25%。

（3）现行保税、减免税政策不变。

（4）加征关税后，有关计算公式如下：

关税＝关税完税价格×（现行适用关税税率＋加征关税税率）

进口环节消费税＝进口环节消费税计税价格×进口环节消费税税率

进口环节消费税计税价格＝（关税完税价格＋关税）/（1－进口环节消费税税率）

进口环节增值税＝进口环节增值税计税价格×进口环节增值税税率

进口环节增值税计税价格＝关税完税价格＋关税＋进口环节消费税

（七）国务院关税税则委员会发布第 1 号公告，决定对原产于美国的部分进口商品加征 25%的关税

2018 年 4 月 4 日，国务院关税税则委员会发布《关于对原产于美国的部分进口商品加征关税的公告》（税委会公告〔2018〕1 号）。

公告指出，2018 年 4 月 4 日，美国政府发布了加征关税的商品清单，将对我国输美的 1 333 项 500 亿美元商品加征 25%的关税。美方这一措施违反了世界贸易组织规则，严重侵犯我国合法权益，威胁我国国家发展利益。

根据我方在世界贸易组织项下的权利和义务，以及《中华人民共和国对外贸易法》和《中华人民共和国进出口关税条例》相关规定，经国务院批准，国务院关税税则委员会决定对原产于美国的大豆、汽车、化工品等 14 类 106 项商品加征 25%的关税。有关事项如下：

（1）加征关税的商品为大豆、汽车、化工品等 14 类 106 项商品。征税范围详见公告附表。

（2）对原产于美国的附表所列进口商品，在现行征税方式、适用关税税率基础上加征 25%的关税，现行保税、减免税政策不变（本次加征的关税不予减免）。

（3）加征关税后，有关进口税收计算公式如下：

关税＝关税完税价格×（现行适用关税税率＋加征关税税率）

从价定率商品进口环节消费税＝进口环节消费税计税价格×消费税比例税率

复合计税商品进口环节消费税＝进口环节消费税计税价格×消费税比例税率＋进口数量×消费税定额税率

从价定率商品进口环节消费税计税价格=(关税完税价格+关税)÷(1－消费税比例税率)

复合计税商品进口环节消费税计税价格=(关税完税价格+关税+进口数量×消费税定额税率)÷(1－消费税比例税率)

进口环节增值税=进口环节增值税计税价格×进口环节增值税税率

进口环节增值税计税价格=关税完税价格+关税+进口环节消费税

(4)实施时间另行公告。

(八)国务院关税税则委员会发布第2号公告,决定自2018年5月1日起降低药品进口关税

2018年4月23日,国务院关税税则委员会发布《关于降低药品进口关税的公告》(税委会公告〔2018〕2号)。

公告指出,根据《中华人民共和国进出口关税条例》相关规定,为减轻广大患者特别是癌症患者药费负担并有更多用药选择,自2018年5月1日起,以暂定税率方式将包括抗癌药在内的所有普通药品、具有抗癌作用的生物碱类药品及有实际进口的中成药进口关税降为零。

此次调整将取消28项药品的进口关税。调整后,除安宫牛黄丸等我国特产药品、部分生物碱类药品等少数品种外,绝大多数进口药品,特别是有实际进口的抗癌药均将实现零关税。

(九)国务院关税税则委员会发布第3号公告,决定自2018年7月1日起降低汽车整车及零部件进口关税

2018年5月22日,国务院关税税则委员会发布《关于降低汽车整车及零部件进口关税的公告》(税委会公告〔2018〕3号)。

公告指出,为进一步扩大改革开放,推动供给侧结构性改革,促进汽车产业转型升级,满足人民群众消费需求,自2018年7月1日起,降低汽车整车及零部件进口关税。将汽车整车税率为25%的135个税号和税率为20%的4个税号的税率降至15%,将汽车零部件税率分别为8%、10%、15%、20%、25%的共79个税号的税率降至6%。

降税后,我国汽车整车最惠国算术平均税率为13.8%,税率介于3%至15%之间。其中,143个税号的税率为15%,35个税号的税率为12%及以下。降税后,我国所有汽车零部件的最惠国税率均为6%。

(十)国务院关税税则委员会发布第4号公告,决定自2018年7月1日起降低部分进口日用消费品最惠国税率

2018年5月22日,国务院关税税则委员会发布《关于降低日用消费品进口关税的公告》(税委会公告〔2018〕4号)。

公告指出，为进一步满足人民美好生活需要，推动供给侧结构性改革，主动扩大开放，自2018年7月1日起，降低部分进口日用消费品的最惠国税率，涉及1 449个税目。因最惠国税率调整，自2018年7月1日起，取消210项进口商品最惠国暂定税率，其余商品最惠国暂定税率继续实施。

此次降低部分日用消费品的最惠国税率，涉及1449个税目，平均税率由15.7%降为6.9%，平均降幅55.9%。

(十一)国务院关税税则委员会决定，对新完成原产地标准磋商的4项香港原产商品，自2018年7月1日起实施零关税

2018年6月15日，国务院关税税则委员会发布《关于2018年下半年CEPA项下部分货物实施零关税的通知》(税委会〔2018〕28号)。

通知指出，根据《内地与香港关于建立更紧密经贸关系的安排》及其补充协议的规定，国务院关税税则委员会决定，对新完成原产地标准磋商的4项香港原产商品，自2018年7月1日起实施零关税。

(十二)国务院关税税则委员会决定，自2018年7月1日起，对原产于孟加拉国、印度、老挝、韩国、斯里兰卡的进口货物适用《〈亚洲-太平洋贸易协定〉第二修正案》协定税率

2018年6月19日，国务院关税税则委员会发布《关于实施〈《亚洲-太平洋贸易协定》第二修正案〉协定税率的通知》(税委会〔2018〕27号)。

通知指出，根据《中华人民共和国进出口关税条例》及经国务院核准的《〈亚洲-太平洋贸易协定〉第二修正案》，决定自2018年7月1日起，对原产于孟加拉国、印度、老挝、韩国、斯里兰卡的进口货物适用《〈亚洲-太平洋贸易协定〉第二修正案》协定税率。

(十三)国务院关税税则委员会决定，自2018年7月1日起，对进出口税则大米的税目税率进行调整

2018年6月23日，国务院关税税则委员会发布《关于调整大米税目税率的通知》(税委会〔2018〕33号)。

通知指出，为适应技术进步和贸易发展需要，根据国内大米行业标准变化情况，自2018年7月1日起，对进出口税则大米的税目税率进行调整。

此次调整，大米税目改按粒型划分为“长粒米”和“其他”，共涉及14个税目。本次税目调整是根据国内大米行业标准变化情况而进行的，目的是更好地适应贸易发展的需要。

税目调整后，大米最惠国税率、关税配额税率和普通税率不受影响。依据世界贸易组织、世界海关组织有关规则和双边自由贸易协定，上述通知还明确了有关国家进口货物适用的协定税率。自东盟进口的稻谷、整粒米、碎米、大米细粉、大米粗粉粗粒适用的协定税率分别为50%、50%、5%、40%、5%。

(十四)国务院关税税则委员会发布第5号公告,决定对原产于美国500亿美元进口商品加征25%的关税

2018年6月16日,国务院关税税则委员会发布了《关于对原产于美国500亿美元进口商品加征关税的公告》(税委会公告〔2018〕5号)。

公告指出,2018年6月15日,美国政府发布了加征关税的商品清单,将对从中国进口的约500亿美元商品加征25%的关税,其中对约340亿美元商品自2018年7月6日起实施加征关税,同时就约160亿美元商品加征关税开始征求公众意见。美方这一措施违反了世界贸易组织相关规则,有悖于中美双方磋商已达成的共识,严重侵犯我方的合法权益,威胁我国国家和人民的利益。

根据《中华人民共和国对外贸易法》《中华人民共和国进出口关税条例》等法律法规和国际法基本原则,国务院关税税则委员会决定对原产于美国的659项约500亿美元进口商品加征25%的关税,其中545项约340亿美元商品自2018年7月6日起实施加征关税,对其余商品加征关税的实施时间另行公布。有关事项如下:

(1)对农产品、汽车、水产品等545项商品,自2018年7月6日起实施加征关税,具体商品范围见该公告附表1。

(2)对化工品、医疗设备、能源产品等114项商品,加征关税实施时间另行公告,具体商品范围见该公告附表2。

(3)对原产于美国的附表1和附表2所列进口商品,在现行征税方式、适用关税税率基础上加征25%的关税,现行保税、减免税政策不变,此次加征的关税不予减免。

(十五)国务院关税税则委员会发布第6号公告,决定对原产于美国约600亿美元5 207个税目进口商品分别加征25%、20%、10%和5%的关税

2018年8月3日,国务院关税税则委员会发布《关于对原产于美国的部分进口商品(第二批)加征关税的公告》(税委会公告〔2018〕6号)。

公告指出,2018年7月11日,美国政府发布了对从中国进口的约2 000亿美元商品加征关税的措施,并就该措施征求公众意见。8月2日,美方宣布拟对上述2 000亿美元商品加征的关税税率由10%提高到25%。美方措施背离双方多次磋商共识,导致中美双方贸易摩擦升级,严重违反世界贸易组织相关规则,损害我国国家利益和人民利益。

根据《中华人民共和国对外贸易法》《中华人民共和国进出口关税条例》等法律法规和国际法基本原则,国务院关税税则委员会决定对原产于美国的5 207个税目进口商品加征关税。该措施涉及自美进口贸易额约600亿美元。有关事项如下：

(1)对公告附件1所列2493个税目商品加征25%的关税，对附件2所列1 078个税目商品加征20%的关税，对附件3所列974个税目商品加征10%的关税，对附件4所列662个税目商品加征5%的关税，具体商品范围分别见该公告附件1至附件4。

(2)对原产于美国的附件所列进口商品，在现行征税方式、适用关税税率基础上分别加征相应关税，现行保税、减免税政策不变，此次加征的关税不予减免。

(3)相关进口税收的计征：

加征关税税额＝关税完税价格×加征关税税率

关税＝按现行适用税率计算的应纳关税税额＋加征关税税额

进口环节增值税、消费税按相关法律法规等规定计征。

(4)实施日期另行公布。

(十六)国务院关税税则委员会发布第7号公告，决定自2018年8月23日12时01分起对原产于美国约160亿美元进口商品加征关税

2018年8月8日，国务院关税税则委员会发布《关于对原产于美国约160亿美元进口商品加征关税的公告》(税委会公告〔2018〕7号)。

公告指出，根据《国务院关税税则委员会关于对原产于美国500亿美元进口商品加征关税的公告》(税委会公告〔2018〕5号)，现将对美加征关税商品清单二有关调整事项公告如下：

(1)对美加征关税商品清单二的商品，以本公告附件为准，自2018年8月23日12时01分起实施加征关税。

(2)其他事项按照税委会公告〔2018〕5号执行。

(十七)国务院关税税则委员会发布第8号公告，决定自2018年9月24日12时01分起对原产于美国的部分进口商品(第二批)分别加征10%和5%的关税

2018年9月18日，《国务院关税税则委员会关于对原产于美国约600亿美元进口商品实施加征关税的公告》(税委会公告〔2018〕8号)发布。

公告指出，根据《国务院关税税则委员会关于对原产于美国的部分进口商品(第二批)加征关税的公告》(税委会公告〔2018〕6号)，将有关实施事项公告如下：

(1)对税委会公告〔2018〕6号所附对美加征关税商品清单的商品，自2018年9月24日12时01分起加征关税，对其附件1所列2493个税目商品、附件2所列1 078个税目商品加征10%的关税，对其附件3所列974个税目商品、附件4所列662个税目商品加征5%的关税。

(2)其他事项按照税委会公告〔2018〕6号执行。

(十八)国务院关税税则委员会发布通知,从2018年9月1日起,对原产于布基纳法索的97%税目产品实施最不发达国家零关税待遇

2018年8月13日,《国务院关税税则委员会关于给予布基纳法索97%税目产品零关税待遇的通知》(税委会〔2018〕42号)发布。

通知指出,按照经国务院批准的《关于对最不发达国家97%税目产品实施零关税的方案》(税委会〔2014〕5号)及有关实施程序(税委会〔2014〕31号),根据最新签署的换文情况,从2018年9月1日起,对原产于布基纳法索的97%税目产品实施最不发达国家零关税。97%税目产品零关税待遇产品清单按照附件《最不发达国家97%税目产品特惠税率表》执行。

(十九)国务院关税税则委员会发布第9号公告,决定自2018年11月1日起降低部分商品进口关税

2018年9月30日,《国务院关税税则委员会关于降低部分商品进口关税的公告》(税委会公告〔2018〕9号)发布。

公告指出,为适应产业升级、降低企业成本和满足群众多层次消费需求,自2018年11月1日起,降低部分商品的最惠国税率,涉及1585个税目。因最惠国税率调整,自2018年11月1日起,取消39项进口商品最惠国暂定税率,其余商品最惠国暂定税率继续实施。此次降税,使我国关税总水平将由9.8%降至7.5%。

此次降税主要涵盖了人民生产和生活所需的众多工业品等商品,主要包括四个部分:

(1)降低在国内有相当生产能力和水平的商品进口关税。包括纺织品、建材、贱金属制品、钢材等,共677个税目,平均税率由11.5%降至8.4%。

(2)降低部分机电设备进口关税。包括纺织、轻工、工程、通用、金属加工及动力机械,农机、输变电设备、电工器材、仪器仪表及相关设备零部件等,共396个税目,平均税率由12.2%降至8.8%。

(3)降低部分资源性商品及初级加工品进口关税。包括非金属矿、无机化学品、木材及纸制品、宝玉石等,共390个税目,平均税率由6.6%降至5.4%。

(4)降低有利于促进贸易便利化的商品进口关税。主要是整合部分同类或相似商品的税率,适当减少税率的等级。税级过多会给企业带来一些困难,此次整合或减并税率,共122个税目,平均税率由12.3%降至8.5%。

此次降税共涉及1 585个税目,平均税率由10.5%降至7.8%,平均降幅约26%。

(二十)国务院关税税则委员会决定,自2018年11月1日起对进境物品进口税税目税率进行调整

2018年9月30日,《国务院关税税则委员会关于调整进境物品进口税有关问题的通知》(税委会〔2018〕49 号)发布。

通知指出，经国务院批准，国务院关税税则委员会决定对进境物品进口税税目税率进行调整。将有关事项通知如下：

(1)将药品列入进境物品进口税税目 1，适用 15%的税率。其中对按国家规定减按 3%征收进口环节增值税的进口抗癌药品，按货物税率征税。

(2)将进境物品进口税税目 2、3 的税率分别调整为 25%、50%。

(3)上述调整自 2018 年 11 月 1 日起实施。

随着关税总水平尤其是药品、日用消费品进口关税的下调，进境物品进口税相关税目税率也同步调整。主要调整事项包括：

第一，鉴于我国已对绝大多数药品实施了零关税，相应地将药品的进境物品进口税税率由 30%调整为 15%。同时，对按国家规定减按 3%征收进口环节增值税的进口抗癌药品，按照货物税率征税。第二，将税目 2、3 的税率分别由 30%和 60%调整为 25%和 50%。规定数额以内个人自用、合理数量进境物品免税规定维持不变。

2018 年 10 月 25 日，海关总署发布了第 140 号公告(关于《中华人民共和国进境物品归类表》和《中华人民共和国进境物品完税价格表》的公告)(海关总署公告〔2018〕140 号)。公告指出，根据《国务院关税税则委员会关于调整进境物品进口税有关问题的通知》(税委会〔2018〕49 号)，海关总署决定对 2016 年第 25 号公告公布的《中华人民共和国进境物品归类表》及《中华人民共和国进境物品完税价格表》进行相应调整，归类原则和完税价格确定原则不变，自 2018 年 11 月 1 日起执行。

(二十一)国务院关税税则委员会发布第 10 号公告，决定从 2019 年 1 月 1 日起至 2019 年 3 月 31 日，对原产于美国的汽车及零部件暂停加征 25%和 5%的进口关税

2018 年 12 月 14 日，《国务院关税税则委员会关于对原产于美国的汽车及零部件暂停加征关税的公告》(税委会公告〔2018〕10 号)发布。

公告指出，在二十国集团领导人布宜诺斯艾利斯峰会期间，习近平主席应邀同美国总统特朗普举行会晤，就中美经贸问题达成了重要共识。为落实两国元首共识，根据《中华人民共和国对外贸易法》《中华人民共和国进出口关税条例》等法律法规和国际法基本原则，国务院关税税则委员会决定对原产于美国的汽车及零部件暂停加征关税 3 个月，涉及 211 个税目。有关事项如下：

从 2019 年 1 月 1 日起至 2019 年 3 月 31 日，对附件 1 所列 28 个税目商品暂停征收《国务院关税税则委员会关于对原产于美国 500 亿美元进口商品加征关税的公告》(税委会公告〔2018〕5 号)所加征 25%的关税，对附件 2 所列 116 个税目商品暂停征收《国务院关税税则委员会关于对原产于美国约 160 亿美元进口商品加征关税的公告》

(税委会公告〔2018〕7 号)所加征 25%的关税,对附件 3 所列 67 个税目商品暂停征收《国务院关税税则委员会关于对原产于美国约 600 亿美元进口商品实施加征关税的公告》(税委会公告〔2018〕8 号)所加征 5%的关税,具体商品范围分别见该公告附件 1 至附件 3。

(二十二)国务院关税税则委员会印发《2019 年进出口暂定税率等调整方案》,自 2019 年 1 月 1 日起对部分商品的进出口关税进行调整

2018 年 12 月 22 日,《国务院关税税则委员会关于 2019 年进出口暂定税率等调整方案的通知》(税委会〔2018〕65 号)发布。

通知指出,为促进经济高质量发展和进出口贸易稳定增长,根据《中华人民共和国进出口关税条例》的相关规定,自 2019 年 1 月 1 日起,对部分商品的进出口关税进行调整,印发《2019 年进出口暂定税率等调整方案》,具体内容详见通知附件。

根据《2019 年进出口暂定税率等调整方案》,进口关税税率调整如下:

(1)最惠国税率。

①自 2019 年 1 月 1 日起对 706 项商品实施进口暂定税率;自 2019 年 7 月 1 日起,取消 14 项信息技术产品进口暂定税率,同时缩小 1 项进口暂定税率适用范围。

②对《中华人民共和国加入世界贸易组织关税减让表修正案》附表所列信息技术产品最惠国税率自 2019 年 7 月 1 日起实施第四次降税。

(2)关税配额税率。

继续对小麦等 8 类商品实施关税配额管理,税率不变。其中,对尿素、复合肥、磷酸氢铵 3 种化肥的关税配额税率继续实施 1%的进口暂定税率。继续对配额外进口的一定数量棉花实施滑准税,并进行适当调整。

(3)协定税率。

①根据我国与有关国家或地区签署的贸易或关税优惠协定,除此前已报经国务院批准的协定税率降税方案继续实施外,自 2019 年 1 月 1 日起,对我国与新西兰、秘鲁、哥斯达黎加、瑞士、冰岛、韩国、澳大利亚、格鲁吉亚以及亚太贸易协定国家的协定税率进一步降低。根据《〈内地与香港关于建立更紧密经贸关系的安排〉货物贸易协议》《〈内地与澳门关于建立更紧密经贸关系的安排〉货物贸易协议》(以下简称《协议》),自《协议》实施之日起,除内地在有关国际协议中作出特殊承诺的产品外,对原产于香港、澳门的产品全面实施零关税。

②当最惠国税率低于或等于协定税率时,按相关协定的规定执行。

(4)特惠税率。

根据亚太贸易协定规定,对亚太贸易协定项下的特惠税率进一步降低。

以上方案，除另有规定外，自2019年1月1日起实施。

(二十三)国务院关税税则委员会发布第11号公告，公布《中华人民共和国进出口税则(2019)》，自2019年1月1日起实施

2018年12月29日，《国务院关税税则委员会关于发布〈中华人民共和国进出口税则(2019)〉的公告》(税委会公告〔2018〕11号)发布。

公告指出，根据《中华人民共和国进出口关税条例》及相关规定，现公布《中华人民共和国进出口税则(2019)》，自2019年1月1日起实施。法律、行政法规对进出口关税税目、税率调整另有规定的，从其规定。

《中华人民共和国进出口税则(2019)》是《中华人民共和国进出口关税条例》的组成部分，包括根据国家关税政策以及有关国际协定确定的进出口关税税目、税率及归类规则，是海关计征关税的依据。当前公布完整版税则，有利于推动税则法制化建设进程，有利于与国际接轨，促进对外开放，有利于提高关税政策透明度，为公众提供更多便利。

《中华人民共和国进出口税则(2019)》包括“使用说明”“进口税则”“出口税则”三个部分。“使用说明”主要对各种税率的适用范围、国别代码、计量单位等进行解释和说明；“进口税则”涉及8 549个税目；“出口税则”涉及102个税目。法律、行政法规对进出口关税税目、税率调整另有规定的，仍依照法律、行政法规实行。

二、出口关税政策变化

(一)《2017年关税调整方案》公布，2017年对213项出口商品征收出口关税

2016年12月19日，国务院关税税则委员会发布《关于2017年关税调整方案的通知》(税委会〔2016〕31号)。

通知指出，《2017年关税调整方案》已经国务院关税税则委员会第七次全体会议审议通过，并报国务院批准，自2017年1月1日起实施。

根据《2017年关税调整方案》，出口关税方面，对铬铁等213项出口商品征收出口关税，其中有50项暂定税率为零。

(二)《2018年关税调整方案》公布，2018年对铬铁等202项出口商品征收出口关税或实行出口暂定税率

2017年12月12日，《国务院关税税则委员会关于2018年关税调整方案的通知》(税委会〔2017〕27号)发布。

通知指出，根据《中华人民共和国进出口关税条例》相关规定，自2018年1月1日起，对部分商品的进出口关税进行调整，具体内容见《2018年关税调整方案》。

根据《2018 年关税调整方案》,除另有规定外,自 2018 年 1 月 1 日起对铬铁等 202 项出口商品征收出口关税或实行出口暂定税率。

(三)《2019 年进出口暂定税率等调整方案》公布,自 2019 年 1 月 1 日起对铬铁等 108 项出口商品征收出口关税或实行出口暂定税率

2018 年 12 月 22 日,《国务院关税税则委员会关于 2019 年进出口暂定税率等调整方案的通知》(税委会〔2018〕65 号)发布。

通知指出,为促进经济高质量发展和进出口贸易稳定增长,根据《中华人民共和国进出口关税条例》的相关规定,自 2019 年 1 月 1 日起,对部分商品的进出口关税进行调整,印发《2019 年进出口暂定税率等调整方案》,具体内容详见通知附件。

根据《2019 年进出口暂定税率等调整方案》,除另有规定外,自 2019 年 1 月 1 日起,继续对铬铁等 108 项出口商品征收出口关税或实行出口暂定税率,税率维持不变,取消 94 项出口暂定税率。

(四)国务院关税税则委员会发布第 11 号公告,公布《中华人民共和国进出口税则(2019)》,自 2019 年 1 月 1 日起实施

2018 年 12 月 29 日,《国务院关税税则委员会关于发布〈中华人民共和国进出口税则(2019)〉的公告》(税委会公告〔2018〕11 号)发布。

公告指出,根据《中华人民共和国进出口关税条例》及相关规定,公布《中华人民共和国进出口税则(2019)》,自 2019 年 1 月 1 日起实施。法律、行政法规对进出口关税税目、税率调整另有规定的,从其规定。

《中华人民共和国进出口税则(2019)》征收出口关税的货物涉及 102 个税目。

三、税收减免政策变化

(一)财政部、海关总署、国家税务总局印发《关于 2017 年种子种源免税进口计划的通知》

2017 年 7 月 21 日,财政部、海关总署、国家税务总局印发《关于 2017 年种子种源免税进口计划的通知》(财关税〔2017〕19 号)。

通知指出,“十三五”期间继续对进口种子(苗)、种畜(禽)、鱼种(苗)和种用野生动植物种源免征进口环节增值税。农业部 2017 年种子(苗)、种畜(禽)、鱼种(苗)免税进口计划,以及国家林业局 2017 年种子(苗)和种用野生动植物种源免税进口计划已经核定。要求有关部门按照《财政部 海关总署 国家税务总局关于“十三五”期间进口种子种源税收政策管理办法的通知》(财关税〔2016〕64 号)有关规定执行。

(二)财政部、海关总署、国家税务总局印发《关于第二批享受进口税收优惠政策的中资“方便旗”船舶清单的通知》

2017年8月1日,财政部、海关总署、国家税务总局印发《关于第二批享受进口税收优惠政策的中资“方便旗”船舶清单的通知》(财关税〔2017〕21号)。

通知指出,根据《财政部 海关总署 国家税务总局关于中资“方便旗”船回国登记进口税收政策问题的通知》(财关税〔2016〕42号)的规定,经审定,“大中”等28艘中资“方便旗”船舶可享受免征关税和进口环节增值税的优惠,具体船舶清单见该通知附件。

(三)财政部决定,自2017年12月20日起,对干玉米酒糟(ex23033000)免征进口环节增值税

2017年11月14日,《财政部关于干玉米酒糟进口环节增值税政策有关问题的通知》(财关税〔2017〕32号)发布。

通知规定,自2017年12月20日起,对干玉米酒糟(ex23033000)免征进口环节增值税。

(四)财政部等六部委决定,自2018年1月1日起对重大技术装备进口税收政策有关目录进行修订

2017年12月22日,财政部、国家发展和改革委员会、工业和信息化部、海关总署、国家税务总局、国家能源局六部委联合发布《关于调整重大技术装备进口税收政策有关目录的通知》(财关税〔2017〕39号)。

通知指出,根据近年来国内装备制造业及其配套产业的发展情况,在广泛听取产业主管部门、行业协会、企业代表等方面意见的基础上,财政部等六部委决定对重大技术装备进口税收政策有关目录进行修订。具体规定如下:

(1)《国家支持发展的重大技术装备和产品目录(2017年修订)》(见该通知附件1)和《重大技术装备和产品进口关键零部件、原材料商品目录(2017年修订)》(见该通知附件2)自2018年1月1日起执行,符合规定条件的国内企业为生产本通知附件1所列装备或产品而确有必要进口附件2所列商品,免征关税和进口环节增值税。附件1、2中列明执行年限的,有关装备、产品、零部件、原材料免税执行期限截至该年度12月31日。

根据国内产业发展情况,自2018年1月1日起,取消混流式水电机组等装备的免税政策,生产制造相关装备和产品的企业2018年度预拨免税进口额度相应取消。

(2)《进口不予免税的重大技术装备和产品目录(2017年修订)》(见该通知附件3)自2018年1月1日起执行。对2018年1月1日以后(含1月1日)批准的按照或比照《国务院关于调整进口设备税收政策的通知》(国发〔1997〕37号)有关规定享受进口税收优惠政策的下列项目和企业,进口附件3所列自用设备以及按照合同随上述设备进口的技术及配套件、备件,一律照章征收进口税收:

①国家鼓励发展的国内投资项目和外商投资项目。

②外国政府贷款和国际金融组织贷款项目。

③由外商提供不作价进口设备的加工贸易企业。

④中西部地区外商投资优势产业项目。

⑤《海关总署关于进一步鼓励外商投资有关进口税收政策的通知》(署税〔1999〕791号)规定的外商投资企业和外商投资设立的研究中心利用自有资金进行技术改造项目。

为保证《进口不予免税的重大技术装备和产品目录(2017年修订)》调整前已批准的上述项目顺利实施,对2017年12月31日前(含12月31日)批准的上述项目和企业在2018年6月30日前(含6月30日)进口设备,继续按照《财政部 国家发展改革委 工业和信息化部 海关总署 国家税务总局 国家能源局关于调整重大技术装备进口税收政策有关目录及规定的通知》(财关税〔2015〕51号)附件3和《财政部 国家发展改革委 海关总署 国家税务总局关于调整〈国内投资项目不予免税的进口商品目录〉的公告》(2012年第83号)执行。

自2018年7月1日起对上述项目和企业进口《进口不予免税的重大技术装备和产品目录(2017年修订)》中所列设备,一律照章征收进口税收。为保证政策执行的统一性,对有关项目和企业进口商品需对照《进口不予免税的重大技术装备和产品目录(2017年修订)》和《国内投资项目不予免税的进口商品目录(2012年调整)》审核征免税的,《进口不予免税的重大技术装备和产品目录(2017年修订)》与《国内投资项目不予免税的进口商品目录(2012年调整)》所列商品名称相同,或仅在《进口不予免税的重大技术装备和产品目录(2017年修订)》中列名的商品,一律以《进口不予免税的重大技术装备和产品目录(2017年修订)》所列商品及其技术规格指标为准。

(3)自2018年1月1日起,《财政部 国家发展改革委 工业和信息化部 海关总署 国家税务总局 国家能源局关于调整重大技术装备进口税收政策有关目录及规定的通知》(财关税〔2015〕51号)附件1、2、3予以废止。

(五)财政部、海关总署、国家税务总局印发《关于2018年种子种源免税进口计划的通知》

2018年3月15日,财政部、海关总署、国家税务总局印发《关于2018年种子种源免税进口计划的通知》(财关税〔2018〕6号)。

通知指出,“十三五”期间继续对进口种子(苗)、种畜(禽)、鱼种(苗)和种用野生动植物种源免征进口环节增值税。农业部 2018 年种子(苗)、种畜(禽)、鱼种(苗)免税进口计划,以及国家林业局 2018 年种子(苗)和种用野生动植物种源免税进口计划已经核定。要求有关部门按照《财政部 海关总署 国家税务总局关于“十三五”期间进口种子种源税收政策管理办法的通知》(财关税〔2016〕64 号)有关规定执行。

(六)财政部印发适用船舶吨税优惠税率国家(地区)清单,自 2018 年 7 月 1 日起实施

2018 年 6 月 27 日,《财政部关于印发适用船舶吨税优惠税率国家(地区)清单的通知》(财关税〔2018〕21 号)发布。

该通知指出,为配合《中华人民共和国船舶吨税法》的实施,将适用船舶吨税优惠税率的船籍国(地区)清单印送海关总署,自 2018 年 7 月 1 日起实施。《财政部关于印送适用船舶吨税优惠税率国家(地区)清单的通知》(财关税〔2011〕92 号)和《财政部关于利比里亚共和国籍的应税船舶适用船舶吨税优惠税率的通知》(财关税〔2016〕5 号)同时废止。

(七)财政部发布首届中国国际进口博览会展期内销售的进口展品税收优惠政策

2018 年 10 月 31 日,《财政部关于首届中国国际进口博览会展期内销售的进口展品税收优惠政策的通知》(财关税〔2018〕43 号)发布。

通知指出,为支持首届中国国际进口博览会(简称进口博览会)顺利举办,首届进口博览会展期内销售的进口展品税收优惠政策规定如下:

(1)对 2018 年 11 月 5 日至 2018 年 11 月 10 日期间举办的首届进口博览会展期内销售的合理数量的进口展品(不包括国家禁止进口商品、濒危动植物及其产品、国家规定不予减免税的 20 种商品和汽车)免征进口关税,进口环节增值税、消费税按应纳税额的 70%征收。上述税收优惠政策是作为支持首届进口博览会的一次性支持政策。

(2)附件所列参展企业享受上述税收优惠政策的销售限额不超过列表额度。其他参展企业享受税收优惠政策的销售限额不超过 2 万美元,具体企业名单由进口博览会承办单位中国国际进口博览局、国家会展中心(上海)有限责任公司确定。

(3)对超出享受税收优惠政策的销售限额又不退运出境的展品,按照国家有关规定照章征税。

(八)财政部、海关总署、国家税务总局自 2018 年 12 月 1 日起,进一步调整海南离岛旅客免税购物政策

2018 年 11 月 27 日,财政部、海关总署、国家税务总局联合发布《关于进一步调整海南离岛旅客免税购物政策的公告》(财政部 海关总署 税务总局公告 2018 年第 158 号),自 2018 年 12 月 1 日起执行。

公告指出,为落实好习近平总书记在庆祝海南建省办经济特区 30 周年大会上的讲话精神和《中共中央 国务院关于支持海南全面深化改革开放的指导意见》的要求,实施更加开放便利的离岛旅客免税购物政策,促进海南国际旅游消费中心建设,财政部、海关总署、国家税务总局会同有关部门对海南离岛旅客免税购物政策部分内容进行了调整。调整事项如下:

(1)将离岛旅客(包括岛内居民旅客)每人每年累计免税购物限额增加到 30 000 元,不限次。

(2)增加部分家用医疗器械商品,在离岛免税商品清单中增加视力训练仪、助听器、矫形固定器械、家用呼吸支持设备(非生命支持),每人每次限购 2 件。

(九)财政部等部门决定,自 2018 年 12 月 28 日起,将乘轮船离岛旅客纳入海南离岛旅客免税购物政策适用对象范围

2018 年 12 月 26 日,财政部、海关总署、国家税务总局联合发布了《关于将乘轮船离岛旅客纳入海南离岛旅客免税购物政策适用对象范围的公告》(财政部 海关总署 税务总局公告 2018 年第 175 号),自 2018 年 12 月 28 日起执行。

公告指出,根据习近平总书记在庆祝海南建省办经济特区 30 周年大会上的重要讲话精神,按照《中共中央 国务院关于支持海南全面深化改革开放的指导意见》的要求,实施更加开放便利的离岛旅客免税购物政策,促进海南国际旅游消费中心建设,财政部、海关总署、国家税务总局会同有关部门将乘轮船离岛旅客纳入离岛旅客免税购物政策适用对象范围。有关事项公告如下:

(1)年满 16 周岁的乘轮船离岛旅客凭个人离岛船票及有效身份证件,可在海南离岛旅客免税购物商店及其网上销售窗口购买免税商品。离岛时凭本人船票、购物凭证、身份证件等在海口秀英港、新海港提货点(海口南港码头在条件成熟后再设立提货点)提取所购免税商品并携带离岛。

(2)同一旅客在同一年度内乘飞机、乘火车和乘轮船免税购物合并计算,在现行免税购物限额内享受相关政策。

海南乘轮船离岛旅客免税购物监管规定由海关总署另行公布。

(十)财政部等六部委决定,自 2019 年 1 月 1 日起对重大技术装备进口税收政策有关目录进行修订

2018 年 11 月 14 日,《财政部 发展改革委 工业和信息化部 海关总署 税务总局 能源局关于调整重大技术装备进口税收政策有关目录的通知》(财关税〔2018〕42 号)

发布。

通知指出，根据近年来国内装备制造业及其配套产业的发展情况，在广泛听取产业主管部门、行业协会、企业代表等方面意见的基础上，财政部、国家发展和改革委员会、工业和信息化部、海关总署、国家税务总局、国家能源局决定对重大技术装备进口税收政策有关目录进行修订。具体内容如下：

（1）《国家支持发展的重大技术装备和产品目录（2018 年修订）》（见该通知附件 1）和《重大技术装备和产品进口关键零部件、原材料商品目录（2018 年修订）》（见该通知附件 2）自 2019 年 1 月 1 日起执行，符合规定条件的国内企业为生产本通知附件 1 所列装备或产品而确有必要进口附件 2 所列商品，免征关税和进口环节增值税。附件 1、2 中列明执行年限的，有关装备、产品、零部件、原材料免税执行期限截止到该年度 12 月 31 日。

根据国内产业发展情况，自 2019 年 1 月 1 日起，取消百万千瓦级核电机组（二代改进型核电机组）等装备的免税政策，生产制造相关装备和产品的企业 2019 年度预拨免税进口额度相应取消。

（2）《进口不予免税的重大技术装备和产品目录（2018 年修订）》（见该通知附件 3）自 2019 年 1 月 1 日起执行。对 2019 年 1 月 1 日以后（含 1 月 1 日）批准的按照或比照《国务院关于调整进口设备税收政策的通知》（国发〔1997〕37 号）有关规定享受进口税收优惠政策的下列项目和企业，进口附件 3 所列自用设备以及按照合同随上述设备进口的技术及配套件、备件，一律照章征收进口税收：

①国家鼓励发展的国内投资项目和外商投资项目。

②外国政府贷款和国际金融组织贷款项目。

③由外商提供不作价进口设备的加工贸易企业。

④中西部地区外商投资优势产业项目。

⑤《海关总署关于进一步鼓励外商投资有关进口税收政策的通知》（署税〔1999〕791 号）规定的外商投资企业和外商投资设立的研究中心利用自有资金进行技术改造项目。

为保证《进口不予免税的重大技术装备和产品目录（2018 年修订）》调整前已批准的上述项目顺利实施，对 2018 年 12 月 31 日前（含 12 月 31 日）批准的上述项目和企业在 2019 年 6 月 30 日前（含 6 月 30 日）进口设备，继续按照《财政部 发展改革委 工业和信息化部 海关总署 税务总局 能源局关于调整重大技术装备进口税收政策有关目录的通知》（财关税〔2017〕39 号）附件 3 和《财政部 国家发展改革委 海关总署 国家税务总局关于调整〈国内投资项目不予免税的进口商品目录〉的公告》（2012 年第 83

号)执行。

自2019年7月1日起对上述项目和企业进口《进口不予免税的重大技术装备和产品目录(2018年修订)》中所列设备,一律照章征收进口税收。为保证政策执行的统一性,对有关项目和企业进口商品需对照《进口不予免税的重大技术装备和产品目录(2018年修订)》和《国内投资项目不予免税的进口商品目录(2012年调整)》审核征免税的,《进口不予免税的重大技术装备和产品目录(2018年修订)》与《国内投资项目不予免税的进口商品目录(2012年调整)》所列商品名称相同,或仅在《进口不予免税的重大技术装备和产品目录(2018年修订)》中列名的商品,一律以《进口不予免税的重大技术装备和产品目录(2018年修订)》所列商品及其技术规格指标为准。

(3)自2019年1月1日起,《财政部 发展改革委 工业和信息化部 海关总署 税务总局 能源局关于调整重大技术装备进口税收政策有关目录的通知》(财关税〔2017〕39号)予以废止。

(十一)财政部、海关总署、国家税务总局自2019年1月1日起,完善跨境电子商务零售进口税收政策

2018年11月29日,《财政部 海关总署 税务总局关于完善跨境电子商务零售进口税收政策的通知》(财关税〔2018〕49号)发布,自2019年1月1日起执行。

通知指出,为促进跨境电子商务零售进口行业的健康发展,营造公平竞争的市场环境,完善跨境电子商务零售进口税收政策有关事项通知如下:

(1)将跨境电子商务零售进口商品的单次交易限值由人民币2 000元提高至5 000元,年度交易限值由人民币20 000元提高至26 000元。

(2)完税价格超过5 000元单次交易限值但低于26 000元年度交易限值,且订单下仅一件商品时,可以自跨境电商零售渠道进口,按照货物税率全额征收关税和进口环节增值税、消费税,交易额计入年度交易总额,但年度交易总额超过年度交易限值的,应按一般贸易管理。

(3)已经购买的电商进口商品属于消费者个人使用的最终商品,不得进入国内市场再次销售;原则上不允许网购保税进口商品在海关特殊监管区域外开展"网购保税+线下自提"模式。

(4)其他事项请继续按照《财政部 海关总署 税务总局关于跨境电子商务零售进口税收政策的通知》(财关税〔2016〕18号)有关规定执行。

(5)为适应跨境电商发展,财政部会同有关部门对《跨境电子商务零售进口商品清单》进行了调整,将另行公布。

（十二）财政部等十三部委公布《跨境电子商务零售进口商品清单（2018 年版）》，自 2019 年 1 月 1 日起实施

2018 年 11 月 20 日，财政部、国家发展和改革委员会、工业和信息化部、生态环境部、农业农村部、商务部、中国人民银行、海关总署、国家税务总局、国家市场监督管理总局、国家食品药品监督管理总局、国家密码管理局、濒危物种进出口管理办公室联合发布《关于调整跨境电商零售进口商品清单的公告》（财政部等 13 部委公告 2018 年第 157 号）。

公告指出，为促进跨境电子商务零售进口的健康发展，现将《跨境电子商务零售进口商品清单（2018 年版）》予以公布，自 2019 年 1 月 1 日起实施。

该清单实施后，《财政部等 11 个部门关于公布跨境电子商务零售进口商品清单的公告（2016 年第 40 号）》和《财政部等 13 个部门关于公布跨境电子商务零售进口商品清单（第二批）的公告（2016 年第 47 号）》所附的两批清单同时废止。

（十三）财政部、海关总署、国家税务总局自 2019 年 1 月 1 日起，调整新型显示器件及上游原材料、零部件生产企业进口物资清单

2018 年 12 月 26 日，《财政部 海关总署 税务总局关于调整新型显示器件及上游原材料 零部件生产企业进口物资清单的通知》（财关税〔2018〕60 号）发布。

通知指出，根据国内新型显示器件产业及相关产业发展情况，对《财政部 海关总署 国家税务总局关于扶持新型显示器件产业发展有关进口税收政策的通知》（财关税〔2016〕62 号）附件《关于新型显示器件及上游关键原材料、零部件生产企业进口物资税收政策的暂行规定》附 1、2、4、5 所列进口物资清单进行调整。

调整后的进口物资清单见该通知附件，自 2019 年 1 月 1 日起执行。财关税〔2016〕62 号附件中附 1、2、4、5 所列进口物资清单同时停止执行。

第三节 中国海关法律规范及关税政策变化评述

海关是我国进出境监督管理机关。2018 年国务院机构改革后，海关的职能调整为负责组织推动口岸“大通关”建设、海关监管工作、进出口关税及其他税费征收管理、出入境卫生检疫和出入境动植物及其产品检验检疫、进出口商品法定检验、海关风险管理、国家进出口货物贸易等海关统计、全国打击走私综合治理工作等。其中征税是海关的重要任务之一。目前我国海关征收管理进出口关税和船舶吨税，同时代征进口环节增值税和消费税。海关所征税收是我国财政收入，特别是中央财政收入的重要来源。2018 年我国海关征收关税收入 2 847.79 亿元，船舶吨税收入 49.78 亿元，进口货物增值税和消费税收入 16 878.9 亿元,海关所征税收收入占中央一般公共预算收入的 23.15%。不仅如此,关税在调节对外贸易、保护国内产业发展以及改善民生等诸多方面发挥着十分重要的作用,尤其是在对外经济交往和保护国家经济安全方面有着不可替代的作用。

2017—2018 年,我国根据经济政治社会环境的变化,进一步修改完善了关税相关法律法规和规章,关税法律体系不断优化。进出口关税政策大规模调整,多次下调进口关税暂定税率和最惠国税率,进口关税平均税率由 9.8%下降至 7.5%,缩小了出口关税征收范围并适当调整了出口关税税率,调整了进境物品进口税税目税率表。由于中美贸易摩擦,对美进口商品加征 5%～25%的进口关税。在减免税优惠政策方面,我国也进行了适当调整和完善,涉及海南离岛免税政策、跨境电商零售进口税收政策以及一些特定行业的减免税政策,有力地支持了相关产业和区域经济的发展。

一、公布或修改了部分海关法律规范,关税法制建设不断完善

我国关税相关法律体系包括全国人民代表大会及其常务委员会制定的法律(例如《中华人民共和国海关法》)、国务院制定的行政法规(例如《中华人民共和国进出口关税条例》),以及海关总署等部委制定的部门规章和规范性文件(例如《中华人民共和国海关进出口货物征税管理办法》)等。2017—2018 年,我国对这三个层次的法律都有适当修改、调整,概括起来法律建设的变化有以下几个方面:

(一)因取消加工贸易业务行政审批,第五次修正《中华人民共和国海关法》

为了进一步推进简政放权、放管结合、优化服务改革,更大程度上激发市场、社会的创新创造活力,第十二届全国人大常委会第三十次会议于 2017 年 11 月 4 日通过了《全国人民代表大会常务委员会关于修改〈中华人民共和国会计法〉等十一部法律的决定》,对《中华人民共和国海关法》第三十三条进行了修改,取消了从事加工贸易业务审批和加工贸易保税进口料件或者制成品转内销审批,对企业从事加工贸易业务实行备案制。这是自 1987 年 1 月 22 日《中华人民共和国海关法》通过以来的第五次修正。

(二)为落实税收法定原则,公布实施《中华人民共和国船舶吨税法》,并进行了第一次修正

船舶吨税是对自中华人民共和国境外港口进入境内港口的船舶征收的一种行为税。1952 年,海关总署发布了《中华人民共和国海关船舶吨税暂行办法》。2011 年,国务院制定了《中华人民共和国船舶吨税暂行条例》。2013 年 11 月,中共十八届三中全会提出"落实税收法定原则"。2017 年 10 月,中共十九大提出"深化税收制度改革"。为贯彻落实党中央决策部署,第十二届全国人大常委会第三十一次会议于 2017 年 12

月 27 日通过了《中华人民共和国船舶吨税法》，按照税制平移的思路，将国务院暂行条例的规定上升为法律，基本保持吨税税制的框架和税负水平不变。《中华人民共和国船舶吨税法》第六条明确规定，吨税由海关负责征收。该法于 2018 年 7 月 1 日起实施。

《中华人民共和国船舶吨税法》的公布与实施意义重大，一方面将船舶吨税的基本制度用法律确定下来，提高了税法的科学性、稳定性和权威性，另一方面在落实税收法定原则方面迈出了坚定的步伐，税收法定对我国实现长治久安、公平正义、优化资源配置意义重大，也是加强国家治理体系和治理能力现代化进程中的一个重要举措。

2018 年 2 月，中共十九届三中全会通过了《中共中央关于深化党和国家机构改革的决定》和《深化党和国家机构改革方案》。2018 年 3 月，第十三届全国人大一次会议批准了《国务院机构改革方案》，将国家质量监督检验检疫总局的出入境检验检疫管理职责和队伍划入海关总署。为贯彻落实中共十九届三中全会和第十三届全国人民代表大会第一次会议文件精神，第十三届全国人大常委会六次会议通过了《全国人民代表大会常务委员会关于修改〈中华人民共和国野生动物保护法〉等十五部法律的决定》，对相关条款作出了相应修改。其中将《中华人民共和国船舶吨税法》第十一条中的“或者出入境检验检疫部门”删除。这是《中华人民共和国船舶吨税法》实施以来的第一次修正。

(三)为推进简政放权、取消部分行政许可项目，对《中华人民共和国关税条例》《中华人民共和国海关事务担保条例》和《中华人民共和国知识产权海关保护条例》进行修改

为了依法推进简政放权、放管结合、优化服务改革，国务院对取消行政许可项目及制约新产业、新业态、新模式发展涉及的行政法规进行了清理，2017 年 3 月对 36 部行政法规的部分条款予以修改，2018 年 3 月又对 18 部行政法规的部分条款予以修改。其中 2017 年 3 月对《中华人民共和国关税条例》第十六条作出了修改，2018 年 3 月对《中华人民共和国海关事务担保条例》第十条内容进行了修改，同时删除了《中华人民共和国知识产权海关保护条例》第三十条内容。

(四)为适应放管服改革、落实国务院机构改革方案，海关总署发布、修改、废止多个部门规章

海关规章是海关法律规范体系的重要组成部分，是海关的主要执法依据。2017—2018 年，海关总署发布了第 231 号至第 243 号署令共 13 个部门规章，对海关行政规章进行了大规模的修改或废止，以适应简政放权、放管结合、优化服务改革以及落实《国务院机构改革方案》的需要。其中新制定的部门规章有《中华人民共和国海关预裁定管理暂行办法》(海关总署令第236号);修改后重新发布的部门规章有《中华人民共和国海关关于最不发达国家特别优惠关税待遇进口货物原产地管理办法》(海关总署令第231号)、《中华人民共和国海关监管区管理暂行办法》(海关总署令第232号)、《中华人民共和国海关暂时进出境货物管理办法》(海关总署令第233号)、《中华人民共和国海关企业信用管理办法》(海关总署令第237号)、《中华人民共和国海关统计工作管理规定》(海关总署令第242号);并先后于2017年12月、2018年4月、2018年5月、2018年11月对23部、71部、82部、45部规章进行了修改。另外,废止了5部规定,分别是《中华人民共和国海关关于异地加工贸易的管理办法》(海关总署令第234号)、《出入境检验检疫行政复议办法》和《出入境检验检疫行政处罚程序规定》(海关总署令第239号)、《海关对出口退税报关单管理办法》和《出入境检验检疫标志管理办法》(海关总署令第241号)。海关总署对200余部规章进行全面梳理,及时予以修改或者废止,这既是贯彻依法治国基本方略、推动建设法治政府、确保重大改革于法有据的具体体现,同时也是海关总署全面落实国务院机构改革要求,在统一执法依据和执法主体方面采取的一项具有标志性意义的重大举措。

除此之外,海关总署还以公告的形式发布了多个原产地管理办法,包括《中华人民共和国海关〈中华人民共和国政府和格鲁吉亚政府自由贸易协定〉项下进出口货物原产地管理办法》(2017年第61号公告)、修订后的《亚洲-太平洋贸易协定》原产地规则(2018年第69号公告)、《中华人民共和国海关〈《内地与澳门关于建立更紧密经贸关系的安排》货物贸易协议〉项下进出口货物原产地管理办法》(2018年第213号公告)、《中华人民共和国海关〈《内地与香港关于建立更紧密经贸关系的安排》货物贸易协议〉项下进出口货物原产地管理办法》(2018年第214号公告)。这些文件的公布实施进一步完善了我国的原产地规则,有利于促进相关优惠贸易协定项下进出口货物的发展,同时增加了海关工作的可操作性。

二、进口关税税率大范围下降,最惠国关税税率下降至7.5%

目前我国进口货物关税设置了普通税率、最惠国税率、协定税率、特惠税率、配额税率、暂定税率等多栏税率。2017—2018年间,主要调整了最惠国税率、暂定税率、协定税率和特惠税率等四种税率。

(一)多次较大规模降低进口货物最惠国税率,最惠国平均关税水平下降至7.5%

为履行2015年12月16日世界贸易组织《信息技术协定》(ITA)扩大产品范围谈判达成的就信息技术产品关税减让的共识,我国分步有序地降低信息技术产品最惠国税率。根据信息技术产品降税协议安排,2016年9月15日,我国对部分信息技术产品（这些产品对应我国税则中480多个税号）的最惠国税率实施了首次降税；自2017年7月1日起，实施第二次降税，共涉及280多项商品；自2018年7月1日起，对289项信息技术产品实施第三次降税；自2019年7月1日起，对298项信息技术产品实施第四步降税。降税后，对实施暂定税率的部分信息技术产品作出相应调整，对于最惠国税率将低于进口暂定税率或与暂定税率相同的信息技术产品，就没有必要再实施暂定税率，因而取消其相应的进口暂定税率。

2015年12月16日，包括我国在内的24个参加方在肯尼亚内罗毕共同发表了《关于扩大信息技术产品贸易的部长宣言》，明确各参加方要约束并逐步取消201项产品的关税。日本承诺在实施时立即取消全部关税，美国承诺在3年后取消全部关税，欧盟承诺在3年后对97%的产品取消关税，我国除现行税率为零的产品外，承诺在3年后对27%的产品取消关税，5年后对24%的产品取消关税，7年后对12%的产品取消关税。

我国作为信息技术产品主要的生产国和进出口国，各参加方共同降税，将有利于促进我国信息技术产品的出口，但也给相关产业带来一定压力和挑战。相同或类似开放程度的市场，技术越先进的一方竞争力越强。另外，随着国内劳动力成本和物流费用的快速提高，近年来国内制造企业传统的人工成本优势正在快速消失。同时，国外企业反而在关税取消的情况下增加了价格优势。尤其是信息技术行业的中高端领域，国内与国际企业存在一定差距，当国际先进的技术水平配以价格优势，这对于国内企业将带来更大的挑战。全球化背景下，国内企业须不断加强技术和研发投入才能持续保持竞争优势。

为进一步扩大改革开放，满足人民美好生活需要，推动供给侧结构性改革，自2018年7月1日起，我国自主降低汽车整车及零部件、部分进口日用消费品的最惠国税率。自2018年11月1日起，再次降低部分商品的最惠国税率。其中涉及汽车整车的139个税号的最惠国税率由25%和20%下降至15%，涉及汽车零部件的79个税号的最惠国税率全部降至6%。降税后，我国汽车整车最惠国平均税率为13.8%，所有汽车零部件的最惠国税率均为6%。而降低部分日用消费品的最惠国税率共涉及1 449个税目，平均税率由15.7%下降至6.9%。而自2018年11月1日起，我国再次降低了1 585个税目的最惠国税率，主要涵盖了人民生产和生活所需的众多工业品等商品，此次降税，使得我国进口关税总水平由2017年的9.8%下降至7.5%。调整后的关税总水平略高于欧盟，低于大多数发展中国家，处于中等偏低水平，与我国发展中国家地位和发展阶段基本匹配。

综上所述，我国根据信息技术协议扩大范围谈判成果分步降税，充分体现了我国积极履行世界贸易组织相关协议、实现承诺的大国风范，表明我国坚决维护自由贸易原则和以世界贸易组织为核心的多边贸易体系。而数次自主降税，兼顾了国内生产需要和消费需求，重点降低国内需求较大、有助于产业转型升级的商品税率，努力增加人民群众需求比较集中的特色优势产品进口，不断增强企业和公众获得感，满足产业结构和消费结构的升级需要。我国主动大范围降低进口关税税率，是根据我国自身实现高质量发展需要作出的重大举措，有利于统筹利用国际国外两种资源，促进国内供给体系质量提升，满足人民群众消费升级需要。

(二)综合考虑国内生产、生活需求，频繁调整进口关税暂定税率

关税暂定税率是在最惠国税率的的基础上，对某些重要的国内急需的工农业生产原材料、机电产品关键部件以及消费品实施的暂时的更为优惠的关税税率。这种税率一般按照年度制定，并且随时可以根据需要恢复按照法定税率征税。

2017 年 1 月 1 日起实施暂定税率的进口商品共 822 项，7 月 1 日起因实施信息技术产品降税相应取消暂定税率 17 项，暂定税率将缩减至 805 项。其中，新增或进一步降低商品暂定税率 32 项，调整暂定税率适用范围 1 项，对国内已能生产但尚不能完全满足需要的 4 项商品适当提高进口暂定税率。

为满足居民消费升级需要，合理增加与人民生活密切相关的一般消费品进口，自 2017 年 12 月 1 日起，我国以暂定税率方式降低了 187 个税号消费品的进口关税，这些消费品平均税率因此由原来的 17.3%下降至 7.7%。

根据《2018 年关税调整方案》，自 2018 年 1 月 1 日起，对 984 项进口商品实施较低的暂定税率，其中对 187 项新调整的进口消费口暂定税率已经于 2017 年 12 月 1 日起实施；由于信息技术产品从 2018 年 7 月 1 日起实施第三次降税，有 27 项产品的最惠国税率低于暂定税率，因而这 27 项产品的进口暂定税率于 2018 年 7 月 1 日起相应取消。此外，根据国务院关于禁止洋垃圾入境的有关精神，取消了废钢渣等 3 项固体废碎料的进口暂定税率。

为减轻广大患者特别是癌症患者药费负担并有更多用药选择，自 2018 年 5 月 1 日起，我国以暂定税率方式将包括抗癌药在内的所有普通药品、具有抗癌作用的生物碱类药品以及有实际进口的中成药共 28 项药品进口关税降为零。

根据《2019 年进出口暂定税率等调整方案》，自 2019 年 1 月 1 日起，我国对 706 项商品实施进口暂定税率。由于信息技术产品从 2019 年 7 月 1 日起实施第四次降税，有 14 项产品的最惠国税率低于暂定税率或与暂定税率相同，因而 14 项产品的进口暂定税率于 2019 年 7 月 1 日起相应取消，同时减小 1 项进口暂定税率适用范围。

综上所述，2017—2018 年，我国关税暂定税率的调整内容比较多元，综合考虑了国内产业和科技发展、对外贸易和百姓需求。一方面要鼓励国内急需的先进设备、关键零部件和能源原材料的进口，促进企业转型升级，经济提质增效，另一方面要支持实体经济发展，根据国内市场供求变化，增加有效供给，同时还要考虑紧紧围绕消费升级需求，合理降低日用消费品及部分药品原料进口关税。暂定税率的调整充分体现了关税的调节职能，在我国对外贸易中发挥了积极作用。

（三）进口关税协定税率和特惠税率不断降低，适用范围不断扩大，助推扩大双边、多边经贸合作

协定关税是两个或两个以上国家或地区用缔结条约或贸易协定的方式，相互给予某种优惠待遇的关税安排。特惠关税是指进口国对从特定的国家或地区进口的全部或部分商品，给予特别优惠的低税或减免税待遇的关税安排。我国目前已与26个国家或地区签署并实施了16个优惠贸易安排或自贸协定，涉及16个协定税率。

根据我国与有关国家或地区签署的贸易或关税优惠协定，自2017年1月1日起，中国与澳大利亚、巴基斯坦、瑞士、哥斯达黎加、冰岛、韩国、新西兰、秘鲁的自贸协定以及内地分别与香港、澳门的更紧密经贸关系安排（CEPA）项下的部分产品的协定税率进一步降低。自2018年1月1日起，对中国与格鲁吉亚自贸协定项下的部分产品开始实施协定税率，对中国与东盟、巴基斯坦、韩国、冰岛、瑞士、哥斯达黎加、秘鲁、澳大利亚、新西兰的自贸协定以及内地分别与香港、澳门的更紧密经贸关系安排（CEPA）项下的部分商品的协定税率进一步降低。根据国务院核准的《〈亚洲-太平洋贸易协定〉第二修正案》，我国自2018年7月1日起，对原产于孟加拉国、印度、老挝、韩国、斯里兰卡的进口货物适用《〈亚洲-太平洋贸易协定〉第二修正案》协定税率。自2019年1月1日起，除此前已报经国务院批准的协定税率降税方案继续实施外，对我国与新西兰、秘鲁、哥斯达黎加、瑞士、冰岛、韩国、澳大利亚、格鲁吉亚以及亚太贸易协定国家的协定税率进一步降低。根据内地与香港、澳门《关于建立更紧密经贸关系的安排》货物贸易协议，自协议实施之日起，除内地在有关国际协议中作出特殊承诺的产品外，对原产于香港、澳门的产品全面实施零关税。

2017年，我国继续对40个与我国建交的最不发达国家执行特惠税率，商品范围和税率水平均维持不变。根据我国与有关国家签署的换文情况，从2017年12月1日起，我国对原产于冈比亚共和国、圣多美和普林西比民主共和国的97%税目产品实施最不发达国家零关税。从2018年9月1日起，我国对原产于布基纳法索的97%税目产品实施最不发达国家零关税。根据亚太贸易协定规定，自2019年1月1日起，我国对亚太贸易协定项下的特惠税率进一步降低。截至2018年底，我国共对43个最不发达国家实施了特惠税率。

协定税率与特惠税率的进一步推进有利于我国扩大双边、多边经贸合作，支持“一带一路”和自由贸易区建设。这也在很大程度上为我国内资企业在全球的发展打通了一条通衢大道，促进我国对外贸易稳定增长。

(四)进境物品进口税税目税率调整，以满足人民美好生活需要

进境物品进口税，俗称行邮税，是对进境物品关税、进口环节增值税和消费税合并征收的一种综合性税收。自 2018 年 11 月 1 日起，随着货物渠道进口关税总水平尤其是药品、日用消费品进口关税的下调，我国对进境物品进口税相关税目税率也作出了同步调整。鉴于我国已对绝大多数货物渠道进口的药品实施了零关税，相应地将药品的进境物品进口税税率由 30%下调为 15%。同时，对按国家规定减按 3%征收进口环节增值税的进口抗癌药品，按照货物税率征税。同时将进境物品进口税税率表中的税目 2、3 的税率分别由 30%和 60%下调为 25%和 50%。为维持公平竞争的市场环境，进境物品进口税各税目税率应与归入该税目商品的同类进口货物综合税率大体一致。此次行邮渠道进境的物品与货物渠道进境的商品同步调整税率，进口环节税收综合税率大体一致，有利于促进扩大进口和消费，更好地体现以人民为中心的发展理念，满足人民美好生活需要。

三、中美经贸摩擦加剧，针对美国采取的关税措施，我国数次对原产于美国的进口商品加征关税，维护国家利益

2017 年新一届美国政府上任以来，在“美国优先”的口号下，实行单边主义、保护主义和经济霸凌主义，对许多国家和地区特别是中国作出一系列不实指责，以加征关税等手段相威胁，频频挑起与主要贸易伙伴之间的经贸摩擦。

(一)中美关税战的进程

2018 年 3 月以来，针对美国政府单方面发起的中美经贸摩擦，中国不得不采取有力应对措施，坚决捍卫国家和人民利益。一般认为，此次中美经贸摩擦始于 2018 年 3 月 8 日，美国对包括中国在内的许多国家生产的钢铝产品加征关税。同年 3 月 22 日，美国政府发布《对中国 301 调查报告》，对中国作出“经济侵略”“不公平贸易”“盗窃知识产权”“强制技术转让”“国家资本主义”等不实指责，并基于此于 4 月 4 日公布了对从中国进口的价值 500 亿美元商品加征 25%关税的建议清单。

2018 年 6 月 15 日，美国政府发布了将对从中国进口的约 500 亿美元商品加征 25%关税的商品清单，其中对约 340 亿美元商品自 2018 年 7 月 6 日起实施加征关税措施，对约 160 亿美元商品自 2018 年 8 月 23 日起实施加征关税措施。

2018 年 7 月 11 日，美国政府公布拟对约 2 000 亿美元中国产品进一步加征 10%

的关税清单，其中包括海产品、农产品、水果、日用品等项目。同年 8 月 2 日，美方宣布拟对上述 2 000 亿美元商品加征的关税税率由 10%提高至 25%。

2018 年 9 月 18 日，美国政府宣布实施对从中国进口的约 2 000 亿美元商品加征关税的措施，自 2018 年 9 月 24 日起加征关税税率为 10%，2019 年 1 月 1 日起加征关税税率提高到 25%。同年 12 月 14 日，美国政府决定将针对中国 2 000 亿美元产品加征关税从 10%提高至 25%的时间由 2019 年 1 月 1 日起改为 2019 年 3 月 2 日午夜 12 时 01 分。

鉴于美方做法严重违反了世界贸易组织相关规则，有悖于中美双方经贸磋商已达成的共识，侵犯了我国合法权益，损害了我国国家和人民利益，我国针锋相对对原产于美国的进口商品采取了加征关税的相应措施。

针对美国于 2018 年 3 月 8 日对钢铝产品加征关税的措施，我国宣布于 2018 年 4 月 2 日起，对原产于美国的水果及制品等 120 项进口商品中止关税减让义务并加征 15%的进口关税，对原产于美国的猪肉及制品等 8 项进口商品中止关税减让义务并加征 25%的进口关税。

针对美国于 2018 年 4 月 4 日公布对从中国输美的 1 333 项 500 亿美元商品加征 25%关税清单的措施，我国立即发布公告，决定对原产于美国的大豆、汽车、化工品等 14 类 106 项商品加征 25%的关税，实施时间视美国加征关税的时间而定。

针对美国于 2018 年 6 月 15 日发布将对从中国进口的约 500 亿美元商品加征 25%的关税，其中对约 340 亿美元商品自 2018 年 7 月 6 日起实施加征关税的行为，我国于 6 月 16 日发布公告，决定对原产于美国的 659 项约 500 亿美元进口商品加征 25%的关税，其中 545 项约 340 亿美元商品自 2018 年 7 月 6 日起实施加征关税。针对美国对从中国进口的约 160 亿美元商品自 2018 年 8 月 23 日起加征 25%关税的措施，2018 年 8 月 8 日我国发布公告，对原产于美国的约 160 亿美元的进口商品，也自 2018 年 8 月 23 日 12 时 01 分起实施加征 25%的进口关税。

针对美国于 2018 年 7 月 11 日公布拟对从中国进口的约 2 000 亿美元产品加征关税的措施，以及 8 月 2 日美方宣布拟对上述 2 000 亿美元商品加征的关税税率由 10%提高至 25%的行为，2018 年 8 月 3 日，我国发布公告，决定对原产于美国的 5 207 个税号约 600 亿美元的进口商品分别加征 25%、20%、10%、5%的关税。

针对美国于 2018 年 9 月 18 日宣布自 2018 年 9 月 24 日起实施对从中国进口的约 2 000 亿美元商品加征 10%关税的措施，2018 年 9 月 18 日我国发布公告，决定自 2018 年 9 月 24 日 12 时 01 分起对原产于美国的约 600 亿美元的进口商品分别加征 10%和 5%的进口关税。

2018 年 12 月,在二十国集团领导人布宜诺斯艾利斯峰会期间,习近平主席应邀与美国总统特朗普举行会晤,就中美经贸问题达成重要共识。2018 年 12 月 14 日,美国政府决定将针对中国 2 000 亿美元产品加征关税从 10%提高至 25%的时间由 2019 年 1 月 1 日起改为 2019 年 3 月 2 日午夜 12 时 01 分。为此我国于 12 月 14 日发布公告,决定自 2019 年 1 月 1 日起至 2019 年 3 月 31 日,对原产于美国的涉及 211 个税目的汽车及零部件暂停加征 25%和 5%的进口关税。

从上述中美经贸摩擦过程中的关税战可以看出,由于美方违反国际义务,启用“301 调查”“232 调查”等手段,先后对中国 2 500 亿美元产品加征关税,实质性改变这些商品的对美贸易条件,严重影响这些商品的生产企业和贸易企业及其上下游关联企业的生产和经营,中国为捍卫国家尊严和人民利益,不得不作出必要反应,累计对 1 100 亿美元美国输华商品加征关税。

但是,历次关税战实践证明,关税战不利于进出口方的整体利益,最终只能是两败俱伤的结果。因此,加强中美双边磋商,停止相互加征关税,最终取消所有加征关税,是必然选择。对于两国经贸分歧和摩擦,只有双方互谅互让,采取合作的方式,才能寻找到解决经贸问题分歧的办法。

(二)中美关税战的影响

美国对中国采取的加征关税措施既不利于中国,也不利于美国,更不利于全球。美国的关税措施导致中国对美出口额下滑,2019 年 1 月至 4 月同比下降 9.7%,连续 5 个月下降。同时,由于我国不得不针对美国的行为采取加征关税措施,使得美国对中国出口连续 8 个月下降。中美经贸摩擦带来的不确定性影响了两国企业的对外投资,中国对美投资持续下滑,美国对中国投资增速也明显降低。据统计,2018 年中国企业对美直接投资 57.9 亿美元,同比下降 10%。2018 年美国实际对华投资金额 26.9 亿美元,增速从 2017 年的 11%大幅回落至 1.5%。

加征关税措施,不仅无法推动两国经济增长,反而带来了严重伤害。一方面,加征关税会提高两国企业生产成本。由于中美制造业相互依存度很高,许多制造商依赖进口原材料和中间品,加征关税后短期内难以找到合适的替代供应商,只能由企业承担加征关税的成本。另一方面,加征关税容易抬升两国国内物价水平。关税作为一种流转税,很容易转嫁给进口国的消费者,使得进口国消费者要多付出许多额外支出。此外,加征关税容易影响国内对外出口,影响国内就业,进而会影响征税国经济增长和民生。

目前经济全球化是不可阻挡的时代潮流,美国采取的一系列贸易保护措施违反世界贸易组织规则,损害多边贸易体制,严重干扰全球产业链和供应链,给全球经济复苏带来严峻挑战。中美经贸摩擦、相互加征关税，也会影响相关国家采取相应措施，进而导致全球经贸秩序紊乱，阻碍全球经济复苏。2019 年 1 月，世界银行发布《全球经济展望》报告，将 2019 年全球经济增长预期进一步降至 2.9%，贸易关系持续紧张是主要下行风险之一。

四、出口关税政策调整，征收范围缩小，税率有所下调

出于限制资源类产品的过度出口，以保护环境、保证国内资源可持续发展，或者调整国内产业结构和出口产品结构等原因和目的，我国对一部分出口货物征收出口关税。征收出口关税的货物设置了出口税率和暂定出口税率两种。《中华人民共和国进出口关税条例》规定，适用出口税率的出口货物有暂定税率的，应当适用暂定税率。2017—2018 年期间，我国适度调整了征收出口关税的商品范围和税率，总体上看缩小了出口关税的征收范围，出口税率有所下调。这种灵活及时的关税调控手段在一定程度上实现了政府的政策目标。

根据关税调整方案，2017 年征收出口关税的产品共 213 项（其中 50 项暂定税率为零），主要是高耗能、高污染、资源性（简称“两高一资”）产品。当年取消氮肥、磷肥、天然石墨、滑石、直径≥700mm 的合金钢圆坯等 40 项商品的出口关税，适当降低氮磷钾三元复合肥、硅铁、直径＜700mm 的合金钢圆坯等 27 项商品的出口关税。

2018 年我国对铬铁等 202 项出口商品征收出口关税。当年取消 11 项钢材产品 15%的出口关税；将磷灰石、煤焦油、木片、硅铬铁、普通钢坯 15%的出口关税进一步降低为 10%；为维持普通钢坯与合金钢坯等产品的税率差，将合金钢坯、200 系不锈钢的出口关税由 10%进一步降低为 5%；将三元复合肥的出口关税由 20%降低至 100 元/吨（相当于从价 7%的税率）征收；取消厚度大于 400 毫米的连铸板坯、绿泥石的出口关税，将特殊规格的车轮用连铸圆坯出口关税由 15%降为 5%。

自 2019 年 1 月 1 日起，我国取消化肥、磷灰石、铁矿砂、矿渣、煤焦油、木浆等 94 项商品的出口暂定税率，继续对铬铁等 108 项（涉及 102 个税目）出口商品征收出口关税，税率维持不变。

上述出口关税政策的调整适应出口管理制度的改革需要，有助于进一步限制“两高一资”产品出口，促进能源资源产业的结构调整、提质增效。

五、为支持相关产业和区域经济的发展，减免税优惠政策适当调整和优化

进口税收减免税政策，是一国利用税收贯彻倾斜和扶持政策的重要手段。随着我国经济的发展和对外贸易规模的不断扩大，我国进口税收优惠政策体系不断完善。

2017—2018年,我国进口税收优惠政策变化主要有以下几个方面:

(一)为支持重大技术装备制造业发展,两次调整优化重大技术装备税收政策相关目录

重大技术装备是国民经济各行业急需的装备,具有技术含量高、研发风险大和周期长等特点。为落实国务院关于装备制造业调整和振兴规划有关要求,从2009年8月起,财政部等六部委共同出台了重大技术装备进口税收政策,对符合规定条件的国内企业为生产国家支持发展的重大技术装备或产品而确有必要进口的部分关键零部件及原材料,免征关税和进口环节增值税。为此,财政部会同有关部门制订了《国家支持发展的重大技术装备和产品目录》《重大技术装备进口关键零部件、原材料商品目录》和《进口不予免税的重大技术装备和产品目录》三份目录,并不断修改完善。

2017年12月22日和2018年11月14日,财政部等六部委下发通知,先后对重大技术装备进口税收政策有关目录进行了调整和优化。根据国内产业发展情况,自2018年1月1日起,取消混流式水电机组等装备的免税政策;自2019年1月1日起,取消百万千瓦级核电机组(二代改进型核电机组)等装备的免税政策。

重大技术装备进口税收政策执行9年多来,国内有关骨干制造企业及项目业主享受了该政策,累计减免进口税收约320亿元,有力支持了国内装备制造业的升级优化。目前国家正在实施"中国制造2025"和创新驱动战略,做好重大技术装备进口税收政策的落实工作,不断完善政策有关目录,有利于提升装备制造业整体水平,推动我国装备制造业转型升级。

(二)继续调整完善海南离岛旅客免税政策

海南离岛免税政策是国务院赋予海南国际旅游岛建设的一项特殊优惠政策。海南试点实施离岛旅客免税购物政策始于2011年。为落实好习近平总书记在庆祝海南建省办经济特区30周年大会上的讲话精神和《中共中央 国务院关于支持海南全面深化改革开放的指导意见》的要求,实施更加开放便利的离岛旅客免税购物政策,促进海南国际旅游消费中心建设,财政部会同有关部门对海南离岛旅客免税购物政策部分内容进行了调整,决定自2018年12月1日起,将离岛旅客(包括岛内居民旅客)每人每年累计免税购物限额增加到30 000元,不限次;增加部分家用医疗器械商品,在离岛免税商品清单中增加视力训练仪、助听器、矫形固定器械、家用呼吸支持设备(非生命支持),每人每次限购2件。自2018年12月28日起,将乘轮船离岛旅客纳入海南离岛旅客免税购物政策适用对象范围。

海南离岛免税政策,将海关监管对象由进出境旅客先后扩展为乘飞机离岛、乘火车离岛以及乘轮船离岛的国内外旅客,扩展了海关监管职责,对推动海南国际旅游消费中心建设产生积极而深远的影响，对于推动海南省经济和海关业务发展起到了积极的作用。

(三)进一步完善跨境电商零售进口税收政策

自2016年4月8日起，我国开始实施跨境电子商务零售（企业对消费者，即B2C）进口税收政策，对于列入《跨境电子商务零售进口商品清单》中的商品，在符合适用条件的情况下，按照货物征收关税和进口环节增值税、消费税。该政策规定，在限值以内进口的跨境电子商务零售进口商品，关税税率暂设为0%，进口环节增值税、消费税取消免征税额，暂按法定应纳税额的70%征收。对于超过单次限值、累加后超过个人年度限值的单次交易，以及完税价格超过规定限值的单个不可分割商品，则按照一般贸易方式全额征税。

为促进跨境电子商务零售进口行业的健康发展，营造公平竞争的市场环境，自2019年1月1日起，我国进一步完善跨境电子商务零售进口税收政策。新政策规定，将跨境电子商务零售进口商品的单次交易限值由以前的人民币2 000元提高至5 000元，年度交易限值由以前的人民币20 000元提高至26 000元。对于完税价格超过5 000元单次交易限值但低于26 000元年度交易限值，且订单下仅一件商品时，可以自跨境电商零售渠道进口，按照货物税率全额征收关税和进口环节增值税、消费税，交易额计入年度交易总额，但年度交易总额超过年度交易限值的，应按一般贸易管理。同时规定，已经购买的电商进口商品属于消费者个人使用的最终商品，不得进入国内市场再次销售；原则上不允许网购保税进口商品在海关特殊监管区域外开展“网购保税＋线下自提”模式。

为适应跨境电商发展，财政部会同有关部门对《跨境电子商务零售进口商品清单》进行了调整，并以《跨境电子商务零售进口商品清单（2018年版）》形式公布。

跨境电商零售进口税收政策的完善，为国内跨境电子商务的发展营造了稳定、统一的税收政策环境，使得进口环节税收制度更为公平、科学，有利于促进跨境电子商务健康发展，提高市场效率。

(四)支持中国国际进口博览会，实施会展期内销售的进口展品税收优惠政策

首届中国国际进口博览会于2018年11月5日至2018年11月10日在上海举行。为支持首届中国国际进口博览会顺利举办，财政部发布通知，对中国国际进口博览会展期内销售的进口展品实行一次性税收优惠政策，对2018年11月5日至2018年11月10日举办的首届进口博览会展期内销售的合理数量的进口展品（不包括国家禁止进口商品、濒危动植物及其产品、国家规定不予减免税的20种商品和汽车）免征进口关税，进口环节增值税、消费税按应纳税额的70%征收。财政部还公布了首届中国国际进口博览会享受税收优惠政策的展品清单，展品清单所列参展企业享受上述税收优惠政策的销售限额不超过列表额度，其他参展企业享受税收优惠政策的销售限额不超过 2 万美元。对超出享受税收优惠政策的销售限额又不退运出境的展品，按照中国有关规定照章征税。

中国国际进口博览会是世界上第一个以进口为主题的大型国家级展会，由中华人民共和国商务部、上海市人民政府主办，旨在坚定支持贸易自由化和经济全球化、主动向世界开放市场。首届中国国际进口博览会有 172 个国家、地区和国际组织参会，3 600 多家企业参展，超过 40 万名境内外采购商共襄盛举。而我国实施的会展期内销售的进口展品实行的税收优惠政策，有力支持了首届中国国际进口博览会顺利举办。

（本章执笔：钟昌元副教授）

第二章

境外关税政策的变化

2017—2018 年，全球经济持续回暖。张燕生认为，2017 年，世界经济企稳向好。无论是全球贸易、金融、大宗商品、服务贸易和实体经济，还是全球不同国家和地区经济，都是六年来显著向好的一年。[①] 易宪容认为，尽管美联储加息及中美贸易摩擦的升级对中国经济增长没有实质性的影响，反之，在这种外部因素的作用下，中国出口贸易增长好于早几年。但这两大事件对中国金融市场的影响与冲击是巨大的。而中美贸易战的爆发也导致了人民币对美元的汇率持续贬值，这些也直接导致了我国经济政策的波动。[②]

总体看来，2017—2018 年，全球经济、外贸都有了一定规模回暖，但形势依然复杂。特别是美国挑起的全球的贸易摩擦持续升级影响了全球经济的回暖。在此背景之下，洞察全球关税政策的变化进而深层次理解全球经济与贸易环境的变化就具有较强的现实意义。

本章不包括出于贸易救济角度而进行的关税调整，也不包括针对特定国家的关税调整。本章所查阅的资料来源于中华人民共和国商务部网站(驻外经商机构提供的资讯)。

第一节　2017—2018 年境外进口关税政策的变化

境外进口关税政策的变化包括进口关税税率的上调、下调或者取消。无论是进口

---

① 张燕生．2017～2018 年全球经济形势分析与展望[R]//中国国际经济交流中心．国际经济分析与展望(2017～2018)．北京：社会科学文献出版社，2018：36．

② 易宪容．2018 中国经济的回顾与明年展望[N]．金融投资报，2018-12-15．

关税税率的上调、下调还是取消,都是出于调节国内贸易的目的。2017—2018 年,境外进口关税的调整变化具体如下:

(一)印度尼西亚对邮寄进口商品 75 美元以上收税 7.5%

印度尼西亚政府修改了关于装运进口商品关税的条例,这项条例规定了有关商品价值的限制,并提高关税为 7.5%。印度尼西亚于 2018 年 9 月 10 日签署的关于修改 182/PMK.04 /2016 财政部长条例的 112/PMK.04/2018 财长条例,说明了上述措施。这项新规定在发布 30 天之后开始生效。7.5%进口关税的装运货物的进口价值从每次装运 100 美元的规定调整为 75 美元。因此,如果每批进口货物的价值超过 75 美元,则寄货人须缴交 7.5%进口关税,但是如果进口货物价值低于 75 美元,仍可免关税。如果一个人在一日中进行三次寄货,分别为价值 50 美元、20 美元和 100 美元,则其进口税免税额分别为 50 美元和 20 美元,而 100 美元货物须征收 7.5%关税。

(二)印度尼西亚对 1 147 种进口商品征收进口关税

印度尼西亚财政部长丝莉 2018 年 9 月 10 日表示,将对 1 147 种进口商品收取 2.5%至 10%的进口关税,其中是 719 种商品进口所得税从 2.5%增至 7.5%,218 种商品从 2.5%增至 10%,210 种商品从 7.5%增至 10%。

(三)印度尼西亚政府提高整车进口关税税率

2018 年 10 月,印度尼西亚政府决定调高奢侈品销售税价目,从 75%到 125%,以及调整整装车的进口税,从 40%到 50%。目前,调高税收已经使整装车的进口量降低了 30%。

(四)俄罗斯调整境外网购商品征税

俄罗斯财政部提出的政府令草案建议,自 2018 年 7 月 1 日起,从境外寄到俄罗斯的免关税邮包标准为每人每月不超过 500 欧元,自 2019 年 1 月起,为 200 欧元,且重量不得超过 31 千克。现行规定是每人每月从境外收到邮包价值不超过 1 000 欧元、重量在 31 千克以内时免缴关税。

(五)欧亚经济联盟降低服装及衣着附件进口关税税率

欧亚经济委员会理事会 2017 年 6 月决定降低进口到欧亚经济联盟国家的 472 种商品进口关税税率。其中,服装和衣着附件(包括手套)从目前的 9.2%降低至 6.5%,餐具和厨房器具从目前的 13.6%降低至 12%。此外,降低进口关税税率的商品还有苹果、梨、酵母、门、窗、布匹、微波炉等。

(六)欧亚经济联盟调减个人携带入境物品免税限额

自 2019 年 1 月 1 日起,对承运人运输或通过国际邮件在一个月内寄递给同一自然人的物品,其价值不超过 500 欧元和(或)重量不超过 31 千克,可免缴关税和税费。

对于2018年已经购买但在2019年入境的商品，将按照新的标准进行处理。此前，欧亚经济联盟规定的免税限额为每人每月价值不超过1 000欧元和（或）重量不超过31千克。欧亚经济联盟成员国商定逐步调减免税限额，自2019年起调减为500欧元/月，自2020年起调减为200欧元/月。

此外，自2019年1月1日起，对旅客通过各种运输工具携带入境的行李物品免税限额也进行了调整。对于通过汽车、火车、海运、河运或徒步携带入境的行李物品，其免税限额调减为价值不超过500欧元和（或）重量不超过25千克。此前，欧亚经济联盟规定的免税限额为1 500欧元和（或）50千克。通过航空运输携带入境的行李物品免税限额维持不变，仍为价值不超过10 000欧元和（或）重量不超过50千克。对超出上述限额的物品，按照货值30％的单一税率缴纳关税，但不低于4欧元/千克。对重量超过35千克的不可分割物品，按照物品的总价值和总重量缴纳关税。

（七）欧亚经济委员会决定将磷肥原料进口零关税政策延长2年

2018年12月12日电，欧亚经济委员会发布消息，决定将磷肥生产中使用的天然磷酸钙、磷酸铝钙、磷酸盐粉末等原料的进口零关税政策延长2年，至2020年底。欧亚经济委员会作出这一决定，主要是考虑到欧亚经济联盟国家磷酸盐原料短缺，同时有助于减轻化肥生产商的资金负担。

（八）欧亚经济委员会对带壳腰果实施进口零关税

欧亚经济委员会决定取消带壳腰果5％的进口关税，自2018年9月2日起至2021年8月31日实施进口零关税。欧亚经济委员会表示，零关税将有助于欧亚经济联盟腰果加工行业发展，并消除税率不平衡问题。

（九）欧亚经济联盟下调小汽车进口关税

自2018年9月1日起，欧亚经济联盟下调小汽车进口关税。其中，新车进口关税税率从23％下调至17％，车龄超过5～7年的二手车进口关税税率为22％。

（十）乌克兰提高废金属出口关税

乌克兰《关于修订〈关于修订若干乌克兰法律减少国内市场废金属紧缺的法律〉第2部分最终和过渡条款的法律》于2018年6月21日正式生效。该法律刊登于2018年6月20日出版的官方报纸《乌克兰之声》并自公布之日起第二天生效。法律将提高废金属出口关税税率的临时措施期限从2年延长至3年。税率从30欧元涨到42美元。出台该法的目的是，在国内外价差导致国内废金属紧缺的情况下稳定乌克兰冶金企业的经营和维持2.5万工人的工作。

（十一）阿根廷降低部分产品进口关税

2018年9月21日，阿根廷下调100多项产品的进口关税，主要涉及在阿根廷国内无法生产但在工业各个环节起到关键作用的产品。此次调整使这些产品进入阿根廷市场的关税由原来的14%降到了2%。关税下调主要惠及农业、金属加工、矿业、乳制品业、造纸业、港口等领域。此次关税下调将使得政府收入下降1 500万～4 500万美元。

(十二)越南修订进出口税则降低进口汽车零部件关税

越南财政部颁布2017年第65号通知(第65/2017/TT－BTC号),修订部分进出口产品关税税率,于2018年1月1日起实施。根据该通知,汽车税目进一步细分,拆分为电动轿车、电力汽车、汽油电力动力混合汽车等,并提出了进一步降低汽车零部件产品关税的两种降税方案。第一种降税方案是对进口汽车(汽车进境后重新组装)的163个税目取消关税,整车设备进口平均最惠国关税税率从14%～16%降低到7%(适用于9座以下轿车)或1%(适用于5吨以下的卡车);第二种降税方案取消汽车引擎、变速箱、促动器以及高压泵等19个税目的关税。越南财政部称,此次进口关税调整将平衡国家、企业以及消费者利益,促进有关汽车生产和组装工业发展。

(十三)越南上调二手车进口税率

越南财政部2017年9月起草税改草案,拟上调9座及以下二手车的进口关税。该草案正在征求相关部门意见。根据草案,排量在2 500cc或以上的车辆,SUV以及运动型轿车、乘用车(面包车除外),将适用复合税率计算,计算方法为二手车的应税价格乘以200%或是二手车的应税价格乘以150%＋1万美元。其他车辆应交税金为应税价格乘以同款新车进口关税税率＋1.5万美元。对于10～15座但排量不足2 500cc的汽车,应税额为应税价格乘以同款新车关税税率＋1万美元;排量大于2 500cc的,则为应税价格乘以同款新车关税税率＋1.5万美元。

目前越南适用的9座及以下二手车的进口关税税率低于越南在世界贸易组织的承诺水平,存在上浮空间。该税收调整有助于鼓励消费者购买新车,特别是本地组装并进口的新车价格上享受优惠。新法案可以抑制进口落后淘汰的二手车,避免越南成为二手车垃圾填埋地。专家测算,从美国进口一辆排量为2 500cc的凯美瑞轿车,整车售价2万美元,按照现有税率应缴纳1.9万美元进口关税,如按照新草案,则进口关税将上升到3.1万美元,这尚未计入占车价50%的特别消费税以及10%的增值税。

(十四)印度将小麦进口关税提高至40%

2018年5月23日报道,印度政府拟将小麦进口关税从20%提升至40%,以帮助本国农民抵御进口小麦对国内粮食市场的冲击。印度食品加工部数据显示,在当前关税水平下,从澳大利亚进口的小麦市场价为2.43万卢比/吨(约合370美元/吨),从乌克兰和俄罗斯进口的小麦市场价则为2.23万卢比/吨(约合340美元/吨)。2017—

2018财年，印度共收获9 861万吨小麦，而小麦进口量为148万吨。关税提高后，此前主要从澳大利亚、乌克兰、俄罗斯等国进口小麦的印度南部面粉厂将增加本国小麦采购量。

（十五）印度调高电子产品进口关税

2017年12月18日报道，印度政府调高电子产品进口关税，其中，手机关税从10%提高至15%，微波炉、LED灯关税从10%提高至20%，LCD/LED/OLED电视机关税从零提高至7.5%。提高电子产品关税将有助于手机、电视机等电子产品厂商加快本地制造步伐，从而进一步推动印度制造。

（十六）阿富汗对烟草关税提高到100%

2017年11月13日，阿富汗政府下议院批准将对进口香烟和其他烟草制品的关税提高到100%。该草案已提交阿富汗政府上议院，并将在阿富汗总统签署后开始生效。

（十七）伊朗提高混合动力汽车关税至35%

2018年1月，伊朗出台修正后的关税法规。根据新法规，混合动力汽车进口关税由之前的5%提高至25%～65%，最新关税税率为35%。根据伊朗工矿贸易部数据，伊历1397年第一个月（2018年3月21日至4月20日），伊朗国内的混合动力汽车生产创新低，当月生产的76 239辆汽车中混合动力车仅4 252辆，占比5.57%，产量同比下降了43.9%。伊朗国内混合动力汽车质量较差且成本高昂。

（十八）埃及提高320种进口商品关税税率

2016年底，埃及颁布总统令，宣布提高320种进口商品关税税率。在2016年12月4日召开的新闻发布会上，埃及贸工部长卡比勒和财政部长贾拉哈称此举可限制进口并鼓励本国工业发展，如果进口维持在现有水平，埃及关税收入将每年增加60亿埃镑。埃及增加关税税率的商品主要有两大类：其一为国内可生产商品，如家具、餐具、陶瓷产品、地毯、皮革、肥皂、洗涤剂、化妆品、笔和解码器、电器等；其二为日常消费品，包括新鲜水果、香水、洗发水、可可、饼干、面包、蛋糕、糖浆、冰淇淋、水晶等。

对这些产品进口提高关税可促进消费者理性消费，节省外汇支出。调整后关税税率大体比原税率增加50%。空调、冰箱、风扇等家用电器税率由40%增至60%，饮料关税税率由5%增至20%，彩色玻璃和水晶税率由10%增至20%，门窗、锁以及卫生产品关税由20%增至40%和60%不等。

（十九）阿根廷取消电脑产品进口关税

阿根廷自2017年2月21日起，取消进口电脑零配件平均12%的关税；自4月1日起取消进口笔记本电脑、平板电脑、台式电脑及相关数码电子产品（打印机、绘图仪、数码绘画板等)35%的关税。

电脑主板制造商 ASRock(华擎)拉美销售代表查比特认为,关税的取消将有助于杜绝电子产品走私,消费者将有更广泛的选择范围。据预测,关税减免后电脑类产品售价将下降约 20%,电脑组装原材料价格将下降 5%～6%。阿根廷总统府表示,关税的取消将降低电脑类产品生产成本,降低产品销售价格,从而提高竞争力和生产力,有助于扩大投资和市场供应。同时,获取新型电子科技技术可使阿根廷的经济和社会得到发展,更合理、高效地利用资源。

(二十)阿根廷降低部分产品进口关税

2018 年 9 月,阿根廷下调 100 多项产品的进口关税,主要涉及在阿根廷国内无法生产但在工业各个环节起到关键作用的产品。此次调整使这些产品进入阿根廷市场的关税由原来的 14%降到了 2%。关税下调主要惠及农业、金属加工、矿业、乳制品业、造纸业、港口等领域。阿根廷生产和劳动部长丹特・西卡称,未来计划有 300 多项产品的进口关税将进行下调。据报道,此次关税下调将使得政府收入下降 1 500 万～4 500 万美元。

第二节　2017—2018 年境外出口关税政策的变化

境外出口关税政策的变化包括出口关税税率的上调、下调或者取消。无论是出口关税税率的上调、下调还是取消,都是出于调节国内贸易的目的。但相对于进口关税政策的变化,出口关税政策的变化非常少。2017—2018 年,境外出口关税的调整变化见下面的分析。

(一)俄罗斯调整石油出口关税税率

从 2017 年 1 月 1 日起,俄罗斯石油出口关税调整为每吨 79.1 美元,比现阶段的每吨 90.4 美元下调 11.3 美元。从 2017 年 2 月 1 日起,俄罗斯石油出口关税上调 10.4 美元,即从当前的 79.1 美元/吨上调至 89.5 美元/吨。

从 2018 年 1 月 1 日起,俄罗斯石油出口关税从 105.0 美元/吨提高至 111.4 美元/吨。但产自俄罗斯东西伯利亚、里海油田和普里拉兹洛姆油田的石油出口关税从 2018 年 1 月 1 日起仍为零。此外,从 2018 年 1 月 1 日起,俄罗斯高黏度石油出口关税从 16.8 美元/吨提高至 17.9 美元/吨,直馏汽油出口关税从 57.7 美元/吨提高至 61.2 美元/吨,商品汽油出口关税从 31.5 美元/吨提高至 33.4 美元/吨,透明油品以及润滑油出口关税从 31.5 美元/吨提高至 33.4 美元/吨,深色油品出口关税从 105.0 美元/吨提高至 111.4 美元/吨,石油焦出口关税从 6.8 美元/吨提高至 7.2 美元/吨,液化气出口关税仍为零等。

从 2018 年 2 月 1 日起，俄罗斯石油出口关税从 111.4 美元/吨提高至 120.1 美元/吨。但产自俄罗斯东西伯利亚、里海油田和普里拉兹洛姆油田的石油出口关税从 2018 年 2 月 1 日起仍为零。此外，从 2 月 1 日起，高黏度石油出口关税从 17.9 美元/吨提高至 19.5 美元/吨，直馏汽油出口关税从 61.2 美元/吨提高至 66.0 美元/吨，商品汽油出口关税从 33.4 美元/吨提高至 36.0 美元/吨，透明油品以及润滑油出口关税从 33.4 美元/吨提高至 36.0 美元/吨，深色油品出口关税从 111.4 美元/吨提高至 120.1 美元/吨，石油焦出口关税从 7.2 美元/吨提高至 7.8 美元/吨，液化气出口关税仍为零等。

(二)埃及提高化肥出口关税以保障国内市场供应

埃及政府已于 2018 年 9 月 18 日将氮肥出口关税从每吨 125 埃镑上调至 500 埃镑(约 28 美元)，上调期限为 1 年。该举措被认为是通过出口关税增加国家财政收入，同时缓解国内化肥市场供不应求。

(三)埃及继续对一些金属原材料和氮肥征收出口关税

埃及贸工部长塔里克·卡比勒签署决定，延长 2017 年 1157 号法令(有效期至 2017 年 12 月 26 日)有效期 1 年，继续对一些金属原材料及废料征收出口关税，并颁布新法令对氮肥出口每吨征收 125 埃镑关税，有效期 1 年。

根据 2017 年 1157 号法令，对出口铜每吨征收 2 万埃镑关税，出口铁矿石和废铅及其产品每吨征收 6 000 埃镑关税，出口废铁和废不锈钢每吨征收 1 300 埃镑关税，出口废铝每吨征收 7 000 埃镑关税，出口锌矿石、废锌等每吨征收 3 000 埃镑，出口废纸每吨征收 3600 埃镑关税。

埃及贸工部认为，征收出口关税将有利于优先保障国内工业对这些金属原材料的需求。自 2016 年 1354 号法令(2017 年 1157 号法令系在此基础上修订)实行以来，埃及铝矿石和废铝的年出口量为 3 834 吨(2016 年)、4 703 吨(2017 年)，铜出口量为 373 吨(2016 年)、353 吨(2017 年)，废铁和废钢出口稳定在每年 1.1 万吨(2014 年为 2.1 万吨)，铅矿石、废铅和铅产品出口从 2016 年的 1.3 万吨降至 2017 年的 3 854 万吨，废纸出口从 2016 年的 279 吨降至 2017 年的 37 吨。根据埃及进出口控制总局统计，2016 年，埃及出口氮肥 330 万吨，2017 年初至 10 月底，已经增至 360 万吨。2017 年初至 10 月底，埃及氮肥生产达 680 万吨，是计划产能的 105%。

(四)埃及将在一年内保持某些矿产资源出口关税税率不变

埃及贸工部长塔里克·卡比勒签署命令，对滑石粉、石英、长石、大理石块、花岗岩和砂子等矿产资源在一年内维持现有出口关税税率。该命令自 2018 年 2 月 10 日起生效。卡比勒部长称，该命令的目的是通过向埃及厂商提供国产原材料和维持石材等矿产资源的战略储备来促进本国工业的发展。

第三节　境外关税政策变化评述

2017—2018 年，全球经济复苏但过程曲折，再加上美国掀起的全球贸易战，导致全球国际贸易投资环境恶化，全球关税政策以贸易救济为主要特征，因而反映到大规模的非贸易角度的关税调整并不多。发达国家特别是发展中国家都频繁运用关税这一政策来调节本国的国际贸易。

一、2017—2018 年境外关税政策变化特点

(一)关税的调整主要在发展中国家且集中在进口关税变化

从 2017—2018 年来看，频繁运用关税工具来调整贸易的现象主要见于发展中国家。发展中国家产业相对不完善，国内外的经济环境变化又大，因而迫切需要利用关税这一强大的工具来调整国际贸易。关税政策频繁调整主要见于印度尼西亚、泰国、印度、埃及等贸易活跃的发展中国家。而在发达国家，由于国内产业相对健全，关税政策也很完善，因而发达国家的关税政策主要是通过贸易救济的方式来实现。此外，由于出口关税涉及的对象很少，各国普遍对出口产品不征收关税，因而从调节的工具看，主要是利用进口关税政策而非出口关税政策。

(二)调节经济是关税政策变化的主要目的

各国在关税政策调整过程中，重要的目标就是通过关税杠杆来调节各国经济。例如，阿根廷取消进口电脑零配件平均 12%的关税，其目的在于降低电脑类产品生产成本，降低产品销售价格，从而提高竞争力和生产力，有助于扩大投资和市场供应；埃及 2017 年起提高 320 种进口商品关税税率，其目的在于促进消费者理性消费，节省外汇支出；乌克兰 2018 年延续了提高废金属出口关税的措施，将税率从 30 欧元涨到 42 美元，出台该法的目的是在国内外价差导致国内废金属紧缺的情况下稳定乌克兰冶金企业的经营。实际上，上述政策的实行都达到了原有的目的，这说明关税政策是调节贸易的强大工具。

(三)保护国内产业是关税政策变化的次要目标

部分发展中国家由于某些产业不发达、较为脆弱，因而仍然需要通过关税手段来保护。例如，欧亚经济委员会于 2018 年决定取消带壳腰果 5%的进口关税，目的是有助于欧亚经济联盟腰果加工行业发展，并消除税率不平衡问题；印度于 2017 年调高电

子产品进口关税，其目的在于有助于手机、电视机等电子产品厂商加快本地制造步伐，从而进一步推动印度制造；埃及于2018年对滑石粉、石英、长石、大理石块、花岗岩和砂子等矿产资源在1年内维持现有出口关税税率，其目的也是在于促进本国工业的发展。

(四)罕有国家出于财政收入角度调整关税政策

随着全球经济的发展和税制的完善，当前很少有国家通过关税政策来增加财政收入。这是因为在经济全球化的现状下，各国关税水平都受到严格限制，且关税在各国财政收入中的占比也越来越低，而增值税、企业所得税成为取得财政收入的重要工具，因此，利用关税政策变化来获得财政收入的现象比较罕见。埃及政府已于2018年9月18日将氮肥出口关税从每吨125埃镑上调至500埃镑(约28美元)，上调期限为1年，该举措被认为是通过出口关税增加国家财政收入。此外，阿富汗政府下议院批准将对进口香烟和其他烟草制品的关税提高到100%，其目的也或多或少在于增加财政收入。

(五)越来越多的国家开始重视电商税和行邮税的完善

随着全球经济与技术的进步以及商业环境的变化，跨境电子商务、海淘、代购等成为国际贸易的新的形式，而传统的税收制度无法适应这类商业环境的变化，由此导致了新的走私。在此背景之下，全球多个国家都开始调整跨境电子商务以及行邮方面的税收和监管政策。例如，印度尼西亚将能享受免税的货物单次装运价值由100美元调整到75美元，这有效防止了通过低额邮寄方式享受免税进而规避进口税收的走私方式；俄罗斯也把从境外寄到俄罗斯的免关税邮包标准由每人每月不超过500欧元调整为200欧元，且重量不得超过31千克，并且每月总价值不能超过1 000欧元；欧亚经济联盟对旅客通过各种运输工具携带入境的行李物品免税限额也进行了调整，将通过汽车、火车、海运、河运或徒步携带入境的行李物品的免税限额调减为价值不超过500欧元和(或)重量不超过25千克。(此前这一标准为1 500欧元和50千克)。

从上述调整可以看出，对于电子商务以及行邮物品的限制是趋于严格的，这主要是防止将一般贸易转为电商或行邮方式从而规避各类监管和税收。随着全球电子商务和行邮方式的进一步增长，此类税收制度将越来越严格。

(六)关税调节的目标更加多样

从关税最基本的作用来看就是通过关税来调节进出口贸易，但关税政策会通过价格机制从而传导到经济生活的各个方面，因而可以通过关税的调节来达到多种多样的目的。2017—2018年，各国运用关税政策来达到增加财政收入和外汇收入、避免电商走私、减轻原材料短缺、避免企业资金成本过重、促进行业发展、维持就业、平衡各方利益、促进消费者理性消费、节约外汇、优化配置资源等目的。由此可见,关税政策的影响是多方面的,许多经济目标都可以借助关税政策来达到。

(七)关税政策的调整开始由税率调整变为监管政策的调整

关税调整给人的第一印象就是关税税率的变化。但在现实中,有时候关税税率未变但监管环境发生了重大变化也一样能够达到影响财政收入和调节经济的目的。这在跨境电子商务和行邮方面特别显著。例如,俄罗斯也把从境外寄到俄罗斯的免关税邮包标准由每人每月不超过500欧元调整为200欧元,且重量不得超过31千克,每月总价值不能超过1 000欧元。在更为严格的监管条件下,实际上等于无形之中起到了增税的目的,从某个角度看也达到了避免利用电商或行邮物品走私的目的。

(八)关税调节对象涉及的商品种类多样

2017—2018年,各国出于各类目的利用关税调节工具所涉及的商品种类多样,主要包括石油、电子产品、农产品、汽车(传统汽车、新能源汽车、二手汽车)、金属加工、矿业、乳制品业、造纸业、港口、废旧金属、肥料、服装和衣着附件、酵母、门、窗、布匹、家用电器等。部分国家会大范围地调整产品关税税率。如2018年9月阿根廷下调100多项产品的进口关税,主要涉及在阿根廷国内无法生产但在工业各个环节起到关键作用的产品;2016年底埃及宣布提高320种进口商品关税税率;2017年印度调高电子产品进口,涉及产品种类也较多。

二、2017—2018年境外关税政策变化对我国的启示

(一)继续重视关税的财政作用

关税是我国流转税的重要组成税种,2017—2018年,我国税收收入分别为144 360亿元(增速10.7%)和156 401亿元(增速8.3%);而关税收入分别为2 998亿元(增速15.1%)以及2 848亿元(增速-5%),关税占全国税收的比重分别为2.08%和1.82%。[①] 由此可以看出,关税收入无论从增速上看还是从税收占比上来看,一直处于起伏波动中,没有固定的趋势性。这实际上正是关税在积极发挥其调节作用。关税可以作为一种自动稳定机制,在贸易环境好的时候增速明显,而在贸易环境恶劣的时候则增速受限,因此,应理性看待关税的正常波动。但不可否认的是,关税依旧是我国财政收入特别是中央财政收入的重要来源,因而在发挥关税调节作用的同时还应加强关税的监管来保证财政收入。

---

① 财政部新闻办公室.2017年全国税收收入144 360亿元,同比增长10.7%[EB/OL].http://www.shui5.cn/article/cd/118148.html.贵州省财政厅.

财政部举行新闻发布会:2018年财政收支运行情况良好[EB/OL].http://www.gzcz.gov.cn/zwgk/zdgk/hygq/xwfbh/201901/t20190123_2815563.html.

(二)按经济规律来发挥关税的调节作用

关税是通过影响进出口商品的价格(成本)来达到调节国际贸易乃至国内经济的目的。而当前通过关税来调节经济的目的更是多样,例如促进行业发展、维持就业、平衡各方利益、促进消费者理性消费、节约外汇、优化配置资源等。这就要求必须按照经济规律来正确预测关税的调节效应。关税政策的每次调节都会产生各种各样的成本,因此,在关税政策调整前,必须正确评估各类关税政策能否达到初衷,避免各种无效关税政策的落地。例如,对于需求较为刚性的产品,关税税率的增加并不能减少其进口需求,反而会造成效率损失,这样的关税政策则无法达到想要的目的。

(三)积极利用关税政策助推我国经济转型升级

当前我国处于巨大的经济变革之中,在严峻的国际环境下,中国经济必须稳步推进转型升级。中国经济转型表现为:"科技创新是提高社会生产力和综合国力的战略支撑,新技术、新产品、新业态、新模式不断涌现。"[①]为了支撑这些新技术、新产品、新业态和新模式的发展,关税政策必须给予强有力的支持。例如,在高新技术、环保、文化产业、新能源、医药等产业以及在扩大内需等政策方面给予适度的关税支持。2018年1月,我国根据《国家支持发展的重大技术装备和产品目录》调整情况,相应调整《重大技术装备进口关键零部件、原材料商品目录》,对确有必要进口的零部件、原材料予以免税,不断完善政策有关目录,提升装备制造业整体水平。[②] 我国自2018年5月1日起对绝大多数进口药品实施了零关税,自7月1日起降低了汽车及零部件、部分日用消费品的进口关税,实施了信息技术协议扩围产品第三步降税。而为了适应产业升级、降低企业成本以及满足群众多层次消费等需求,我国自2018年11月1日起又降低了部分工业品等商品的最惠国税率,其中就包括机电设备及零部件。降税商品共1 585个税目,约占我国税目总数的19%,平均税率由10.5%降至7.8%,平均降幅为26%。[③] 而为了满足消费需求,我国在2019年还调整了行邮税税率,将行邮税税率由15%、30%、60%调整为15%、25%和50%(进口抗癌药按3%征收增值税)。可以说上述关税政策的调整充分顺应了经济转型的要求。

(四)重视对监管政策的运用

传统的关税政策一般将调整的视线放在"税率"上,而在新环境下,有必要通过监

---

① 专家解读:中国经济在转型升级中稳步推进[EB/OL]. http://theory.people.com.cn/n1/2017/0703/c40531-29377719.html.

② 中华人民共和国财政部. 六部门印发《关于调整重大技术装备进口税收政策有关目录的通知》[EB/OL]. http://gss.mof.gov.cn/zhengwuxinxi/zhengcejiedu/201801/t20180105_2793550.html.

③ 中华人民共和国财政部. 我国降低部分商品的最惠国税率 关税总水平降至7.5%[EB/OL]. http://gss.mof.gov.cn/zhengwuxinxi/gongzuodongtai/201809/t20180930_3033435.html.

管政策的变化来达到调节贸易的目的。例如跨境电子商务税收,可以通过享受优惠税率的货物价值限额、能否允许通过跨境电商方式进口的正面清单、检验检疫政策等条件,来达到调节跨境电子商务贸易的目标。因此,未来在关税政策的调节中,要充分运用多种方式,重视对监管政策的运用,从而达到调节贸易的目标。

(本章执笔:张磊博士)

第三章

进口环节增值税和消费税政策的变化

第一节　2017—2018 年进口环节增值税和消费税政策的变化

一、税务机关加强进口增值税抵扣管理

2017 年 2 月 13 日，国家税务总局发布 2017 年第 3 号公告，为保护纳税人合法权益，进一步加强增值税管理，打击利用海关进口增值税专用缴款书（以下简称“海关缴款书”）骗抵税款犯罪活动，国家税务总局决定全面提升海关缴款书稽核比对级别，强化对海关进口增值税的抵扣管理。自公告发布之日起，实施以下措施：

（1）增值税一般纳税人进口货物时应准确填报企业名称，确保海关缴款书上的企业名称与税务登记的企业名称一致。

（2）税务机关将进口货物取得的属于增值税抵扣范围的海关缴款书信息与海关采集的缴款信息进行稽核比对。经稽核比对相符后，海关缴款书上注明的增值税额可作为进项税额在销项税额中抵扣。稽核比对不相符，所列税额暂不得抵扣，待核查确认海关缴款书票面信息与纳税人实际进口业务一致后，海关缴款书上注明的增值税额可作为进项税额在销项税额中抵扣。

（3）税务部门应加强对纳税人的辅导，充分利用多种渠道向全社会广泛宣传，赢得纳税人的理解和支持。

二、2017 年 7 月增值税税率下调并简并，部分产品出口退税率调整

2017 年 4 月 28 日财政部、国家税务总局发布了《关于简并增值税税率有关政策

的通知》(财税〔2017〕37号),明确自2017年7月1日起,简并增值税税率结构,取消13%的增值税税率。具体内容如下:

(1)纳税人销售或者进口下列货物,税率为11%:农产品(含粮食)、自来水、暖气、石油液化气、天然气、食用植物油、冷气、热水、煤气、居民用煤炭制品、食用盐、农机、饲料、农药、农膜、化肥、沼气、二甲醚、图书、报纸、杂志、音像制品、电子出版物。

通知以附件形式对适用11%增值税税率的货物范围作出了注释。

(2)纳税人购进农产品,按下列规定抵扣进项税额:

①除下列第②项规定外,纳税人购进农产品,取得一般纳税人开具的增值税专用发票或海关进口增值税专用缴款书的,以增值税专用发票或海关进口增值税专用缴款书上注明的增值税额为进项税额;从按照简易计税方法依照3%征收率计算缴纳增值税的小规模纳税人取得增值税专用发票的,以增值税专用发票上注明的金额和11%的扣除率计算进项税额;取得(开具)农产品销售发票或收购发票的,以农产品销售发票或收购发票上注明的农产品买价和11%的扣除率计算进项税额。

②营业税改征增值税试点期间,纳税人购进用于生产销售或委托受托加工17%税率货物的农产品维持原扣除力度不变。

③继续推进农产品增值税进项税额核定扣除试点,纳税人购进农产品进项税额已实行核定扣除的,仍按照《财政部 国家税务总局关于在部分行业试行农产品增值税进项税额核定扣除办法的通知》(财税〔2012〕38号)、《财政部 国家税务总局关于扩大农产品增值税进项税额核定扣除试点行业范围的通知》(财税〔2013〕57号)执行。其中,《农产品增值税进项税额核定扣除试点实施办法》(财税〔2012〕38号印发)第四条第(二)项规定的扣除率调整为11%;第(三)项规定的扣除率调整为按本条第(一)项、第(二)项规定执行。

④纳税人从批发、零售环节购进适用免征增值税政策的蔬菜、部分鲜活肉蛋而取得的普通发票,不得作为计算抵扣进项税额的凭证。

⑤纳税人购进农产品既用于生产销售或委托受托加工17%税率货物又用于生产销售其他货物服务的,应当分别核算用于生产销售或委托受托加工17%税率货物和其他货物服务的农产品进项税额。未分别核算的,统一以增值税专用发票或海关进口增值税专用缴款书上注明的增值税额为进项税额,或以农产品收购发票或销售发票上注明的农产品买价和11%的扣除率计算进项税额。

⑥《中华人民共和国增值税暂行条例》第八条第二款第(三)项和通知所称销售发票,是指农业生产者销售自产农产品适用免征增值税政策而开具的普通发票。

(3)部分货物的出口退税率调整为11%。

出口货物适用的出口退税率，以出口货物报关单上注明的出口日期界定。并以附件形式列出了出口退税率调整产品清单。

外贸企业 2017 年 8 月 31 日前出口退税率调整产品清单中所列的货物，购进时已按 13%税率征收增值税的，执行 13%出口退税率；购进时已按 11%税率征收增值税的，执行 11%出口退税率。生产企业 2017 年 8 月 31 日前出口清单所列货物，执行 13%出口退税率。出口货物的时间，按照出口货物报关单上注明的出口日期执行。

三、2022 年冬奥会和冬残奥会税收政策发布

为支持发展奥林匹克运动，确保北京 2022 年冬奥会和冬残奥会顺利举办，财政部、国家税务总局和海关总署于 2017 年 7 月 12 日发布《关于北京 2022 年冬奥会和冬残奥会税收政策的通知》（财税〔2017〕60 号），从通知发布之日起，实行以下税收政策：

（1）对北京 2022 年冬奥会和冬残奥会组织委员会（以下简称“北京冬奥组委”）实行以下税收政策：

①对北京冬奥组委取得的电视转播权销售分成收入、国际奥委会全球合作伙伴计划分成收入（实物和资金），免征应缴纳的增值税。

②对北京冬奥组委市场开发计划取得的国内外赞助收入、转让无形资产（如标志）特许权收入和销售门票收入，免征应缴纳的增值税。

③对北京冬奥组委取得的与中国集邮总公司合作发行纪念邮票收入、与中国人民银行合作发行纪念币收入，免征应缴纳的增值税。

④对北京冬奥组委取得的来源于广播、互联网、电视等媒体收入，免征应缴纳的增值税。

⑤对外国政府和国际组织无偿捐赠用于北京 2022 年冬奥会的进口物资，免征进口关税和进口环节增值税。

⑥对以一般贸易方式进口，用于北京 2022 年冬奥会的体育场馆建设所需设备中与体育场馆设施固定不可分离的设备以及直接用于北京 2022 年冬奥会比赛用的消耗品，免征关税和进口环节增值税。享受免税政策的奥运会体育场馆建设进口设备及比赛用消耗品的范围、数量清单由北京冬奥组委汇总后报财政部商有关部门审核确定。

⑦对北京冬奥组委进口的其他特需物资，包括：国际奥委会或国际单项体育组织指定的，国内不能生产或性能不能满足需要的体育器材、医疗检测设备、安全保障设备、交通通信设备、技术设备，在运动会期间按暂准进口货物规定办理，运动会结束后留用或做变卖处理的，按有关规定办理正式进口手续，并照章缴纳进口税收，其中进口汽车以不低于新车 90%的价格估价征税。上述暂准进口的商品范围、数量清单由北

京冬奥组委汇总后报财政部商有关部门审核确定。

⑧对北京冬奥组委再销售所获捐赠物品和赛后出让资产取得收入,免征应缴纳的增值税、消费税和土地增值税。免征北京冬奥组委向分支机构划拨所获赞助物资应缴纳的增值税,北京冬奥组委向主管税务机关提供"分支机构"范围的证明文件,办理减免税备案。

⑨对北京冬奥组委使用的营业账簿和签订的各类合同等应税凭证,免征北京冬奥组委应缴纳的印花税。

⑩对北京冬奥组委免征应缴纳的车船税和新购车辆应缴纳的车辆购置税。

⑪对北京冬奥组委免征应缴纳的企业所得税。

⑫对北京冬奥组委委托加工生产的高档化妆品免征应缴纳的消费税。

⑬对国际奥委会、国际单项体育组织和其他社会团体等从国外邮寄进口且不流入国内市场的、与北京 2022 年冬奥会有关的文件、书籍、音像、光盘,在合理数量范围内免征关税和进口环节增值税。合理数量的具体标准由海关总署确定。对奥运会场馆建设所需进口的模型、图纸、图板、电子文件光盘、设计说明及缩印本等规划设计方案,免征关税和进口环节增值税。

⑭对北京冬奥组委取得的餐饮服务、住宿、租赁、介绍服务和收费卡收入,免征应缴纳的增值税。

⑮对北京 2022 年冬奥会场馆及其配套设施建设占用耕地,免征耕地占用税。

⑯根据中国奥委会、主办城市、国际奥委会签订的《北京 2022 年冬季奥林匹克运动会主办城市合同》(以下简称《主办城市合同》)规定,北京冬奥组委全面负责和组织举办北京 2022 年冬残奥会,其取得的北京 2022 年冬残奥会收入及其发生的涉税支出比照执行北京 2022 年冬奥会的税收政策。

(2)对国际奥委会、中国奥委会、国际残疾人奥林匹克委员会、中国残奥委员会、北京冬奥会测试赛赛事组委会实行以下税收政策:

①对国际奥委会取得的与北京 2022 年冬奥会有关的收入免征增值税、消费税、企业所得税。

②对国际奥委会、中国奥委会签订的与北京 2022 年冬奥会有关的各类合同,免征国际奥委会和中国奥委会应缴纳的印花税。

③对国际奥委会取得的国际性广播电视组织转来的中国境内电视台购买北京 2022 年冬奥会转播权款项,免征应缴纳的增值税。

④对按中国奥委会、主办城市签订的《联合市场开发计划协议》和中国奥委会、主办城市、国际奥委会签订的《主办城市合同》规定,中国奥委会取得的由北京冬奥组委

分期支付的收入、按比例支付的盈余分成收入免征增值税、消费税和企业所得税。

⑤对国际残奥委会取得的与北京2022年冬残奥会有关的收入免征增值税、消费税、企业所得税和印花税。

⑥对中国残奥委会根据《联合市场开发计划协议》取得的由北京冬奥组委分期支付的收入免征增值税、消费税、企业所得税和印花税。

⑦北京冬奥会测试赛赛事组委会取得的收入及发生的涉税支出比照执行北京冬奥组委的税收政策。

(3)对北京2022年冬奥会、冬残奥会、测试赛参与者实行以下税收政策:

①对企业、社会组织和团体赞助、捐赠北京2022年冬奥会、冬残奥会、测试赛的资金、物资、服务支出,在计算企业应纳税所得额时予以全额扣除。

②企业根据赞助协议向北京冬奥组委免费提供的与北京2022年冬奥会、冬残奥会、测试赛有关的服务,免征增值税。免税清单由北京冬奥组委报财政部、国家税务总局确定。

③个人捐赠北京2022年冬奥会、冬残奥会、测试赛的资金和物资支出可在计算个人应纳税所得额时予以全额扣除。

④对财产所有人将财产(物品)捐赠给北京冬奥组委所书立的产权转移书据免征应缴纳的印花税。

⑤对受北京冬奥组委邀请的,在北京2022年冬奥会、冬残奥会、测试赛期间临时来华,从事奥运相关工作的外籍顾问以及裁判员等外籍技术官员取得的由北京冬奥组委、测试赛赛事组委会支付的劳务报酬免征增值税和个人所得税。

⑥对在北京2022年冬奥会、冬残奥会、测试赛期间裁判员等中方技术官员取得的由北京冬奥组委、测试赛赛事组委会支付的劳务报酬,免征应缴纳的增值税。

⑦对于参赛运动员因北京2022年冬奥会、冬残奥会、测试赛比赛获得的奖金和其他奖赏收入,按现行税收法律法规的有关规定免征应缴纳的个人所得税。

⑧在北京2022年冬奥会场馆(场地)建设、试运营、测试赛及冬奥会及冬残奥会期间,对用于北京2022年冬奥会场馆(场地)建设、运行维护的水资源,免征应缴纳的水资源税。

⑨免征北京2022年冬奥会、冬残奥会、测试赛参与者向北京冬奥组委无偿提供服务和无偿转让无形资产的增值税。

四、2017年、2018年种子种源免税进口计划公布

2017年7月21日,财政部、海关总署、国家税务总局联合发布《关于2017年种子

种源免税进口计划的通知》(财关税〔2017〕19号),“十三五”期间继续对进口种子(苗)、种畜(禽)、鱼种(苗)和种用野生动植物种源免征进口环节增值税。对已核定的农业部2017年种子(苗)、种畜(禽)、鱼种(苗)免税进口计划,以及国家林业局2017年种子(苗)和种用野生动植物种源免税进口计划,仍按照《财政部 海关总署 国家税务总局关于“十三五”期间进口种子种源税收政策管理办法的通知》(财关税〔2016〕64号)有关规定执行。

2018年3月15日,财政部、海关总署、国家税务总局发布了《关于2018年度种子种源免税进口计划的通知》(财关税〔2018〕6号),决定对农业部2018年度种子(苗)、种畜(禽)、鱼种(苗)免税进口计划,以及国家林业局2018年度种子(苗)和种用野生动植物种源免税进口计划,仍然按照《财政部 海关总署 国家税务总局关于“十三五”期间进口种子种源税收政策管理办法的通知》(财关税〔2016〕64号)有关规定执行,免征进口环节增值税。

五、第二批、第三批享受进口税收优惠政策的中资“方便旗”船舶清单公布

2017年8月1日,财政部、海关总署、国家税务总局发布《关于第二批享受进口税收优惠政策的中资“方便旗”船舶清单的通知》(财关税〔2017〕21号),根据财政部、海关总署、国家税务总局《关于中资“方便旗”船回国登记进口税收政策问题的通知》(财关税〔2016〕42号)的规定,经审定,“大中”等28艘中资“方便旗”船舶可享受免征关税和进口环节增值税的优惠。通知列明了第二批享受进口税收优惠政策的中资“方便旗”船舶清单。

2018年8月17日,财政部、海关总署、国家税务总局发布《关于第三批享受进口税收优惠政策的中资“方便旗”船舶清单的通知》(财关税〔2018〕30号),经审定,“盛运来”等5艘中资“方便旗”船舶可享受免征关税和进口环节增值税的优惠。通知列明了第三批享受进口税收优惠政策的中资“方便旗”船舶清单。

六、《中华人民共和国营业税暂行条例》被废止,修改后的《中华人民共和国增值税暂行条例》颁布实施

2017年11月19日,李克强总理签发第691号国务院令,公布了《国务院关于废止〈中华人民共和国营业税暂行条例〉和修改〈中华人民共和国增值税暂行条例〉的决定》,自公布之日起施行。

该决定的主要内容是,宣布废止《中华人民共和国营业税暂行条例》,同时对《中华人民共和国增值税暂行条例》作出修改,并发布修订后的《中华人民共和国增值税暂行

条例》。

《中华人民共和国增值税暂行条例》修订的主要内容是：

（一）扩大增值税的征税范围

征税范围修改为："在中华人民共和国境内销售货物或者加工、修理修配劳务（以下简称劳务），销售服务、无形资产、不动产以及进口货物的单位和个人，为增值税的纳税人，应当依照本条例缴纳增值税。"

（二）修改增值税税率

增值税税率修改为：

（1）纳税人销售货物、劳务、有形动产租赁服务或者进口货物，除另有规定外，税率为17%。

（2）纳税人销售交通运输、邮政、基础电信、建筑、不动产租赁服务，销售不动产，转让土地使用权，销售或者进口下列货物，税率为11%：

①粮食等农产品、食用植物油、食用盐。

②自来水、暖气、冷气、热水、煤气、石油液化气、天然气、二甲醚、沼气、居民用煤炭制品。

③图书、报纸、杂志、音像制品、电子出版物。

④饲料、化肥、农药、农机、农膜。

⑤国务院规定的其他货物。

（3）纳税人销售服务、无形资产，除以上第（1）、（2）项及以下第（5）项另有规定外，税率为6%。

（4）纳税人出口货物，税率为零；但是，国务院另有规定的除外。

（5）境内单位和个人跨境销售国务院规定范围内的服务、无形资产，税率为零。

除此之外，还对进项税抵扣范围、按照农产品收购发票或者销售发票上注明的农产品买价计算抵扣进项税额的扣除率、境内单位和个人跨境销售服务和无形资产适用退（免）税规定、增值税的纳税地点等作了补充和完善，此外，还对原条例个别条文作了文字修改。

七、2018年5月增值税税率再次下调，部分产品出口退税率调整

2018年4月4日发布的《财政部 税务总局关于调整增值税税率的通知》（财税〔2018〕32号）规定，为完善增值税制度，自2018年5月1日起将调整增值税税率。具体调整如下：

（1）纳税人发生增值税应税销售行为或者进口货物，原适用17%和11%税率的，

税率分别调整为16%、10%。

(2)纳税人购进农产品,原适用11%扣除率的,扣除率调整为10%。

(3)纳税人购进用于生产销售或委托加工16%税率货物的农产品,按照12%的扣除率计算进项税额。

(4)原适用17%税率且出口退税率为17%的出口货物,出口退税率调整至16%。原适用11%税率且出口退税率为11%的出口货物、跨境应税行为,出口退税率调整至10%。

(5)外贸企业2018年7月31日前出口的第4条所涉货物、销售的第4条所涉跨境应税行为,购进时已按调整前税率征收增值税的,执行调整前的出口退税率;购进时已按调整后税率征收增值税的,执行调整后的出口退税率。生产企业2018年7月31日前出口的第(4)条所涉货物、销售的第(4)条所涉跨境应税行为,执行调整前的出口退税率。

调整出口货物退税率的执行时间及出口货物的时间,以出口货物报关单上注明的出口日期为准,调整跨境应税行为退税率的执行时间及销售跨境应税行为的时间,以出口发票的开具日期为准。

八、享受税收优惠政策天然气进口项目进行了调整

2018年5月22日,财政部、海关总署、国家税务总局发布《关于调整享受税收优惠政策天然气进口项目的通知》(财关税〔2018〕8号),根据财政部、海关总署、国家税务总局《关于对2011—2020年期间进口天然气及2010年底前“中亚气”项目进口天然气按比例返还进口环节增值税有关问题的通知》(财关税〔2011〕39号)中的有关规定,新增加天津液化天然气项目享受优惠政策。该项目进口规模为300万吨/年,进口企业为中国石油化工股份有限公司天然气分公司华北天然气销售中心,享受政策起始时间为2018年2月5日。

2018年10月17日,财政部、海关总署、国家税务总局发布《关于调整享受税收优惠政策天然气进口项目的通知》(财关税〔2018〕35号),新增加浙江舟山液化天然气项目享受优惠政策。该项目进口规模为300万吨/年,进口企业为新奥(舟山)天然气销售有限公司,享受政策起始时间为2018年8月7日。同时规定自2017年1月1日起,将山东液化天然气项目可享受政策的进口规模由300万吨/年调整为600万吨/年。

九、首届中国国际进口博览会展期内销售的进口展品享受税收优惠

2018年10月31日,财政部向海关总署发出《关于首届中国国际进口博览会展期

内销售的进口展品税收优惠政策的通知》(财关税〔2018〕43号)。通知明确,为支持首届中国国际进口博览会顺利举办,展期内销售的进口展品可享受如下税收优惠政策,并以附件列明首届中国国际进口博览会享受税收优惠政策的展品清单。

(1)对2018年11月5日至2018年11月10日期间举办的首届中国国际进口博览会展期内销售的合理数量的进口展品(不包括国家禁止进口商品、濒危动植物及其产品、国家规定不予减免税的20种商品和汽车)免征进口关税,进口环节增值税、消费税按应纳税额的70%征收。上述税收优惠政策是作为支持首届中国国际进口博览会的一次性支持政策。

(2)附件所列参展企业享受上述税收优惠政策的销售限额不超过列表额度。其他参展企业享受税收优惠政策的销售限额不超过2万美元,具体企业名单由首届中国国际进口博览会承办单位中国国际进口博览局、国家会展中心(上海)有限责任公司确定。

(3)对超出享受税收优惠政策的销售限额又不退运出境的展品,按照国家有关规定照章征税。

第二节　中国进口环节增值税和消费税政策变化评述

进口环节增值税和消费税是海关依法对进口的货物征收的两种流转税,是海关税收的重要组成部分。2017—2018年,我国经济稳中向好,对外贸易依然呈现增长态势,为海关税收增长奠定了基础。2017年,海关征收的增值税和消费税为15 970.67亿元,占中央本级税收收入的21.1%。[①] 2018年,海关征税的增值税和消费税总额达到16 879亿元,同比增长5.7%,占全国税收收入的10.79%[②]。

海关征收的进口环节增值税和消费税在我国国民经济和财政中占有十分重要的地位。

首先,进口环节增值税和消费税具有十分重要的财政地位。近几年来,虽然比重有所下降,但进口环节的增值税和消费税仍然在全国和中央财政中占有举足轻重的地位,进口环节的增值税和消费税占中央本级财政收入的比重都高于20%,占全国财政收入的比重大于10%,进口环节的增值税和消费税在保障财政收入、增强国家宏观调控能力等方面发挥了重要作用。

---

① 其中进口货物增值税为15 284.77亿元,进口货物消费税为685.90亿元。(2017年中央一般公共预算收入决算表[EB/OL]. http://www.mof.gov.cn/mofhome/yusuansi/qgczjs/201807/t20180712_2959587.html.)

② 财政部国库司.2018年财政收支情况[EB/OL]. http://gks.mof.gov.cn/zhengfuxinxi/tongjishuju/201901/t20190123_3131221.html.

其次,由于进口环节增值税和消费税的征税对象是进口货物,其征税效应不仅影响进口消费品在国内的销售和消费,也影响国外商品进入我国市场,会对国际贸易产生直接的影响,因此,进口环节增值税和消费税是我国政府调节对外贸易的重要政策工具。而且,随着我国开放程度的不断提高,进口环节增值税和消费税政策对我国对外贸易乃至我国经济的影响将更为深远。

最后,进口环节增值税和消费税制度是我国税收制度的组成部分之一,进口环节增值税和消费税政策也是我国税收政策的组成部分。其政策在兼顾对外贸易领域的特殊需要的同时,必须服从于我国总体税收政策,而我国总体税收政策的调整也必须顾及税收政策对对外贸易产生的影响。

观察 2017—2018 年进口环节增值税和消费税政策,可以发现,税收政策既保持了一定的稳定性,也随我国经济形势和经济政策的变化而发生了相应的变化。

一、部分政策继续延续,体现政策的稳定性

综观两年来由财政部、国家税务总局、海关总署等部委发布的进口货物税收政策,可以发现,其中有一部分政策具有连续性,政策的具体内容基本上与上年相同,只是按规定这些政策应一年发布一次。例如,就种子种源免税进口计划,2017 年 7 月 21 日,财政部、海关总署、国家税务总局联合发布《关于 2017 年种子种源免税进口计划的通知》(财关税〔2017〕19 号)。2018 年 3 月 15 日,三部委又发布《关于 2018 年度种子种源免税进口计划的通知》(财关税〔2018〕6 号)。与此类似的还有重大技术装备进口的税收政策等。

二、为重大事件制定专门的税收政策

随着我国综合国力的壮大,中国的国际影响日益扩大,中国也必将更多地参与国际事务,在国际舞台上展示国家形象。中国举办的国际会议和重大活动越来越频繁,这些国际会议和重大活动是国家战略的一部分,税收政策必须配合和服从这种需要。为此,国家制定了专门针对此类活动的相关税收政策,如财政部、国家税务总局和海关总署于 2017 年 7 月 12 日发布《关于北京 2022 年冬奥会和冬残奥会税收政策的通知》(财税〔2017〕60 号);再如,2018 年 10 月 31 日,财政部向海关总署发出《关于首届中国国际进口博览会展期内销售的进口展品税收优惠政策的通知》(财关税〔2018〕43 号)。一般而言,此类政策的核心是对与举办此类国际活动相关的商品和收入给予税收减免,虽然此类政策涉及面广、政策综合性强,但由于其是国际活动,往往不可避免地会涉及进口商品,因而也涉及进口环节的相关税收政策。例如,在北京冬奥会和冬残奥

会的相关税收政策中，就明确规定，对外国政府和国际组织无偿捐赠用于北京2022年冬奥会的进口物资，免征进口关税和进口环节增值税，对以一般贸易方式进口，用于北京2022年冬奥会的体育场馆建设所需设备中与体育场馆设施固定不可分离的设备以及直接用于北京2022年冬奥会比赛用的消耗品，免征关税和进口环节增值税。而在首届中国国际进口博览会的相关税收政策中也包含了展期内销售进口展品享受税收优惠规定。

这种以"一事一议"方式确定的税收政策，使政策具有更强的针对性，体现了税收政策的灵活性。

三、消费税政策基本不变

消费税也是我国主要的流转税种之一，作为一种选择性货物税，消费税的征收范围没有增值税广，但我国征收消费税具有明确的政策目标，如抑制不合理消费、促进节能减排、保护生态环境等。列入消费税征税范围的消费品，既包括国内生产的消费品，也包括进口的消费品，进口消费品应征的消费税由海关征收。

近年来，我国已连续多年进行了消费税制度的改革，主要内容是动态调整消费税的征税范围，根据经济形势发展的需要，在对部分消费品取消消费税的同时，将部分原来的非应税消费品纳入消费税的征税范围，与此同时适当调整了某些消费品的消费税税率。由于前几年消费税政策调整较为频繁，短期内我国消费税政策调整基本完成，2017—2018年，从国务院到财政部等相关部门，都没有发布重大的消费税政策，故而进口环节消费税政策基本不变。

四、增值税政策发生重大变化

增值税是我国最重要的流转税，也是我国的第一大税种，近年来增值税在我国税收收入中的占比超过30%。随着营业税改征增值税（简称"营改增"）的完成，未来我国增值税在税收收入中的占比预计达到40%左右。

从2012年率先在上海试点"营改增"开始，我国启动了自1994年税制改革以来最大的一次流转税制度改革，至2017年11月19日，李克强总理签发第691号国务院令，宣布《国务院关于废止〈中华人民共和国营业税暂行条例〉和修改〈中华人民共和国增值税暂行条例〉的决定》，历时五年多的"营改增"落下帷幕，营业税正式退出中国税收体系。"营改增"试点从上海的交通运输业和现代服务业为起点，通过扩大试点的行业范围和地区范围，逐渐向广度和深度推进。"营改增"试点的完成，意味着我国增值税的征收范围覆盖全部的经济交易，包括货物购销、劳务提供、不动产转让和无形资产交易,实现了增值税的普遍征收。“营改增”是一次意义重大的税制改革,理顺了货物流转税制度与服务流转税制度之间的关系,消除了两者之间的重复征税,解决了长期困扰我国税制的重大问题,实现了结构性减税,为我国实体经济发展创造了良好的发展环境。

“营改增”试点与我国减税降费进程相辅相成,“营改增”本身就是一种减税。在“营改增”不断推进的过程中,我国增值税也多次通过降低税率的方式实行减税。在“营改增”试点正式完成前的2017年4月28日,财政部、国家税务总局发布了《关于简并增值税税率有关政策的通知》(财税〔2017〕37号),明确自2017年7月1日起,将原适用13%税率的货物的增值税税率降为11%。“营改增”完成后的2018年4月4日,财政部、国家税务总局又进一步下调增值税税率,将纳税人发生增值税应税销售行为或者进口货物,原适用17%和11%税率的,税率分别调整为16%、10%。

海关是进口货物增值税的征税机关,对除货物外的应税销售行为征收增值税不属于海关的征税范围,因此,虽然“营改增”不影响海关对进口货物的征税,但增值税历次税率下调,都涉及货物,对进口货物征收增值税,都须按照下调后的税率征收,税率下调后,进口货物的增值税负担明显减轻。海关征收的进口货物增值税是我国增值税体系中的重要组成部分,对海关征收的进口环节增值税制度的理解,应置于我国增值税制度改革的背景下,同时,进口环节增值税制度的改革,也应符合减税降费的税制改革主基调。

(本章执笔:毛道根副教授)

第四章

商品归类与原产地规则的变化

第一节　2017—2018 年中国商品归类的变化

一、税则税目的变化

(一)2017 年《中华人民共和国进出口税则》税目的变化

国务院关税税则委员会于 2016 年 12 月 19 日发布《关于 2017 年关税调整方案的通知》(税委会〔2016〕31 号),对进出口关税税率及部分税则税目进行调整。

通知指出,《2017 年关税调整方案》已经国务院关税税则委员会第七次全体会议审议通过,并报国务院批准,自 2017 年 1 月 1 日起实施。

2017 年,我国进出口税则税目与《商品名称及编码协调制度》同步转版。根据国内需要对部分税则税目进行调整。经转版和调整后,2017 年《中华人民共和国进出口税则》中的税目总数为 8 547 个。

(二)2018 年《中华人民共和国进出口税则》税目的变化

国务院关税税则委员会于 2017 年 12 月 12 日发布了《关于 2018 年关税调整方案的通知》(税委会〔2017〕27 号),对进出口关税税率及部分税则税目进行调整,自 2018 年 1 月 1 日起实施。

2018 年,根据国内需要对部分税则税目进行调整。经调整后,2018 年《中华人民共和国进出口税则》中的税目总数为 8 549 个。

二、中国商品归类的变化

(一)海关总署公布2017年商品归类决定(Ⅰ),同时公布失效的部分商品归类决定(Ⅰ)

为便于进出口货物的收发货人、经营单位及其代理人正确确定进出口货物的商品归类,减少商品归类争议,保障海关商品归类执法的统一,根据《中华人民共和国海关进出口货物商品归类管理规定》(海关总署令第158号)有关规定,2017年4月13日,海关总署发布2017年第17号公告,公布《2017年商品归类决定(Ⅰ)》,同时公布失效的商品归类决定[《2017年失效的商品归类决定(Ⅰ)》],从2017年5月1日起执行。

该批归类决定涉及"五菱V1观光车"(归类决定编号Z2017-001)和"热敏标签打印机"(归类决定编号Z2017-002)2项商品。失效的商品归类决定涉及"桦木、榆木、椴木"(归类决定编号Z2006-0300)、"建筑物外墙用釉面瓷砖"(归类决定编号Z2006-0395)、"W-350D石英晶体谐振器测试和分选系统"(归类决定编号Z2006-1075)等8项商品。

(二)海关总署公布2015年商品归类决定(Ⅱ),并废止部分商品归类决定(Ⅱ)

2017年9月11日,海关总署发布2017年第42号公告,公布《2017年商品归类决定(Ⅱ)》,同时公布了部分因所依据的法律、行政法规发生变化而废止的商品归类决定[《2017年废止的商品归类决定(Ⅱ)》]。

该批归类决定涉及"莰烯"(归类决定编号Z2017-003)1项商品,废止的商品归类决定涉及"莰烯"(归类决定编号Z2006-0116)、"维生素磷酸酯"(归类决定编号Z2006-0127)、"饲料添加剂用金霉素"(归类决定编号Z2006-0131)等17项商品。自2017年10月1日起执行。

(三)海关总署公布2017年商品归类决定(Ⅲ),并废止部分商品归类决定(Ⅲ)

2017年9月30日,海关总署发布2017年第46号公告,公布《2017年商品归类决定(Ⅲ)》,同时公布废止的商品归类决定[《2017年废止的商品归类决定(Ⅲ)》]。该批归类决定涉及"有机苹果香蕉梨混合果泥"(归类决定编号J2017-0001)、"有机过氧化物混合物"(归类决定编号J2017-0002)、"带浮标墨盒"(归类决定编号J2017-0003)等22项商品,废止"塑木粒"(归类决定编号J2008-0007)1项商品归类决定,自2017年10月1日起执行。

(四)海关总署公布《2017年商品归类行政裁定(Ⅰ)》(海关总署2017年第21号公告)

根据《中华人民共和国海关行政裁定管理暂行办法》(海关总署令第92号)和《中

华人民共和国海关进出口货物商品归类管理规定》(海关总署令第 158 号),海关受理了奥的斯高速电梯(上海)有限公司提交的“电梯导轨”“电梯导轨支架”和“电梯底坑底座”3 项商品的归类行政裁定申请。2017 年 6 月 6 日,海关总署发布 2017 年第 21 号公告,将作出的商品归类行政裁定予以公布。

(五)海关总署公布《2017 年商品归类行政裁定(Ⅱ)》(海关总署 2017 年第 31 号公告)

根据《中华人民共和国海关行政裁定管理暂行办法》(海关总署令第 92 号)和《中华人民共和国海关进出口货物商品归类管理规定》(海关总署令第 158 号),海关受理了上海三凯进出口有限公司提交的“制动主缸”归类行政裁定申请。2017 年 7 月 20 日,海关总署发布 2017 年第 31 号公告,将作出的商品归类行政裁定予以公布。

(六)海关总署公布《2017 年商品归类行政裁定(Ⅲ)》(海关总署 2017 年第 63 号公告)

根据《中华人民共和国海关行政裁定管理暂行办法》(海关总署令第 92 号)和《中华人民共和国海关进出口货物商品归类管理规定》(海关总署令第 158 号),海关受理了希森美康医用电子(上海)有限公司提交的“进样器”归类行政裁定申请。2017 年 12 月 10 日,海关总署发布 2017 年第 63 号公告,将作出的商品归类行政裁定予以公布。

(七)海关总署发布《中华人民共和国进出口税则本国子目注释》(2017 年调整和废止部分)

2017 年 4 月 11 日,海关总署发布 2017 年第 16 号公告,公布《中华人民共和国进出口税则本国子目注释》(2017 年调整和废止部分)。该批调整的本国子目注释涉及“中华绒螯蟹”“墨鱼及鱿鱼种苗”“三七(田七)”等 14 项商品,废止的本国子目注释涉及“高粘度切片”“白松(云杉和冷杉)”“楠木”等 8 项商品,自 2017 年 5 月 1 日起执行。

(八)海关总署公布世界海关组织商品归类决定

为执行世界海关组织《商品名称及编码协调制度公约》,根据《中华人民共和国海关进出口货物商品归类管理规定》(海关总署令第 158 号,根据第 218 号修订),海关总署于 2018 年 11 月 2 日公布部分世界海关组织协调制度委员会第 57—60 次会议的商品归类决定,从 2018 年 12 月 1 日起执行。

该批归类决定涉及“冻干墨鱼(乌贼属)”(归类决定编号 W2018 - 1)、“新鲜奶酪”(归类决定编号 W2018 - 2)和“播种用种子”(归类决定编号 W2018 - 3)等 77 项商品。

(九)海关总署公布 2018 年商品归类决定(Ⅰ)(Ⅱ),同时公布失效的部分商品归类决定

为便于进出口货物的收发货人、经营单位及其代理人正确确定进出口货物的商品归类,减少商品归类争议,保障海关商品归类执法的统一,根据《中华人民共和国海关进出口货物商品归类管理规定》(海关总署令第 158 号)有关规定,2018 年 12 月 6 日,海关总署发布 2018 年第 183 号公告,公布《2018 年商品归类决定(Ⅰ)》《2018 年商品归类决定(Ⅱ)》,同时公布失效的商品归类决定(《失效的商品归类决定》),从 2019 年 1 月 1 日起执行。

归类决定(Ⅰ)涉及"冻煮蚕蛹"(归类决定编号 J2018－0001)、"冻煮稻蝗"(归类决定编号 J2018－0002)和"扁桃仁粉"(归类决定编号 J2018－0003)等 22 项商品。归类决定(Ⅱ)涉及"半导体晶片测试仪"(归类决定编号 Z2018－001)、"滚轮组件"(归类决定编号 Z2018－002)和"含铜宫内节育器"(归类决定编号 Z2018－003)等 5 项商品。失效的商品归类决定涉及"含铜宫内节育器"(归类决定编号 Z2006－1045)、"耳鼻喉检查台"(归类决定编号 Z2006－1148)和"合成橡胶"(J2006－0023)3 项商品。

(十)海关总署公布《2018 年商品归类行政裁定》(海关总署 2018 年第 115 号公告)

根据《中华人民共和国海关行政裁定管理暂行办法》(海关总署令第 92 号)和《中华人民共和国海关进出口货物商品归类管理规定》(海关总署令第 158 号),海关受理了索尼物流贸易(中国)有限公司提交的"摄像机控制单元 HDCU－2080"等 4 项归类行政裁定申请。2018 年 9 月 7 日,海关总署发布 2018 年第 115 号公告,将作出的商品归类行政裁定予以公布。

(十一)海关总署调整大米的税目税率

2018 年 6 月 28 日,海关总署发布 2018 年第 78 号公告,对大米的税目税率进行调整。该调整是为了适应技术进步和贸易发展需要,并根据国内大米行业标准变化情况作出,删除了"籼米"子目,增设"长粒米"(粒长大于 6 毫米,或者长宽比大于等于 2)子目。税率的调整主要是,自东盟进口的稻谷、整粒米、碎米、大米细粉、大米粗粉粗粒适用的协定税率,由原来的两档 50%和 5%调整为现在的五档 50%、50%、5%、40%、5%,部分大米品种最惠国税率出现调整,自 2018 年 7 月 1 日起实施。

第二节 2017—2018 年中国原产地规则的变化

一、中韩原产地电子信息交换系统上线运行(海关总署公告〔2017〕10 号)

2017 年 2 月 4 日,海关总署发布 2017 年第 10 号公告《关于亚太贸易协定项下中韩原产地电子信息交换系统上线运行事宜的公告》。公告指出,自 2017 年 2 月 8 日起，“亚太贸易协定项下中韩原产地电子信息交换系统”正式上线运行，实时传输亚太贸易协定项下中韩两国进出口货物原产地证书的电子信息。

二、《中华人民共和国海关关于最不发达国家特别优惠关税待遇进口货物原产地管理办法》公布实施（海关总署令〔2017〕231号）

2017年3月1日，海关总署发布第231号令。总署令指出，《中华人民共和国海关关于最不发达国家特别优惠关税待遇进口货物原产地管理办法》于2017年2月27日经海关总署署务会议审议通过，自2017年4月1日起施行。对于自与我国建交的最不发达国家进口的货物，符合本办法规定的原产地标准的，也可以自公布之日起按照该办法的规定向海关办理申报进口手续，申请享受特别优惠关税待遇。

该办法规定，进口货物符合下列条件之一的，其原产国为受惠国（与我国建交的最不发达国家）：

（1）完全在受惠国获得或者生产的。

（2）在受惠国境内全部使用符合本办法规定的原产材料生产的。

（3）在受惠国境内非完全获得或者生产，但是在该受惠国完成实质性改变的。

原产于受惠国的货物，从受惠国直接运输至中国境内的，可以按照该办法规定申请适用《中华人民共和国进出口税则》中相应的特惠税率。

2017年3月6日，海关总署发布2017年第11号公告。公告指出，适用《中华人民共和国海关关于最不发达国家特别优惠关税待遇进口货物原产地管理办法》第七条的区域性集团名单包括：东南亚国家联盟（ASEAN）中的柬埔寨王国和缅甸联邦共和国，以及西非国家经济共同体（ECWAS）中的贝宁共和国、几内亚比绍共和国、多哥共和国、利比里亚共和国、塞拉利昂共和国、塞内加尔共和国和马里共和国。

三、2017年7月1日起香港、澳门新增零关税货物原产地标准表公布实施（海关总署公告〔2017〕22号）

2017年6月12日，海关总署发布2017年第22号公告。公告指出，根据《内地与香港关于建立更紧密经贸关系的安排》和《内地与澳门关于建立更紧密经贸关系的安排》及其相关补充协议，海关总署制定了《2017年7月1日起香港CEPA项下新增零关税货物原产地标准表》和《2017年7月1日起澳门CEPA项下新增零关税货物原产地标准表》。以上原产地标准自2017年7月1日起执行。

四、海关总署发布《关于进一步简化经港澳中转货物原产地管理要求的公告》(海关总署公告〔2017〕26号)

2017年6月28日,海关总署发布2017年第26号公告。公告指出,自2017年7月10日起,对于依照海关总署2016年第52号公告规定,进口货物收货人或其代理人应当提交中转确认书的情形,如果海关已收到有关中转确认书电子信息,且与进口人申报内容一致,海关不再要求进口人提交中转确认书正本。

五、海关总署公布2017年原产地行政裁定

根据《中华人民共和国海关行政裁定管理暂行办法》(海关总署令第92号)和《中华人民共和国海关〈中华人民共和国政府和新西兰政府自由贸易协定〉项下进出口货物原产地管理办法》(海关总署令第175号),海关受理了恒天然商贸(上海)有限公司提交的"安佳脱脂奶粉"的原产地行政裁定申请。2017年7月31日,海关总署发布2017年第35号公告,发布2017年原产地行政裁定(Ⅰ),予以公布,自2017年9月1日起实施。

六、2018年1月1日起香港、澳门新增零关税货物原产地标准表公布实施(海关总署公告〔2017〕59号)

2017年12月10日,海关总署发布2017年第59号公告。公告指出,根据《内地与香港关于建立更紧密经贸关系的安排》和《内地与澳门关于建立更紧密经贸关系的安排》及其相关补充协议,海关总署制定了《2018年1月1日起香港CEPA项下新增零关税货物原产地标准表》和《2018年1月1日起澳门CEPA项下新增零关税货物原产地标准表》,并修订了香港CEPA项下零关税货物原产地标准表。以上原产地标准自2018年1月1日起执行。

七、《中华人民共和国海关〈中华人民共和国政府和格鲁吉亚政府自由贸易协定〉项下进出口货物原产地管理办法》公布实施(海关总署公告〔2017〕61号)

2017年12月13日,海关总署发布2017年第61号公告,发布《中华人民共和国海关〈中华人民共和国政府和格鲁吉亚政府自由贸易协定〉项下进出口货物原产地管理办法》,自2018年1月1日起执行。

该办法规定,进口货物符合下列条件之一的,其原产国为格鲁吉亚:

(1)在格鲁吉亚完全获得或者生产的。

(2)在格鲁吉亚境内全部使用符合本办法规定的原产材料生产的。

(3)在格鲁吉亚境内非完全获得或者生产的:

①属于《中华人民共和国政府和格鲁吉亚政府自由贸易协定》项下产品特定原产地规则适用范围,并且符合相应税则归类改变、区域价值成分、制造加工工序或者其他规定的。

②不属于《中华人民共和国政府和格鲁吉亚政府自由贸易协定》项下产品特定原产地规则适用范围,但是满足区域价值成分不低于40%标准的。

原产于格鲁吉亚的货物,从格鲁吉亚境内直接运输至中国境内的,可以按照该办法规定申请适用《中华人民共和国进出口税则》中的《中华人民共和国政府和格鲁吉亚政府自由贸易协定》协定税率。

八、中国-巴基斯坦原产地电子信息交换系统上线运行(海关总署公告〔2018〕29号)

2018年4月16日,海关总署发布2018年第29号公告,公布了《关于中国-巴基斯坦自贸协定原产地电子联网有关事宜》,自2018年4月30日起,"中国-巴基斯坦原产地电子信息交换系统"正式上线运行,实时传输中国-巴基斯坦自贸协定项下原产地电子数据。

九、2018年7月1日起香港新增零关税货物原产地标准表公布实施(海关总署公告〔2018〕53号)

2018年6月6日,海关总署发布2018年第53号公告,根据《内地与香港关于建立更紧密经贸关系的安排》及其相关补充协议,海关总署制定了《2018年7月1日起香港CEPA项下新增零关税货物原产地标准表》,自2018年7月1日起执行。

十、修改的《〈亚洲-太平洋贸易协定〉原产地规则》发布(海关总署公告〔2018〕69号)

2018年6月27日,海关总署发布2018年第69号公告,发布修改《〈亚洲-太平洋贸易协定〉原产地规则》,自2018年7月1日起执行。

对《亚洲-太平洋贸易协定》原产地规则修订的内容包括三个方面:

(1)在原产地规则中增加注释9。

(2)在原产地规则中增加注释10。

(3)增加附件,即《亚洲-太平洋贸易协定》产品特定原产地规则。

十一、中国-智利原产地电子信息交换系统上线运行(海关总署公告〔2018〕192号)

2018年12月10日,海关总署发布2018年第192号公告,公布了《关于中国-智利自由贸易协定原产地电子信息联网有关事宜》,自2019年1月1日起,“中国-智利原产地电子信息交换系统”正式上线运行,实时传输中国—智利自由贸易协定项下原产地证书电子数据。

十二、《中华人民共和国海关〈《内地与澳门关于建立更紧密经贸关系的安排》货物贸易协议〉项下进出口货物原产地管理办法》公布实施(海关总署公告〔2018〕213号)

2018年12月28日,海关总署发布2018年第213号公告,发布《中华人民共和国海关〈《内地与澳门关于建立更紧密经贸关系的安排》货物贸易协议〉项下进出口货物原产地管理办法》,自2019年1月1日起执行。

十三、《中华人民共和国海关〈《内地与香港关于建立更紧密经贸关系的安排》货物贸易协议〉项下进出口货物原产地管理办法》公布实施(海关总署公告〔2018〕214号)

2018年12月28日,海关总署发布2018年第214号公告,公布《中华人民共和国海关〈《内地与香港关于建立更紧密经贸关系的安排》货物贸易协议〉项下进出口货物原产地管理办法》,自2019年1月1日起执行。

第三节　商品归类及原产地规则变化评述

一、我国商品归类变化的特点

(一)我国《进出口税则》税则结构日趋合理

1991年6月,国务院关税税则委员会审议通过了以1992年版《商品名称及协调制度编码》(简称HS)为基础的《中华人民共和国进出口税则》和《中华人民共和国海关统计商品目录》,并从1992年1月1日起开始生效。

《中华人民共和国进出口税则》和《中华人民共和国海关统计商品目录》在《商品名称及协调制度》6位编码的基础上,根据关税和海关统计的需要扩展为8位税目,再根据贸易管制政策的需要,扩展为企业在进出口填报报关单时需要填报的10位税目。

随着科学技术的飞速进步、国际经济贸易形势的高速发展和商品结构日新月异的变化，世界海关组织(WCO)及时对《商品名称及协调制度编码》进行更新，以免落后于时代的步伐。截至 2018 年，《商品名称及协调制度编码》已经过 6 次修订，分别形成 1992 年版、1996 年版、2002 年版、2007 年版、2012 年版和 2017 年版《商品名称及协调制度编码》。与此同时，我国也根据科技发展和行业需要对 7、8 位及 9、10 位税目作出调整。其中，7、8 位税目每年调整一次，由国务院税则委员会作出调整，9、10 位税目则由中国海关不定期作出调整。图 4.1 是 1996—2018 年我国进出口税则 8 位税目数的变化情况。从图中可以看出，我国税则的 7、8 位税目数呈现逐年增加的趋势，从 1996 年 6 550 个 8 位税号增加到 2018 年 8 549 个 8 位税目，表明税则商品结构趋于复杂。

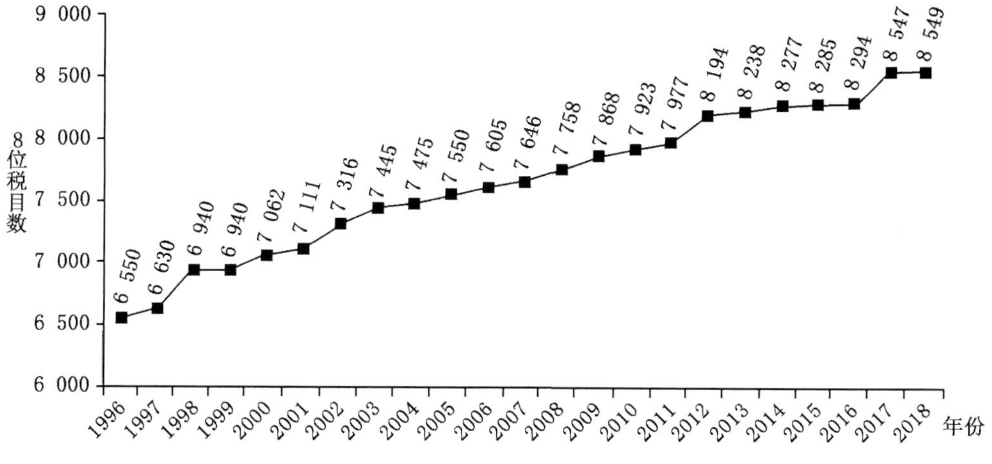

图 4.1　1996—2018 年我国税则 8 位税目数的变化

税则结构日趋复杂的原因有二：一是 HS 结构的调整。例如，2012 版 HS 共有 5 205 个 5、6 位子目，而 2017 年版 HS 经增删后实际增加 182 个 5、6 位子目，达到 5 387 个。二是为适应我国经济社会发展、科技进步、产业结构调整、贸易结构优化、加强进出口管理的需要，对进出口贸易量大、国内行业重点关注商品、需要细化管理的商品增列税目。例如，2017 年《中华人民共和国进出口税则》中增列了“羊肚菌”“有机—无机复混肥料”“蛋类清洁、分选、分级机器”“供婴儿使用的尿裤及尿布”等税目。2018 年《中华人民共和国进出口税则》中增加了“烤紫菜”“漱口剂”等税目，删除了贸易量较小的“草菇”“口蘑”“稻草杆”等税目，系统整合玩具税目，调整“宫内节育器”税目位置。此外，国务院税则委员会根据技术进步和贸易发展的需要，参照大米行业国家标准，在年中对大米的税目及时作出调整，增设“长粒米”子目，并对相关税率进行调整。

(二)商品归类文件不断完善

1. 海关总署及时发布商品归类决定，并废止部分商品归类决定商品归类是在《商品名称及编码协调制度公约》商品分类目录体系下,以《中华人民共和国进出口税则》为基础,按照《进出口税则商品及品目注释》《中华人民共和国进出口税则本国子目注释》(简称本国子目注释)以及海关总署发布的关于商品归类的行政裁定、商品归类决定的要求,确定进出口货物的商品编码。

为便于进出口货物的收发货人及其代理人正确确定进出口货物的商品归类,减少商品归类争议,保障海关商品归类执法的统一,海关总署根据《中华人民共和国海关进出口货物商品归类管理规定》(海关总署令第 158 号)的规定,及时向社会公布商品归类决定,并废止不合适的归类决定。

2017 年海关总署发布了 3 个商品归类决定,共涉及 25 项商品的归类。2018 年海关总署发布了 3 个商品归类决定,共涉及 104 项商品的归类,其中世界海关组织的归类决定 77 项商品。

2017 年,海关总署发布了 3 个废止或失效的商品归类决定,涉及 26 项商品。2018 年,海关总署公布 1 个失效的商品归类决定,涉及 3 项商品。

2. 海关总署陆续发布商品归类行政裁定

行政裁定,是海关总署或者海关总署授权的海关应对外贸易经营者的请求,就海关执法的有关制度在执行中的适用问题公开发布的、具有普遍约束力的解释。这种解释是公开的,在各地海关、在相同条件下对相同货物普遍适用,保证了各口岸海关执法的统一性和规范性,促进海关法律规范解释的透明度,有助于提高通关速度。

自 2015 年 6 月 3 日海关总署作出首例商品归类行政裁定以来,海关总署陆续发布多项商品归类行政裁定。2017 年,海关总署共作出商品归类行政裁定三项,涉及 5 项商品。2018 年,海关总署作出商品归类行政裁定一项,涉及 4 项商品。

3. 海关总署及时修订本国子目注释

本国子目注释是海关和有关政府部门、从事与进出口贸易有关工作的企(事)业单位以及个人进行商品归类的法律依据之一。为便利进出口货物的收发货人及其代理人按照《中华人民共和国进出口税则》准确申报,海关总署根据相关标准更新以及技术发展等情况,调整和废止了部分本国子目注释。

2017 年 4 月 11 日,海关总署发布本国子目 2017 年调整部分和废止部分。调整的本国子目注释涉及“中华绒螯蟹”“墨鱼及鱿鱼种苗”“三七(田七)”等 14 项商品,废止的本国子目注释涉及“高粘度切片”“白松(云杉和冷杉)”“楠木”等 8 项商品。

本国子目注释的及时发布,明确了本国子目涉及商品的成分、结构、范围等归类要素,有利于提高商品归类的准确性。

二、我国原产地规则和原产地管理变化的特点

(一)我国原产地规则不断补充和完善

在国际贸易中,确定货物的原产地不仅是一国实施差别关税的需要,也是许多非关税措施得以实施的保证,在贸易统计、制定贸易政策等方面发挥十分重要的作用。而以立法形式出现的、为确定货物原产地而制定的标准、方法,就是原产地规则。

原产地规则有优惠原产地规则和非优惠原产地规则之分。在 2002 年以前,我国长期实施非优惠原产地规则。2002 年以后,随着经济全球化和区域经济一体化的快速发展,我国开始加入一些优惠贸易安排或自由贸易协定,因而相应出现了优惠的原产地规则。至 2018 年底,我国加入的多边或双边自由贸易协定或贸易安排有 16 个,每个协定或安排均有相应的优惠原产地规则,加上自主制定的给予最不发达国家特惠税率待遇的原产地规则,以及 2009 年 1 月 8 日海关总署发布的《中华人民共和国海关进出口货物优惠原产地管理规定》(2009 年 3 月 1 日起施行),共同构成了我国目前的优惠原产地规则体系。

而 2004 年 9 月国务院颁布的《中华人民共和国进出口货物原产地条例》(简称《原产地条例》),以及 2004 年 12 月海关总署发布的《关于非优惠原产地规则中实质性改变标准的规定》(海关总署令〔2014〕122 号),都是自 2005 年 1 月 1 日起施行的我国非优惠原产地规则中最为重要的法律文件。

由此可见,目前我国的原产地规则既有非优惠的原产地规则,也有大量的优惠原产地规则,而且原产地规则还在不断地增加,我国原产地规则得以不断补充和完善。

(二)我国优惠原产地规则发展迅速

在世界贸易组织体制下,作为最惠国待遇原则的例外,允许自由贸易区、普惠制等关税优惠体制存在。我国加入世界贸易组织以后,也开始加入一些优惠贸易安排或自由贸易协定。2002 年,我国签署亚太贸易协定,这是我国参加的第一个区域贸易安排。截至 2018 年底,我国签署并实施的区域贸易安排共有 18 个,包括 15 项自由贸易协定和 3 项优惠贸易安排。15 项自由贸易协定包括中国-东盟自贸区、中智(利)、中巴(基斯坦)、中新(西兰)、中新(加坡)、中秘(鲁)、中哥(斯达黎加)、中冰(岛)、中瑞(士)、中澳(大利亚)、中韩、中格(鲁吉亚)自由贸易协定,海峡两岸经济合作框架协议(ECFA),内地与香港、内地与澳门更紧密经贸关系安排(香港、澳门 CEPA)等。3 项优惠贸易安排包括亚太贸易协定、对最不发达国家特别优惠关税待遇和大陆对部分原产于台湾地区农产品零关税措施等。

在这些自由贸易协定和优惠贸易安排中,都涉及原产地规则,并通过海关总署令

或海关总署公告的方式,转化为国内立法,成为我国优惠原产地规则的重要法律文件。由于不同的自由贸易协定和优惠贸易安排,关于原产地确定和管理的内容并不完全相同,每对应的一个自由贸易协定和优惠贸易安排,就会有一个原产地规则,因而我国目前的优惠原产地规则文件众多,加上补充的原产地规则公告,内容十分繁杂。

最新公布实施的重要优惠原产地规则是《〈《内地与澳门关于建立更紧密经贸关系的安排》货物贸易协议〉项下进出口货物原产地管理办法》(海关总署公告〔2018〕213号)和《〈《内地与香港关于建立更紧密经贸关系的安排》货物贸易协议〉项下进出口货物原产地管理办法》(海关总署公告〔2018〕214号)。此外,香港、澳门新增零关税货物原产地标准表、《中华人民共和国政府和格鲁吉亚政府自由贸易协定》项下进出口货物原产地规则也于2017年和2018年公布实施。这些海关总署发布的行政规章和规范性文件,与以前发布实施的规章和文件,共同构成我国目前的优惠原产地规则。文件众多并且不断修改完善的优惠原产地规则,为我国有效实施相应的协定税率和特惠税率提供了保障。

(三)我国原产地管理水平不断提高

海关是我国原产地管理最重要的国家机关。我国不仅在原产地规则立法方面持续补充完善,而且不断加强对原产地的管理。

首先,在组织架构上,我国设置了专业的原产地管理机构和岗位。目前我国在海关总署关税征管司、各税收征管局以及直属海关均设置了原产地管理处室和岗位,以履行进出口货物原产地管理职能。

其次,为了有效提升执法统一性、促进贸易便利,我国海关不断加强与自贸伙伴海关合作,大力推进原产地电子联网,免交纸质原产地证书,简化原产地规则中的程序性要求。我国对内地与香港CEPA、内地与澳门CEPA、海峡两岸ECFA、亚太贸易协定、韩国、新西兰、巴基斯坦、智利已实现原产地电子数据交换和实时传输。

与此同时,我国对已联网优惠贸易安排项下原产地证书提交要求加以简化。对内地与香港CEPA、内地与澳门CEPA、海峡两岸ECFA、亚太贸易协定等优惠贸易安排项下进口货物,海关不再要求进口货物收货人或其代理人在申报进口时提交原产地证书正本。对于申报适用中韩自由贸易协定、中新(西兰)自由贸易协定协定税率的货物,海关也不再在申报进口时提交原产地证书正本。海关甚至可以接受香港特别行政区、澳门特别行政区原产地证书签发机构以电子形式签发的CEPA项下原产地证书。无纸化使通关便利化水平进一步得以提高,原产地管理更为科学,自由贸易协定进口利用率持续提升。

(四)我国发布首份原产地行政裁定

2017年7月31日,海关总署发布2017年第35号公告,对恒天然商贸(上海)有限公司提交的“安佳脱脂奶粉”发布原产地行政裁定，于9月1日正式生效。裁定确认相关货物具备中新（西兰）自由贸易协定项下新西兰原产资格。

该裁定是我国实施海关行政裁定制度以来首份原产地行政裁定，也是继商品归类行政裁定实施后又一项行政裁定制度落地。

原产地行政裁定的实施，使得原产地真实性得到充分保证，将有利于通关环节的简化，与其他贸易便利化措施有效对接。同时，原产地行政裁定采用“一次裁定、三年有效”的模式，可以使企业自主出具“原产地自主声明”更便利，环节更少，从而节省人力、时间和费用，便利化程度得到有效提升。

（五）我国原产地管理面临的挑战

综观我国原产地规则和原产地管理制度的变化，我国在原产地立法和原产地管理水平方面已取得很大的进步，特别是统一了进出口非优惠原产地规则，建立了比较完整系统的优惠原产地规则体系，学习借鉴了《京都公约》《WTO原产地规则协定》等国际协定中的原产地立法技术。原产地规则立法正在努力与国际接轨，原产地标准的制定也逐步由过去区域价值百分比“一刀切”的模式向全税则的产品特殊原产地规则转化，成效明显。我国在原产地管理的信息化工作方面也作出了巨大的努力，取得了巨大的进步。这些工作大大简化了原产地管理的工作流程，提高了工作效率。

然而，随着我国对外贸易的快速发展、自由贸易协定的签订和实施，在取得上述成绩的同时，不可否认，我国在原产地规则立法特别是原产地管理方面仍存在不少问题，面临许多挑战。这些挑战表现为，进出口贸易快速增长，反倾销、反补贴等贸易救济措施不断增加，优惠贸易安排飞速发展，我国面临日益严峻的原产地瞒骗形势，伪造原产地证书、伪报货物原产地的案件越来越多，原产地核查难度加大，原产地管理的国际协调工作日益复杂。这使得海关在原产地管理方面的风险不断加大。

与此同时，原产地管理部门还存在认识上重规则谈判、轻实施评估，重单证审核、轻实际监管，重进口优惠、轻出口利用，重优惠管理、轻非优惠规则等问题。我国原产地管理人才缺乏，管理水平有待提高，管理手段也较为单一，原产地管理法律体系还需进一步加强和完善。这些问题的存在，必然影响我国原产地管理工作的水平和工作效率。为此，我国应着手从原产地规则制定、原产地管理立法，到原产地管理手段、原产地管理人才培养，直至原产地管理部门的国内、国际协调，进一步做好工作，拾遗补阙，降低原产地管理风险，以促进对外贸易的发展。

（本章执笔：金宏彬博士）

第五章

关税谈判与自由贸易区发展

第一节　2017—2018年全球主要自由贸易区谈判发展动态

近年来，随着世界经济低迷以及"逆全球化"思潮的出现，贸易保护主义势头开始不断上升，多边贸易谈判举步维艰，全球经济治理停滞不前。与此同时，以自由贸易区（FTA）为主要形式的区域经济一体化成为各国间开放和合作的新选择，全球范围内出现了缔结自由贸易协定的浪潮，特别是大型自由贸易协定成为发达国家重塑全球多边贸易体制、抢夺制定国际贸易新规则主导权的重要平台和路径。2017—2018年间，除《区域全面经济伙伴关系协定》谈判和中日韩自由贸易协定谈判依然有条不紊进行外，全球其他大型自由贸易协定谈判出现了一些新的动向，如《跨太平洋伙伴关系协定》谈判被《全面进步的跨太平洋伙伴关系协定》替代、北美自由贸易协定重启谈判并被美墨加三国协议替代、《欧洲联盟与日本经济伙伴关系协定》签订等。这些谈判反映了美国、欧盟、日本、中国以及东盟等世界主要贸易大国或大国集团之间经济实力的对比以及利益的博弈，同时对全球经贸格局的改变产生了重要的影响。

一、《全面进步的跨太平洋伙伴关系协定》（CPTPP）谈判

（一）CPTPP谈判的由来

《全面进步的跨太平洋伙伴关系协定》源自2016年2月签署的《跨太平洋伙伴关系协定》（TPP）。根据TPP文本，TPP的生效条件是：要求至少占到TPP经济总量85%的6个成员国通过批准。美国占12个成员国经济总量的60.4%，日本占据17.6%。这意味着如果美国和日本不能完成国内程序，则TPP就无法生效。美国内

部分歧很大，共和党高层对部分条款不满意，总统候选人也均反对，所以 TPP 在奥巴马任期内迟迟无法通过。特朗普竞选时明确反对 TPP，并在就职当天宣布退出 TPP。TPP 距离生效面临较大不确定性。美国退出 TPP 之后，掀起了很大波澜，剩下的 11 国摇摆不定，并开始寻求 TPP 的替代品。但是在日本力推下，剩下的 11 国成员继续推进 TPP，并在 2018 年 3 月 8 日签订了新的贸易协定，新名称为《全面进步的跨太平洋伙伴关系协定》。目前，CPTPP 已经至少得到 6 个成员国批准，并已于 2018 年 12 月 30 日正式生效。CPTPP 涵盖日本、澳大利亚、加拿大、新加坡、文莱、马来西亚、越南、新西兰、智利、墨西哥和秘鲁共 11 个国家。

（二）CPTPP 的特点

1. CPTPP 仍然是一份高水平、高标准的自由贸易协定

总体来看，CPTPP 仍然是一份高水平、高标准的自由贸易协定，不仅实现了接近 100%的货物贸易自由化水平，而且规则标准与原 TPP 协定基本一致，仍然保留了环境、国有企业、劳工等核心领域的高标准规则体系，仅在知识产权、投资、服务贸易等部分领域规则标准略有放宽，整体的调整方向是适当放松对缔约国政府的约束，同时限制企业起诉政府的权利，给予政府更多自主空间，使知识产权规则更加平衡，兼顾产权所有者与使用者的利益。

2. 成员国横跨亚太地区，总体经济投射力较强

根据世界银行公布的数据计算，2017 年，11 国 GDP 合计约为 10.2 万亿美元，占全球 GDP 的 13.5%；人口约为 4.95 亿，占全球总人口的 6.8%；贸易总额 4.8 万亿美元，约占全球贸易额的 15.3%。该协定的全体成员国均来自充满经济活力和发展潜力的亚太地区。其中，既有经贸实力“大而强”的日本，也有经济开放度高的澳大利亚、加拿大、新西兰等发达国家，更有经济成长性较好的智利、马来西亚、墨西哥和越南等新兴经济体。总体来看，CPTPP 拥有庞大的经济规模和巨额的对外贸易额，具有较强的经济投射力。

3. 协定生效条件相对宽松、易行

TPP 的生效条件是：至少占到 TPP 经济总量 85%的 6 个成员国批准才能生效。CPTPP 则改为：至少 6 个成员国或者是超过 50%的成员国批准就可以生效，不管国家大小。相比 TPP 较为严苛的生效条件，CPTPP 的生效条件相对宽松、易行。

（三）CPTPP 对全球经贸格局的影响

CPTPP 作为亚太地区首个大型自由贸易协定，一旦生效，将对全球经贸格局产生较为深远的影响，特别是进一步加剧国际经贸区域化、集团化趋势。相比于 20 世纪 50 年代末和 90 年代中期先后起步的欧洲经济一体化和北美经济一体化浪潮，亚太经

济一体化因区内成员经济水平和发展意图差异较大而不甚活跃,主要表现在该地区一直缺失大型经济一体化组织。虽然亚太经合组织(APEC)自20世纪80年代末就已存在,然而其允许成员在参加地区经济合作时可以保持足够的"渐进性"和"灵活性",最终导致成员间合作方式较为"松散","约束性"较低,离自由贸易协定等为代表的地区经济一体化"高自我约束"的要求相去甚远。因此,尽早实现更高水平和更深层次的经济一体化、集团化是亚太地区不少国家的愿望。CPTPP一旦生效,不仅将改写亚太地区大型自由贸易协定空缺的历史,而且还将以其庞大的经济总量和活跃的经济、贸易与投资增长态势,进一步强化国际经济贸易区域化、集团化的势头。而CPTPP作为一个大型国际一体化组织,也将与欧盟、北美自贸区形成三足鼎立的世界经贸格局。

二、《北美自由贸易协定》(NAFTA)重新谈判

北美自由贸易区成立于1994年,是世界上第一个由发达国家和发展中国家共同组成的区域经济一体化集团。北美自由贸易区成立后发展迅速。《北美自由贸易协定》对原产地规则、投资中的国民待遇与投资争端、知识产权保护等问题进行了详细的规定,体现出了自由贸易协定从局限于贸易规则的浅度一体化转向贸易、投资和其他政策调整并重的深度一体化发展的趋势,对后来的各类自由贸易协定具有重要影响。

北美自由贸易区内三国不同的利益群体对自由贸易区的看法不同。墨西哥通常被认为是NAFTA的最大受益者,但也有一些学者提出,尽管NAFTA提升了墨西哥的贸易和投资水平,促进了经济增长,但墨西哥的整体收入水平并没有出现预期中的大幅上升。美国国内对NAFTA的看法更是存在着明显分歧。尽管很多政治家和企业家对NAFTA评价甚高,但也有一些人坚持认为,NAFTA使大量的制造业就业机会从美国转移到了成本更低的墨西哥,是导致美国蓝领工人失业率上升的重要推手。因此,美国国内一直存在着要求重新调整NAFTA的声音。

NAFTA的重新谈判是由美国推动的。奉行"美国优先"理念的特朗普自就任美国总统以来,一直强调通过双边贸易谈判为美国争取更大利益。特朗普认为NAFTA让大量本应留在美国的投资转向墨西哥,不仅减少了美国工人的就业机会,也影响了美国制造业的竞争力提升和出口扩张,而贸易开放也增加了非法移民方面的风险。2017年8月,美国、墨西哥、加拿大三国正式启动更新NAFTA的谈判。经过艰苦的谈判过程,2018年11月,二十国集团(G20)领导人第十三次峰会在阿根廷首都布宜诺斯艾利斯举行,会议期间,美国、墨西哥和加拿大就更新NAFTA达成一致,新的贸易协定被命名为《美国-墨西哥-加拿大协定》(简称《美墨加三国协议》USMCA)。这意味着执行了二十余年的NAFTA将被USMCA所替代。

从内容上看，USMCA 基本上是 NAFTA 和 CPP 有关内容的混合体。由于谈判过程为美国主导，协定确定的制度框架固然反映了国际贸易和投资规则发展的趋势，但也在很大程度上体现了美国试图在北美自由贸易区内强化自身利益的意图。

三、《区域全面经济伙伴关系协定》(RCEP)谈判

《区域全面经济伙伴关系协定》是由东盟发起并主导推动，以“10＋6”为基础的区域贸易协定安排。自 2012 年 11 月东亚峰会期间由东盟各国、中国、日本、韩国、澳大利亚、新西兰和印度等 16 国领导人共同启动以来，RCEP 从 2013 年 5 月第一轮谈判至 2018 年 12 月，已经举行了两次领导人会议、24 轮谈判(其中，2017—2018 年期间共进行了 8 轮谈判，具体见表 5.1)和 14 轮部长级会议。目前，16 个成员谈判正在加速推进，货物、服务、投资等市场准入领域已经进入出要价谈判的冲刺阶段。规则领域已经完成了 7 个章节，另外还有 3 个章节也基本接近结束。

表 5.1　　RCEP 谈判进展过程(2015—2016 年)

进　程	时　间	地　点	主要议题及成果
RCEP 第十七轮谈判	2017 年 2 月 21 日—3 月 3 日	日本神户	平行举行了货物、服务、投资、知识产权、电子商务、法律与机制问题工作组会议。各方进一步努力，加紧推进货物、服务、投资三大核心领域市场准入问题和各领域案文磋商，推动谈判进入更加实质性的阶段。
RCEP 第十八轮谈判	2017 年 5 月 2 日—12 日	菲律宾马尼拉	各方主要就货物、服务、投资和规则领域展开深入磋商。
RCEP 第十九轮谈判	2017 年 7 月 17 日—28 日	印度海德拉巴	各方继续就货物、服务、投资和规则领域展开深入磋商。
RCEP 第二十轮谈判	2017 年 10 月 24 日—28 日	韩国仁川	各方按照 9 月部长会议通过的关键要素文件，继续就货物、服务、投资和规则领域展开深入磋商，讨论并形成了拟向领导人提交的联合评估报告草案。
RCEP 第二十一轮谈判	2018 年 2 月 5 日—9 日	印度尼西亚日惹	各方按照 2017 年 11 月首次 RCEP 领导人会议的指示，继续就货物、服务、投资和部分规则领域议题展开深入磋商，谈判取得积极进展。
RCEP 第二十二轮谈判	2018 年 4 月 28 日—5 月 8 日	新加坡	各方按照 2017 年 11 月首次 RCEP 领导人会议和 2018 年 3 月 3 日部长会议的指示，继续就货物、服务、投资和规则领域议题展开深入磋商，谈判取得积极进展。

续表

进　程	时　间	地　点	主要议题及成果
RCEP第二十三轮谈判	2018年7月22日—27日	泰国曼谷	各方按照2017年11月首次RCEP领导人会议和2018年7月部长会议的要求,积极推动谈判进程,完成了海关程序与贸易便利化、政府采购章节,在技术法规与合格评定程序、卫生与植物卫生措施等章节的谈判也取得重要进展,为推进谈判注入了动力。
RCEP第二十四轮谈判	2018年10月19日—27日	新西兰奥克兰	—

注:“—”表示内容不详。

资料来源:作者根据相关资料自行整理。

在当前反全球化浪潮高涨、贸易保护主义抬头的背景下,RCEP谈判备受世界瞩目。不过,RCEP并没能按原计划结束谈判,尽管有领导人会议和部长会议不断呼吁,其谈判结束日期仍一再逾期。这主要包括以下几方面原因:第一,RCEP谈判涉及16个国家,既有发达经济体,也有相当落后的发展中国家,经济发展水平的巨大差异导致各参与国对于贸易投资开放程度的诉求也不同。比如,同时参与了TPP的国家希望以更高的开放水平参与到RCEP当中;经济欠发达的国家则需要更多的保护性条款。各参与国国对开放水平的不同诉求直接影响了各自在RCEP谈判中的统一要价,制约了谈判进程。第二,各成员方的态度立场存在差异。相对RCEP谈判中的技术难题,各成员方的态度立场对RCEP谈判亦至关重要。东盟是RCEP的主导及推动者,其成员均持支持的态度。不过,东盟作为RCEP的主导,也引发人们对东盟“小马拉大车”的担忧,从而成为影响RCEP谈判的因素。在TPP搁浅后,东盟将更多的谈判资源和注意力转向自身共同体建设,与深化地区合作相比,“中心地位”是其推动RE-CP更直接的目标,东盟对RCEP建设的态度往往表现出“重进程、轻进展”。日本对RCEP的态度较为摇摆。日本作为经济大国,其态度和立场对RCEP谈判有重要影响。其他成员,总体上看,韩国、澳大利亚和新西兰三国对RCEP持支持态度,在参与RCEP上阻力较小。不过,这三国也是发达经济体,希望RCEP能够体现更高水平的自由化,以获得更多的经济利益。印度在参与RCEP谈判的过程中态度一直不明朗,影响了谈判的推进。特别是美国总统特朗普在出访亚洲期间提出了“印太”概念,印度在太平洋地区和印度洋地区扮演什么样的角色存在很多变数,这也为RCEP谈判增添了不确定性。中国一直支持以东盟为“中心”的区域经济合作,中国始终是RCEP的积极支持者。RCEP是目前中国参与谈判的最大规模自贸区,相关各方多是中国的重要经贸伙伴和全球价值链合作的重要伙伴,因此中国有足够的理由去推动RCEP谈判的顺利完成。尽管目前24轮谈判后,已进入一些领域的实质性突破和进入冲刺阶段，但剩余谈判问题敏感度较高、难度较大，过早期待结束谈判并不现实。RCEP 谈判要想形成各方可接受的协议文本，关键在于各方有足够的政治意愿和发挥政治智慧，在分歧严重的议题上能够愿意妥协和暂时搁置。这甚至会要求各方能发挥"APEC 方式""东盟方式"传统，更多地从 RCEP 未来巨大的发展潜力和影响力出发，更多地围绕促进地区发展的角度来推进 RCEP 谈判。

四、欧日 EPA 谈判

经过长达 5 年、共计 18 轮的双边谈判，2018 年 7 月 17 日，欧盟和日本领导人在东京共同签署了《欧洲联盟与日本经济伙伴关系协定》(Agreement between the European Union and Japan for an Economic Partnership，以下简称欧日 EPA)。虽然欧日 EPA 尚需欧洲议会和日本国会审批后才能正式生效，但在当前全球贸易保护主义抬头、多边贸易体制受到挑战、国际贸易增长缓慢的大背景下，这一协定的签署为维护自由贸易的阵营注入了一针强心剂，是抵制贸易保护主义的积极之举。在协定生效后，欧盟和日本会共同形成一个拥有 6.39 亿人口、GDP 超过 22 万亿美元(约占世界 GDP27.8%)、贸易额占世界贸易总额 36.9%的全球最大自由贸易区，这将给各相关经济体以及世界政治经济格局带来重大影响。

作为目前全球最大也是标准规则影响最深远的自由贸易协定，欧日 EPA 以双边合作引领多边合作的影响力不言而喻，很可能将成为欧盟和日本未来推进其他自贸谈判的重要参考模板。从体例上看，欧日 EPA 共分为 23 章，包含 28 节，总计 42 条。其内容繁多，包括：总则，货物贸易，原产地规则和程序，海关事项和贸易便利化，贸易救济措施，卫生和植物检疫措施，技术性贸易壁垒，服务贸易、投资自由化和电子商务，资本流动、支付和转移以及临时保障措施，政府采购，竞争政策，补贴，国有企业、特权企业和指定垄断企业，知识产权，公司治理，贸易与可持续发展，透明度，良好的监管做法和监管合作，农业领域的合作，中小企业，争议解决，体制规定，最后条款等。除此之外，欧日 EPA 还包括关税减免、产品特定原产地规则、食品添加剂、金融监管合作、政府采购、地理标志、共同宣言 7 个附件。总体而言，整个协定结构严谨、涵盖面广，在承继发达国家一如既往的高标准的同时，也体现了许多创新和特点。

欧日 EPA 是新型跨区域主义的重要一环，它的生效将深刻关系到新一代国际经贸活动的议程设置和规则塑造，对于欧日双方和世界政治经济的长期影响不容小觑。从对欧日两大经济体的影响来看，欧日 EPA 不仅将逐渐取消欧日之间绝大部分产品关税及非关税壁垒，还同时扩大了服务贸易、政府采购等领域的相互开放程度，并在地理标志、个人数据流动监管标准等领域实现了互认，这些都将大大提升双边贸易的便利性和开放性,使欧日这两个外向型经济体之间的经济纽带得以加强。尽管欧盟和日本的整体关税水平较低,但欧日 EPA 达成后,两大经济体的 GDP、社会福利、进出口、投资等方面都将因关税减免而有所提升。当然,欧日 EPA 的达成不仅为追求经济利益,还具有强烈的国际战略意义,即按照西方价值观重塑经济全球化,巩固欧日在制定全球规则方面的领导地位。21 世纪,亚太地区成为全球最具增长潜力的市场,主要大国纷纷增加投入,以加强与该地区国家的经贸联系。对此,欧盟早在 2015 年版的贸易政策文件中就强调在亚太地区推进自由贸易区战略的重要性,并提出要将自由贸易协定作为欧盟价值观、规则和标准的对外扩大影响力的抓手,构建关税和非关税壁垒更少但规则标准更完善的新全球贸易格局。对日本而言,亚太更是它对外经贸关系的基石,从它在美国退出 TPP 后继续竭力维持并推动剩余十国达成 CPTTP 就可见一斑。随着欧日 EPA 的签署,日本不仅基本完成了一体两翼的自由贸易区布局,在东西两侧均开拓了一定的贸易自由化空间,而且在整体上维护了发达国家产业优势规则框架,比如通过该协定对于劳工、环保、产品标准等方面的规则塑造和整合,要求任何希望在这两大市场中分一杯羹的经济体须向这些条款看齐,从而使本土企业在这种过程中巩固了既有竞争力。因此,作为既有高标准经贸规则模板的欧日 EPA 将可能成为日本参与中日韩 FTA、日加 EPA 以及 RCEP 等自由贸易谈判的"标杆",也会让欧盟在今后的 FTA 谈判中更具规则塑造力,并在未来欧美、日美的双边谈判中甚至是对世界贸易组织的深入塑造中发挥重要的影响力。

第二节　2017—2018 年中国自由贸易区发展情况

商签双边和区域自由贸易协定是促进贸易投资自由化政策的重要组成部分,也是由政策开放走向规则和制度开放的重要途径。我国自 2001 年正式加入世界贸易组织以来,积极推进和贸易伙伴之间的制度性合作建设,把签署自由贸易协定上升为对外开放的国家战略。中共十八大报告提出了"加快实施自由贸易区战略"的主张,十八届三中全会则进一步要求"以周边为基础加快实施自由贸易区战略,形成面向全球的高标准自由贸易区网络"。2015 年 12 月,国务院印发《关于加快实施自由贸易区战略的若干意见》,提出了我国加快实施自由贸易区战略的总体要求,提出要进一步优化自由贸易区建设布局和加快建设高水平自由贸易区,这为我国进一步加快实施 FTA 战略指明了方向。按照中央的部署,中国自由贸易区建设不断加速发展,自由贸易区布局逐步完善。截至 2018 年 12 月,我国已经签署并实施的自由贸易协定有 17 个,涉及亚洲、拉美、大洋洲、欧洲、非洲的 23 个国家和地区,正在谈判的自由贸易区有 12 个,涉及25个国家。此外，中国正在同哥伦比亚、斐济、尼泊尔、巴布亚新几内亚、加拿大、孟加拉国、蒙古国等国进行自由贸易区联合可行性研究。其中，在2017—2018期间，中国分别和智利、新加坡结束了自由贸易区升级版谈判，和马尔代夫完成了自由贸易区谈判并签订了自由贸易协定，和毛里求斯完成了自由贸易区谈判。这对推动中国与贸易伙伴的贸易投资发展、加强成员间互利共赢的经贸合作关系，特别是对促进整个全球的区域经济合作和一体化进程起到了十分重要的作用。

一、中国FTA谈判最新谈判进展情况

以下对2017—2018年期间我国主要进行的自由贸易协定谈判的最新进展予以简要说明。

（一）中国-智利自由贸易区升级版谈判

自2016年11月中国与智利签署谅解备忘录，正式启动自由贸易区升级谈判以来，经过3轮谈判（具体见表5.2），双方在2017年就结束自由贸易区升级谈判并正式签署中国-智利自由贸易区升级谈判成果文件——《中华人民共和国政府与智利共和国政府关于修订〈自由贸易协定〉及〈自由贸易协定关于服务贸易的补充协定〉的议定书》（以下简称《议定书》）。《议定书》是我国继中国-东盟自由贸易区升级后达成的第二个自由贸易区升级协定，也是我国与拉美国家的第一个自由贸易区升级协定，将使中智自由贸易协定成为迄今我国货物贸易开放水平最高的自由贸易协定。《议定书》涵盖货物贸易、服务贸易、经济技术合作以及电子商务、环境、竞争、政府采购等规则领域，是对原有协定的丰富、完善、补充和提升，体现了两国深化经贸合作的共同愿望和现实需求。《议定书》的达成和签署，将为双方经济互利合作提供新的助力，并为充实中智全面战略伙伴关系提供重要支撑。

表5.2 中国-智利自由贸易区升级谈判进展过程（2017—2018年）

进　程	时　间	地　点	主要成果
第一轮谈判这	2017年11月22日	圣地亚哥	本轮双方宣布正式启动升级谈判。
第二轮谈判	2017年7月12日—14日	北京	本轮谈判双方就货物贸易、服务贸易、经济技术合作、原产地规则、海关程序和贸易便利化以及竞争政策、环境、电子商务、政府采购等规则议题进行了深入磋商，谈判取得积极进展。
第三轮谈判	2017年8月28日—30日	圣地亚哥	双方就货物贸易、服务贸易、经济技术合作、原产地规则、海关程序和贸易便利化以及竞争政策、环境、电子商务、政府采购等议题进行深入磋商，谈判取得积极进展。

资料来源：作者根据相关资料自行整理。

(二)中国-新加坡自由贸易区升级版谈判

为进一步推动中国与新加坡经贸关系发展,提升双边经贸合作水平,更好地造福两国企业和人民,中国与新加坡于 2015 年 11 月正式启动自由贸易协定升级谈判,升级谈判除传统贸易领域外,还涉及服务贸易、投资、原产地规则、贸易救济和经济合作等议题。该谈判于 2018 年 11 月 5 日结束,两国政府于 11 月 12 日在新加坡签署《自由贸易协定升级议定书》。其中在 2017—2018 年期间,中国-新加坡自由贸易区升级版谈判共进行了 6 轮(具体谈判进程见表 5.3)。

表 5.3　　中国-新加坡自由贸易区升级谈判进展过程(2017—2018 年)

进　程	时　间	地　点	主要成果
第三轮谈判	2017 年 6 月 15 日—16 日	北京	本轮谈判双方就原产地规则、海关程序以及与服务、投资有关电子商务、金融服务、交通、环境、人力资源、经济合作、环境、竞争政策等内容进行了讨论。
第四轮谈判	2017 年 10 月 11 日—12 日	新加坡	本轮谈判双方就服务贸易、投资、原产地规则、海关程序与贸易便利化、贸易救济、其他规则议题等展开磋商。
第五轮谈判	—	—	—
第六轮谈判	2018 年 4 月 16 日—18 日	北京	本轮谈判双方就服务贸易、投资、原产地规则、贸易救济和经济合作等议题展开磋商,取得积极进展。
第七轮谈判	2018 年 7 月 4 日—6 日	北京	本轮谈判双方就服务贸易、投资、原产地规则、贸易救济和经济合作等议题展开磋商,取得积极进展。
第八轮谈判	2018 年 10 月	北京	双方结束谈判。

注:“—”表示资料不详。
资料来源:作者根据相关资料自行整理。

(三)中国-新西兰自由贸易区升级版谈判

中国-新西兰自由贸易协定是中国同发达国家达成的第一个自由贸易协定,2008 年签订的中国-新西兰自由贸易协定使双边经贸关系步入崭新的发展阶段。从构建两国全面战略伙伴关系的高度出发,2014 年 11 月,习近平主席对新西兰进行国事访问期间,习近平主席与约翰·基总理共同决定开始探讨自由贸易协定升级问题。按照两国领导人共识,2015 年 3 月,双方建立了中国-新西兰自由贸易协定升级谈判联合评估机制。在联合评估机制下,双方不断克服相互之间的分歧,加快磋商进程,提出了《联合评估工作组关于中国-新西兰自由贸易协定升级的建议》。根据该建议,升级谈判范围将涵盖服务贸易、竞争政策、电子商务、农业合作、环境、技术性贸易壁垒、海关程序合作和贸易便利化、原产地规则等众多领域,将推动中新自贸协定升级成为更高水平的贸易协定。2016 年 11 月 20 日，在秘鲁利马举行的 APEC 领导人会议期间，中国商务部长高虎城与新西兰贸易部长麦克莱共同宣布正式启动中国-新西兰自由贸易协定升级谈判。在 2017—2018 年期间，中国-新西兰自由贸易区升级版谈判共进行了 6 轮(具体谈判进程见表 5.4)。

表 5.4　　中国-新西兰自由贸易区升级谈判进展过程(2017—2018 年)

进　程	时　间	地　点	主要成果
第一轮谈判	2017 年 4 月 25 日—27 日	北京	本轮谈判双方围绕技术性贸易壁垒、海关程序与贸易便利化、原产地规则、服务贸易、竞争政策、电子商务、农业合作、环境、政府采购等议题展开富有成效的磋商。
第二轮谈判	2017 年 7 月 4 日—6 日	北京	本轮谈判双方围绕技术性贸易壁垒、海关程序与贸易便利化、原产地规则、服务贸易、投资、竞争政策、电子商务、农业合作、环境、政府采购等议题展开磋商。
第三轮谈判	2017 年 11 月 27 日—30 日	新西兰	本轮谈判双方围绕技术性贸易壁垒、海关程序与贸易便利化、原产地规则、服务贸易、投资、自然人移动、竞争政策、电子商务、农业合作、环境、政府采购等议题展开磋商，谈判取得积极进展。
第四轮谈判	2018 年 6 月 11 日—14 日	北京	本轮谈判双方围绕技术性贸易壁垒、海关程序与贸易便利化、原产地规则、服务贸易、竞争政策、电子商务、农业合作、环境、政府采购等议题展开磋商，谈判取得积极进展。
第五轮谈判	2018 年 9 月 10 日—13 日	北京	本轮谈判双方围绕技术性贸易壁垒、原产地规则、服务贸易、电子商务、环境、政府采购等议题展开深入磋商，并结束了政府采购章节，推动谈判取得积极进展。
第六轮谈判	2018 年 11 月 28 日—30 日	北京	本轮谈判双方围绕原产地规则、技术性贸易壁垒、海关程序与贸易便利化、服务贸易、电子商务、环境等议题展开深入磋商，并实质性结束原产地规则章节，推动谈判取得积极进展。

资料来源：作者根据相关资料自行整理。

(四)中国-马尔代夫自由贸易区谈判

中国和马尔代夫是传统友好近邻，两国建交以来双边关系始终平稳顺利发展，成为国家间平等相待、友好合作的典范。近些年来，两国经贸往来持续发展，贸易规模不断扩大。为进一步加强两国经贸合作，两国于 2015 年 12 月正式启动了首轮谈判，2015—2016 年期间共进行了 4 轮正式谈判，2017—2018 年期间进行了第五轮谈判，双方进一步就货物贸易及其相关规则、服务贸易、投资、经济技术合作和法律问题等领域的遗留问题深入交换意见,谈判取得积极重大进展,并于2017年9月结束。2017年12月7日,两国政府在中国人民大会堂签署《中华人民共和国政府和马尔代夫共和国政府自由贸易协定》。中国-马尔代夫自由贸易协定是我国商签的第16个自由贸易协定,也是马尔代夫对外签署的首个双边自由贸易协定。协定涵盖货物贸易、服务贸易、投资、经济技术合作等内容,实现了全面、高水平和互利共赢的谈判目标,将为双方贸易投资自由化和便利化提供坚实的制度保障,有助于促进双方深化有关领域务实合作,不断增进两国企业和人民福祉。

(五)中日韩自由贸易区谈判

中日韩自由贸易区谈判是我国正在推动的经济体量最大、占我国外贸比重最高的自由贸易区谈判之一。该谈判于2012年11月启动,2013—2016年间共完成了10轮谈判,2017—2018年间共进行了4轮谈判(具体谈判进程见表5.5)。

表5.5　中日韩自由贸易区谈判进展过程(2017—2018年)

进　程	时　间	地　点	主要成果
第十一轮谈判	2017年1月11日	北京	本轮谈判三方就货物贸易、服务贸易、投资等重要议题深入交换意见。
第十二轮谈判	2017年4月13日	东京	本轮谈判三方先期举行了服务贸易、电信、金融服务、自然人移动、投资、竞争政策、知识产权、电子商务等工作组会议,并就服务贸易管理措施进行了全面细致的政策交流。
第十三轮谈判	2018年3月23日	首尔	本轮谈判三方就如何推动货物贸易、服务贸易、投资等重要议题取得更大进展深入交换了意见。
第十四轮谈判	2018年12月7日	北京	本轮谈判三方一致同意推进落实三国领导人共识,加快推进中日韩自由贸易区谈判。

资料来源:作者根据相关资料自行整理。

(六)中国-韩国自由贸易区第二阶段谈判

中国-韩国自由贸易协定于2015年12月20日正式生效。为不断提升两国贸易投资合作水平,2017年12月14日,两国签署了《关于启动中韩自由贸易协定第二阶段谈判的谅解备忘录》,并积极推进中国-韩国自由贸易协定第二阶段谈判,这是我国在自由贸易协定中首次使用负面清单方式开展服务贸易和投资谈判。2017—2018年间,中国-韩国自由贸易区第二轮谈判共进行了两轮(具体谈判进程见表5.6)。

表 5.6　　中国-韩国自由贸易区第二阶段谈判进展过程(2017—2018 年)

进　程	时　间	地　点	主要成果
第一轮谈判	2018 年 3 月 22 日—23 日	首尔	本轮谈判双方对服务和投资领域的市场准入进行了讨论。
第二轮谈判	2018 年 7 月 13 日—18 日	北京	本轮谈判双方就服务贸易和投资展开进一步磋商,谈判取得积极进展。

资料来源:作者根据相关资料自行整理。

(七)中国-巴基斯坦自由贸易区第二阶段谈判

巴基斯坦是“一带一路”沿线重要国家,也是我国“立足周边、辐射‘一带一路’、面向全球”加快实施自由贸易区战略中的重要合作伙伴。中国-巴基斯坦自由贸易协定于 2006 年签署,2007 年实施生效。为进一步提高贸易自由化便利化水平,双方于 2011 年启动第二阶段谈判,至 2016 年 12 月共举行了 7 次会议。在 2017—2018 年期间,中国-巴基斯坦自由贸易区第二轮谈判又举行了 3 次会议(具体谈判进程见表 5.7)。

表 5.7　　中国-巴基斯坦自由贸易区第二阶段谈判进展过程(2017—2018 年)

进　程	时　间	地　点	主要成果
第八次会议	2017 年 9 月 14 日	北京	本次会议双方就货物贸易、服务贸易及协定实施相关议题进行磋商,以进一步提高双边贸易自由化水平。
第九次会议	2018 年 2 月 7 日—8 日	北京	本次会议双方就货物贸易、双边保障措施、海关合作及案文等内容进行了深入磋商,谈判取得积极进展。
第十次会议	2018 年 4 月 2 日	伊斯兰堡	本次会议双方就货物贸易关税减让、海关数据交换等内容进行了深入磋商,谈判取得积极进展。

资料来源:作者根据相关资料自行整理。

(八)中国-毛里求斯自由贸易区谈判

中国-毛里求斯自由贸易协定谈判于 2017 年 12 月正式启动。它是我国与非洲国家商签的第一个自由贸易协定。双方经过 4 轮正式谈判和多轮会间磋商(具体谈判进程见表 5.8),最终于 2018 年 8 月 30 日在北京就协定全部内容达成一揽子协议。谈判实现了“全面、高水平、互惠”的目标,范围涵盖货物贸易、服务贸易、投资、经济合作等众多领域。协定的达成不仅将为深化中国-毛里求斯双边经贸关系提供更加强有力的制度性保障,还将赋予中非全面战略合作伙伴关系以全新的形式和内容,推动我国与非洲国家形成更加紧密的利益共同体和命运共同体,更好促进“一带一路”倡议对接非洲经济一体化进程。

表 5.8　　中毛自由贸易区升级谈判进展过程(2017—2018 年)

进　程	时　间	地　点	主要成果
第一轮谈判	2018 年 4 月 2 日—3 日	路易港	本轮谈判双方就协定议题范围、谈判职责文件、谈判整体安排等达成共识,就主要议题案文和下一步工作全面深入交换了意见。
第二轮谈判	2018 年 6 月 24 日—26 日	北京	本轮谈判双方全面展开案文和市场准入实质性磋商,就重点关注领域和敏感产品充分深入交换意见。谈判取得积极进展,许多议题案文的主要内容已达成一致,为下一步谈判集中力量处理重点难点问题打下了良好基础。
第三轮谈判	—	—	—
第四轮谈判	—	—	—

注:"—"表示资料不详。

资料来源:作者根据相关资料自行整理。

(九)中国-挪威自由贸易区谈判

中国-挪威自由贸易协定谈判于 2008 年 9 月正式启动,并在 2008—2010 年间举行了 8 轮谈判。2017 年 4 月 7 日,双方就重启相关经贸安排达成共识,两国政府在北京共同签署了《恢复中挪自贸协定谈判谅解备忘录》,并进行了 4 轮谈判(具体谈判进程见表 5.9)。

表 5.9　　中国-挪威自由贸易区谈判进展过程(2017—2018 年)

进　程	时　间	地　点	主要成果
第九轮谈判	2017 年 8 月 21 日—23 日	北京	本轮谈判双方就货物贸易、服务贸易、投资、知识产权、环境、竞争政策、电子商务、政府采购和法律等相关议题展开磋商。
第十轮谈判	—	—	—
第十一轮谈判	2018 年 5 月 14 日—16 日	奥斯陆	本轮谈判双方就货物贸易、服务贸易、投资、原产地规则、海关程序与贸易便利化、知识产权、竞争政策和政府采购等相关议题展开磋商。谈判取得积极进展。
第十二轮谈判	2018 年 9 月 25 日—28 日	北京	本轮谈判双方就货物贸易、服务贸易与投资、原产地规则、海关程序与贸易便利化、技术性贸易壁垒、卫生与植物卫生措施、法律议题、贸易救济、知识产权、电子商务、环境、竞争政策等相关议题展开磋商,谈判取得积极进展。

注:"—"表示资料不详。

资料来源:作者根据相关资料自行整理。

(十)中国-斯里兰卡自由贸易区谈判、中国-以色列自由贸易区谈判、中国-摩尔多瓦自由贸易区谈判

近年来,随着中国"一带一路"倡议的推进,同"一带一路"沿线国家积极建立自由贸易区成为我国自由贸易区建设的新方向。在这样的形势下,2014年9月、2016年3月、2017年12月,中国分别与斯里兰卡、以色列和摩尔多瓦宣布正式启动双边自由贸易区谈判。2017—2018年期间,中斯、中以、中摩分别进行了1轮、3轮和1轮谈判(具体见表5.10至表5.12)。

表5.10　中国-斯里兰卡自由贸易区谈判进展过程(2017—2018年)

进　程	时　间	地　点	主要成果
第五轮谈判	2017年1月 16日—19日	科伦坡	双方就货物贸易、服务贸易、投资、经济技术合作、原产地规则、海关程序和贸易便利化、技术性贸易壁垒和卫生与植物卫生措施、贸易救济等议题充分交换意见,谈判取得积极进展。

资料来源:作者根据相关资料自行整理。

表5.11　中国-以色列自由贸易区谈判进展过程(2017—2018年)

进　程	时　间	地　点	主要成果
第二轮谈判	2017年7月 11日—13日	北京	本轮谈判双方就货物贸易、服务贸易和自然人移动、贸易救济、经济技术合作、电子商务、争端解决和其他法律问题等议题展开磋商,并取得积极进展。
第三轮谈判	2017年11月 28日—30日	耶路撒冷	本轮谈判双方就货物贸易、服务贸易和自然人移动、贸易救济、经济技术合作、电子商务、争端解决和其他法律问题等议题展开磋商,并取得积极进展。
第四轮谈判	2018年5月 15日—17日	北京	本轮谈判双方在多个领域的相关议题上进行了磋商,并取得了积极进展。

资料来源:作者根据相关资料自行整理。

表5.12　中国-摩尔多瓦自由贸易区谈判进展过程(2017—2018年)

进　程	时　间	地　点	主要成果
第一轮谈判	2018年3月5日—6日	基希讷乌	双方就谈判职责文件交换了意见,成立谈判工作组,对协定中方建议文本进行逐条磋商,就后续工作路线图和具体任务达成共识并签署会议纪要。

资料来源:作者根据相关资料自行整理。

(十一)中国-巴拿马自由贸易区谈判

为进一步加强中国在拉美地区自由贸易区建设的新格局,2018年1月,中国-巴

拿马自由贸易协定联合可行性研究工作组第一次会议在北京结束,这意味着中国-巴拿马自由贸易区建设进程正式启动。巴拿马成为继智利、秘鲁和哥斯达黎加后,第四个与中国进行自由贸易区谈判的拉美国家。其中,2018 年间,中国与巴拿马共开展了 4 轮谈判,双方取得了积极进展(具体谈判进程见表 5.13)。

表 5.13 中国-巴拿马自由贸易区第二阶段谈判进展过程(2017—2018 年)

进 程	时 间	地 点	主要成果
第一轮谈判	2018 年 7 月 9 日—13 日	巴拿马城	本轮谈判双方就自由贸易协定所涉议题全面深入地交换了意见,谈判取得积极进展。
第二轮谈判	2018 年 8 月 20 日—24 日	北京	本轮谈判双方在上轮谈判基础上,就自由贸易协定所涉议题进一步深入地交换了意见,谈判取得积极进展。
第三轮谈判	2018 年 10 月 9 日—13 日	巴拿马城	本轮谈判双方已经就卫生与植物卫生措施、技术性贸易壁垒、电子商务、知识产权等近半数章节内容达成一致,并在货物贸易和服务贸易市场准入、原产地规则等领域取得积极进展。
第四轮谈判	2018 年 11 月 19 日—24 日	巴拿马城	本轮谈判双方在此前谈判基础上,围绕货物贸易、服务贸易、金融服务、投资、原产地规则、海关程序和贸易便利化、经济贸易合作以及法律议题等展开深入磋商,谈判取得积极进展。

资料来源:作者根据相关资料自行整理。

第三节 关税谈判与自由贸易区发展评述

一、全球自由贸易协定发展的新趋势

(一)发达国家主导全球经贸规则话语权的自由贸易协定普遍具有自由化标准高、覆盖领域全面、边境后议题多的特点

目前,新一代国际贸易规则下的谈判成员国旨在追求高标准和全面的自由贸易协定,自由化的范围在大幅度扩大,由只关注货物贸易扩展到服务贸易甚至是投资自由化,自由贸易协定的要求也在不断提升。此外,近几年自由贸易区谈判还逐渐呈现一个新特点,即自由贸易协定谈判不再仅仅涉及传统的关税和非关税等“边境上”的议题,而是开始逐渐关注许多边境后议题,如劳工标准、环境保护、知识产权、竞争中立和国有企业等涉及一国主权的经济管理措施是否公平竞争。发达经济体通过这些高标准自由贸易协定的谈判和缔结,将继续主导区域和全球经贸规则的制定,发展中经济

体面临进一步被边缘化的风险。一方面，美、日、欧三大发达经济体相互建立更紧密双边贸易安排之外，加拿大＋欧盟、美国＋加拿大＋墨西哥、日本＋加拿大＋澳大利亚＋新西兰等发达国家为主签署的 CPTTP 等目前都已生效或者即将生效。这意味着今后区域贸易自由化规则制定将由发达国家主导，发展中国家的话语权进一步降低。与此同时，美欧日正在联手提出世界贸易组织改革方案，试图主导多边贸易规则的制定。

（二）发达国家主导的自由贸易协定试图实现全方位的市场准入，进一步加深国际贸易自由化

关税减让水平是衡量贸易自由化程度的核心标尺。尽管新一代国际贸易规则下的谈判成员国旨在追求高标准和全面的自由贸易协定，但谈判伙伴之间仍然存在扩大贸易障碍的关税壁垒。以 TTIP 的谈判双方欧盟和美国为例，其关税减让水平已达到较低且稳定的水平。欧盟（27 国）目前总平均关税税率为 5.2％，农产品平均关税税率为 13.7％，非农产品平均关税税率为 3.9％；美国总平均关税税率为 3.5％，农产品平均关税税率为 4.7％，非农产品平均关税税率为 3.3％。可以看到，从总平均关税税率水平角度，欧美双方均已实现相对较低的关税壁垒，但若只看农产品，可以发现欧盟对农产品的关税壁垒非常高，即使对最惠国的平均农产品关税税率（2012 年）也高达 13.2％。当前欧美的关税高峰值主要集中于农产品领域，降低或消除关税高峰值也是推进贸易自由化的重要手段。新一代由美国主导的高标准自由贸易协定主张全面的市场准入，目标是削减农产品与工业品关税税率，尽量争取做到完全取消，只对极少数敏感产品保留关税以进行保护，但也可能经过一定过渡期后逐步开放。在服务贸易方面，原有的服务贸易规则（GTAS）已不能满足一些国家对服务部门开放的需求。在新一轮国际贸易规则的制定中，不仅在 TPP 与 TTIP 中有对服务贸易市场准入的相关规定，由发达经济体所推动的《服务贸易协定》（Trade in Service Agreement，TISA）也是对全球服务贸易规则重构的集中体现。TISA 的目标是建立高标准、全方位的服务贸易协定，其本质是为了减少成员国服务贸易的市场准入壁垒。TISA 的谈判内容将在国内监管（如授权和许可程序）、国际海运服务、信息和通信技术服务（包括数据跨境自由流动）、电子商务、计算机相关服务、邮政和快递服务、金融服务、自然人临时流动、政府采购、国有企业与出口补贴等方面达成规则一致，形成标准和规范的互认。

（三）全球自由贸易协定的“轮轴—辐条体系”正在形成，日益复杂

近年来，随着自由贸易协定“域际化”趋势的加强，尤其是居于主导地位的大国或大国集团着手设立域际自由贸易区的进程加快，到目前为止，在全球范围内，以欧盟、美国和亚太地区为轮轴，以亚洲、非洲、拉丁美洲、中东欧国家等为辐条，正在形成一个纵横交织、错综复杂的区域网络。这个区域网络以大国或区域集团为主导，虽然没有统一的组织或法律基础,却以强大的发展势头,在国际贸易中与多边贸易体制并驾齐驱。与传统的区域贸易合作中集团内、外国家间基于贸易创造和贸易转移引起的利益分配相比,"轮轴—辐条"体系的利益分配更加复杂,不平衡性加剧。在自由贸易协定"竞争性自由化"趋势中,今后"轮轴—辐条"体系的层次会更加复杂,而且各个"轮轴—辐条"系统的交叉会对各国在全球贸易利益格局中的地位带来重要影响。

二、中国参与 FTA 谈判的主要特点

(一)与"一带一路"沿线国家签订或谈判的自由贸易协定在逐渐增多

到目前为止,我国已经对外签署并实施的自由贸易协定有 17 个,涉及"一带一路"沿线国家共签署了 6 个自由贸易协定。其中海上丝绸之路是中国与东盟、中国与新加坡、中国与马尔代夫、中国与新加坡升级自由贸易协定;丝绸之路经济带上主要是中国-巴基斯坦以及最新签署的中国-格鲁吉亚自由贸易协定。正在谈判的自由贸易区有 8 个,涉及"一带一路"国家,主要有三种不同的类型:一种是区域型自由贸易协定,包括 RCEP 谈判和中国-海合会自由贸易协定谈判;第二种是自由贸易协定的升级谈判,主要是中国-巴基斯坦的升级谈判;第三种是双边的自由贸易协定谈判,包括中国与斯里兰卡、毛里求斯、摩尔多瓦、以色列、巴勒斯坦。此外,正在研究中的自由贸易协定还包括中国-蒙古、中国-孟加拉和中国-尼泊尔自由贸易协定。随着"一带一路"倡议的深入推进以及我国 FTA 战略的日益清晰,即"逐步构筑起立足周边、辐射'一带一路'、面向全球的自由贸易区网络",中国将会与更多的"一带一路"沿线国家构建自由贸易区。

(二)协定涉及的内容在不断加深

随着中国对外开放战略的不断深入,以及全球自由贸易协定谈判内容的不断深化,中国所签署 FTA 合作的范围得到了拓展。早期签署的自由贸易协定中基本不涉及环境、劳工标准、竞争政策、政府采购及知识产权等方面的内容。随着亚太地区各主要自由贸易协定及区经济合作组织纷纷将上述议题列入合作范畴,中国也逐渐开始探索深化国内政策调整与改革,并逐步将上述内容列入自由贸易协定合作范畴。但同 TTIP、CPTTP、欧日 EPA 等这些高标准自由化的贸易协定相比,中国在环境、劳工标准、竞争政策、政府采购及知识产权等边境后议题上还存在一定差距。这也是迄今为止在中日韩自由贸易协定、RCEP 谈判中缺乏强大推动力、无法在早期加入 TPP 谈判的原因之一。

(三)货物贸易自由化水平继续提升

近些年来,中国在贸易自由化方面已取得较大进展,其中,自由贸易协定的外贸覆

盖率是贸易自由化成果的一项重要体现，我国在自由贸易协定框架下的贸易额占全部对外贸易的比重已经达到30%，协定框架下的商品进口零关税措施也正在按照协定确定的减让目标不断得到推进和落实。2018年12月24日，国务院关税税则委员会宣布，自2019年1月1日起，对原产于23个国家或地区的部分商品实施协定税率，其中进一步降税的有中国与新西兰、秘鲁、哥斯达黎加、瑞士、冰岛、澳大利亚、韩国、格鲁吉亚自由贸易协定以及亚太贸易协定。另外，根据内地与香港、澳门《关于建立更紧密经贸关系的安排》货物贸易协议，对原产于香港、澳门的进口货物将全面实施零关税。这意味着中国政府将继续落实自由贸易协定成果、提升贸易自由化水平，全面推动对外开放的新格局。

(四)服务贸易领域负面清单模式首次出现

服务贸易已经成为当前中国自由贸易协定谈判的重点领域。国际上高标准自由贸易协定多采取负面清单承诺形式，即仅列明不开放的部门及相关限制措施，而中国在自由贸易协定中的服务贸易自由化安排几乎采用的都是正面清单模式。随着负面清单在国际服务贸易谈判中的应用越来越普遍，中国在对外签署的自由贸易协定中也开始尝试使用负面清单式，其中中澳自由贸易协定就是突破，成为世界上首个在服务贸易领域对我国以负面清单模式作出承诺的协定，中澳双方首次形成了“一正一负”的模式，即中方对澳方以“正面清单”模式开放，澳方对中方以“负面清单”模式开放。随着中国对外开放程度的不断提升，未来以“负面清单”模式开展自由贸易协定服务贸易谈判，将有助于实现中国服务业更高的自由化水平，适应经济全球化新趋势。

三、中国-智利自由贸易区升级版、中国-新加坡自由贸易区升级版谈判、中国-马尔代夫自由贸易区谈判贸易自由化安排比较

(一)中国-智利自由贸易区升级版

《中华人民共和国政府与智利共和国政府关于修订〈自由贸易协定〉及〈自由贸易协定关于服务贸易的补充协定〉的议定书》(以下简称《议定书》)由序言和9个章节组成，除对原有协定的货物贸易市场准入、服务贸易、原产地规则和经济技术合作4个领域进行升级外，还新增了海关程序和贸易便利化、电子商务、竞争、环境与贸易4个章节的内容。此外，《议定书》还包括最终条款章节以及货物贸易关税减让表、特定产品原产地规则、原产地证书和服务贸易具体承诺表共4个附件。具体而言，在货物贸易市场准入方面，双方在原有自由贸易协定货物高水平自由化的基础上，继续扩大市场开放。双方承诺进一步对54个产品实施零关税，总体零关税产品比例将达到约98%。中智自由贸易协定将因此成为迄今我国货物开放水平最高的自由贸易协定。

其中,中方在《议定书》生效后3年内对智利逐步取消30个木制品关税,涉及智利每年对中国出口约40万美元;智利在《议定书》生效后对我国立即取消纺织服装、家电、蔗糖等24个产品关税,涉及我国每年对智利出口约400万美元。

在服务贸易方面,双方在原有服务贸易补充协定基础上,对服务贸易承诺部门数量和质量进一步扩大开放。中国在商业法律服务、娱乐服务、分销等20多个部门对智利作出进一步承诺,智利在快递、运输、建筑等40多个部门对我国作出更高水平的开放承诺。从中方承诺看,在法律服务方面,智利律师可以为中国客户提供关于智利法律事务的咨询服务,中国律师也可以为智利客户提供关于中国法律的咨询服务,有利于扩大和深化两国贸易和投资合作。在娱乐服务方面,智利企业可以通过合资、合作的形式在中国开展演出经纪、演出场所经营等业务,有利于扩大两国娱乐文化交流。从智利方面的承诺看,在快递服务方面,我国的快递服务企业可以在智利开展所有国际和国内速递业务,并享受与智利本地企业相同的待遇,这进一步减少了我国快递企业在智利开展业务的限制。在运输服务方面,我国的运输服务提供商可在智利开展公路运输服务、管道运输服务、理货、仓储及货运代理服务等多项业务,并且享受与智利本地企业一样的待遇。智利服务部门的进一步开放,将为支持我国企业"走出去",进一步开拓智利市场创造良好的政策环境和法律保障。此外,双方在自然人移动方面也作出了新的承诺。对商务访问者,中方人员申请智利签证时可获得为期90天的停留期限,并可进一步延期;对公司内部流动人员、独立专业人员和技术人员以及合同服务提供者,中方人员可申请的停留期限最长为1年,并且如果准入条件仍然有效,可进一步延期,不必申请永久居留权,随行家属也将获得同等待遇。

在原产地规则方面,双方在原有自由贸易协定基础上,根据各自最新的原产地管理实践和进展,对原产地规则进行了优化并完善相关实施程序,形成了新的原产地规则章节。双方同意扩大签证机构的范围,中国企业除中国质检总局下属的检验检疫机构以外,还可以通过中国国际贸易促进委员会申领中智原产地证书;进一步规范、简化原有文本中关于"原产货物""成套货品""包装材料和容器"等条款的表述;进一步放宽"微小含量"标准百分比标准,将不满足税则归类改变要求的非原产材料成分从8%调整至10%,使相关货物更容易获得原产地资格;简化"直接运输规则",企业可免于提交中转地海关出具的中转证明材料,进一步提升中智自贸协定货物贸易自由化的实施效果。此外,双方还承诺推进原产地电子信息交换系统建设,引入电子原产地证书,更方便企业传输、使用和保存;突破了我国已签署自由贸易协定中只接收证书正本的惯例,同意尽量在通关环节中接受企业递交的原产地证书电子或纸质副本,进一步便利进出口企业补领、使用原产地证书;同意适度允许证书"微小差错",即在实际通关中不因拼写、打印、传输等小错误而拒绝接收原产地证书；对于单批次低于价值1 000美元的原产货物，可以免于提交原产地证书，为企业节省通关成本；调整了“保证金退还”“证书修改”“第三方发票”“拒绝给惠情况”等条款规定，以便利合法贸易，保障货物流动畅通，共同提高便利化水平，使中智自由贸易协定顺应世界经济的发展。

在经济技术合作方面，双方在原有经济技术合作章节基础上，新增了农业、金融、政府采购等领域的合作内容。在农业领域，双方将深化旱作节水技术、动植物疫病防控、农业教育和中智示范农场建设等农业技术合作。在金融领域，双方承诺将加强金融消费者权益保护和个人金融信息保护合作，同时，加强跨境支付监管合作，寻求建立监管合作机制和信息共享机制。此外，双方还同意在我国完成加入世界贸易组织《政府采购协定》谈判后，尽快启动双边政府采购市场准入谈判。

在海关程序和贸易便利化方面，双方根据各自贸易便利化最新发展和实践，在原有自由贸易协定基础上新增海关程序和贸易便利化章节，主要包括法律法规公开透明、进一步简化通关手续、运用风险管理、信息技术等手段为双方企业提供高效快捷的通关服务、共同维护双边贸易秩序等内容。双方同意加强海关的交流与合作，对与双边贸易有关的海关事务及时通报，加快来自双方国家货物特别是易腐货物的通关与放行，以降低通关成本，提高通关效率，为双边贸易供应链安全、便利、通畅提供有力保障。

在电子商务领域，双方承诺鼓励和促进两国间电子商务的发展，各自电子签名法律不得否认电子签名的法律效力，允许交易双方共同确定电子签名和认证方法，认证机构可向司法或行政部门证明其电子认证符合法律要求，鼓励数字证书在商业中的应用，努力实现数字证书和电子签名互认。双方还承诺采取措施为电子商务消费者提供与其他商业形式消费者相当的保护，同时确保各自法律法规保护电子商务用户的个人信息等。双方还鼓励无纸化贸易，致力于使电子交易管理文件与纸质文件具有同等法律效力，并努力推进政府单一窗口建设。这些规定将为两国电子商务的发展创造有利的国际规则环境，提升两国间开展电子商务的安全性和便利性，促进双方电子商务企业的务实合作，并将助力我国电子商务企业“走出去”开展国际化经营。

在竞争方面，双方承诺在实施国内竞争法律法规时，禁止反竞争商业行为，促进和保护市场公平竞争环境；在竞争执法过程中，遵循透明、非歧视和程序公正原则；加强在竞争执法领域的交流与技术合作，不断增强各自竞争执法能力等。这些规定有利于提高双方在竞争和反垄断执法领域的透明度，有助于双方企业更好地遵守各自竞争法律法规。双方加强竞争领域合作，共同营造维护公平竞争的市场环境，对制止损害双边贸易和投资的垄断行为、促进双边贸易自由化和投资便利化具有重要意义。

在环境与贸易领域,双方承诺确保各自环境法律法规应鼓励高水平的环境保护,加强环境法律法规的有效执行;适当时候评估双边自贸协定实施的环境影响。双方承诺不通过降低环保水平鼓励贸易和投资,不得将环境法律法规用于贸易保护主义目的。双方承诺有效实施均参与的多边环境协定,就有关问题加强对话合作,并以现有双边协定为基础,在有共同利益的领域深化合作。此外,为促进环境与贸易章节的实施与沟通,双方还专门设立了联络点。环境议题是当前国际自贸协定和投资规则领域的新议题,在中智自由贸易协定升级议定书设立独立的环境与贸易章节,是双方打造高标准自由贸易协定的重要体现。同时,环境与贸易章节的有关规定,将有助于促进双方在推动贸易、投资发展的同时加强环境保护,促进可持续发展。

(二)中国-新加坡自由贸易区升级版谈判

中国-新加坡《自由贸易协定升级议定书》对原自贸协定进行了修订,由序言、8 个章节、2 个附件和 1 项换文组成,除对原中新自由贸易协定的服务贸易、投资、原产地规则、贸易救济、经济合作、海关程序与贸易便利化 6 个领域进行升级外,还新增电子商务、竞争政策和环境 3 个领域。

在服务贸易领域,新方在速递、环境、空运等服务领域作出了进一步市场开放承诺。其中,在速递服务领域,新加坡首次在中国—新加坡自由贸易协定升级谈判中作出在市场准入和国民待遇方面没有限制的承诺,这是新方在速递领域作出的最高水平开放承诺。未来,中资速递企业可通过跨境、设立商业存在等多种形式在新加坡开展速递业务,并享受国民待遇。在环境服务领域,新方在多个方面作出高水平承诺,绑定国内开放现状。未来中资企业可通过在新加坡设立商业存在的方式提供固体废物收集服务、危险废物管理、卫生及类似服务、废弃清理服务、降低噪音服务、自然和风景保护服务及其他未分类的环境保护服务。在空运服务领域,新方在计算机订座系统(CRS)领域作出跨境提供没有限制承诺,中资 CRS 企业在中国境内直接向新加坡消费者提供计算机订座服务。中方着眼于进一步扩大开放,支持相关区域协调发展,将法律、建筑和海运等上海自由贸易区自主开放措施对新加坡作出约束性承诺,并进一步拓展了建筑、海运领域开放措施的适用范围。其中,在法律服务方面,中方承诺允许已在上海自由贸易区设立代表机构的新加坡律师事务所在上海自由贸易区内与中国律师事务所联营。联营期间,双方的法律地位、名称和财务保持独立,各自独立承担民事责任。联营组织的客户不限于上海自由贸易区,但联营组织的新加坡律师不得办理中国法律事务。在建筑服务方面,中方承诺在上海自由贸易区、苏州工业园区、中新天津生态城、中新(重庆)战略性互联互通示范项目内设立的新加坡独资建筑企业可分别承揽位于上海市、苏州市、天津市、重庆市的中外联合建设项目。在此情况下,可免除对新加坡建筑企业在此类项目中的外资投资比例限制。在海运服务方面，一是允许符合条件的新加坡海运服务提供者在上海自由贸易区、广东自由贸易区、福建自由贸易区、天津自由贸易区成立外商独资船舶管理公司；二是允许符合条件的新加坡海运服务提供者在上海自由贸易区、广东自由贸易区、福建自由贸易区、天津自由贸易贸易区成立合资海运公司，外资可以拥有多数股权；三是在上海自由贸易区、广东自由贸易区、福建自由贸易区、天津自由贸易区设立的中新合资、合作国际船舶运输企业，其董事会主席和总经理可由中新双方协商确定；四是在上海自由贸易区、广东自由贸易区、福建自由贸易区、天津自由贸易区设立的合资、合作国际船舶运输企业，其拥有或光船租赁的船舶可以按照上海自由贸易区、广东自由贸易区、福建自由贸易区、天津自由贸易区国际船舶登记制度进行船舶登记。

在投资方面，中新双方全面升级了投资章节，双方对投资保护、争端解决等作出了较为全面的规定，在保护投资者合法权益和维护东道国政府的管理权之间达成较为适当的平衡。投资章节规定，双方相互给予对方投资者高水平的投资保护，纳入了征收补偿、最低待遇标准、转移等条款；相互给予准入后阶段的国民待遇和最惠国待遇；设置了金融审慎措施、根本安全、保密信息等例外条款以保护政府管理外资的政策空间，并纳入了全面的投资者与国家间争端解决机制，为双方投资者提供充分的权利保障和救济途径。中新《自由贸易协定升级议定书》的“投资”章节体现了我国在国际投资缔约实践的最新发展，更好地体现了我国对双向投资的同等重视和保护。此外，双方还同意力争在升级议定书生效后 1 年内以负面清单方式启动投资自由化谈判。

在原产地规则和管理方面，中新双方将实现原产地电子联网，中新原产地电子联网将成为我国与首个东盟成员实现电子联网，建成后双方实时传输优惠贸易原产地数据和未再加工证明等数据，电子联网将有助于双方进一步提升通关时效和实现无纸化。此外，原产地规则对部分石化产品的原产地标准进行了修订，在增值标准的基础上增加了税则改变标准和化学反应标准，原产地规则更加科学灵活，提高了货物贸易的自由化程度。

在贸易救济方面，中新《自由贸易协定升级议定书》在原自由贸易协定的基础上，增加了在反倾销调查中进一步提高透明度和加强正当程序的内容，包括反倾销调查立案前至少提前 7 日通知对方政府、立案后给予利害关系方不少于 20 日的时间登记参加调查并就立案发表评论、调查机关向出口商提供申请价格承诺所需的更详细的信息等规定。上述新规将在反倾销程序中为中新企业提供更大的便利，同时也有利于保障各方的合法权益。

在经济技术合作方面，双方根据双边经济合作现状，升级了旅游合作、人力资源合作、地方经济发展等内容。在旅游合作方面,双方将鼓励旅游公司参与旅游交易会、旅游展和旅游节增进双向交流合作,以深化对另一方游客需求的理解并改进服务质量。在人力资源合作方面,双方同意继续开展双边交流和官员培训项目,以加强人力资源培训和发展的合作,加深两国间的相互理解和友谊。在地方经济发展方面,双方强调中国-新加坡(重庆)战略性互联互通示范项目是中国"一带一路"倡议、西部大开发和长江经济带战略的示范性重点项目,同意在金融服务、航空、交通和物流以及信息通信技术四个优先合作领域紧密合作,从而加强互联互通,促进中国西部发展。

在海关程序与贸易便利化方面,中新《自由贸易协定升级议定书》增加了"海关程序与贸易便利化"章节,主要包括法律法规公开透明,进一步简化通关手续,运用风险管理、信息技术等手段为双方企业提供高效快捷的通关服务,共同维护双边贸易秩序等内容。与已签自由贸易协定相比较,贸易便利化水平高,展现了中方在贸易自由化、便利化方面的姿态及积极努力。如单一窗口,考虑到新方在国家单一窗口建设方面的优质经验及与我国共同发展的意愿,双方承诺建立并共同加强双方单一窗口建设,这是我国首次在自由贸易协定中就该问题进行约束性承诺。又如预裁定,我国首次对外承诺就商品价格的估价方法及标准作出约束性预裁定决定等,较我国以往鼓励性承诺有很大突破。再如货物放行,按照国务院对口岸整体放行时限的要求,我国承诺在满足相应条件下对货物快速放行并作出了具体时限承诺,允许担保放行并列明了担保放行的情形。

在电子商务方面,中新《自由贸易协定升级议定书》主要包括电子认证和电子签名、在线消费者保护、个人信息保护、无纸化贸易、透明度等内容。在自然人移动方面,新方在进一步促进我国赴新高管和专家就业准证申请透明度和便利化方面作出承诺,进一步便利中方投资项下的高管和专家赴新,为中新投资合作的快速发展创造更好的环境。新方承诺,将与中方一同努力,以提升中方企业和申请者就业准证申请的透明度。新方还承诺,对于大部分就业准证申请,新方将在根据国内法律法规判定某一就业准证申请完成的3周内告知中方申请人关于该申请的决定。如果申请人认为决定不够明确,新方也将对申请人的澄清要求作出回应。为进一步落实新方上述承诺,中新双方还同意拓展既有的中国商务部与新加坡人力资源部之间的双边劳务合作工作组的职能,对高管和专家就业准证申请透明度和便利化实施问题进行审查、监督和指导。

在竞争方面,双方承诺在实施国内竞争法律法规时,禁止反竞争商业行为,促进和保护市场公平竞争环境;在竞争执法过程中,遵循透明、非歧视和程序公正原则;加强在竞争执法领域的交流与技术合作,不断增强各自竞争执法能力等。

在环境与贸易领域，双方重申各自拥有确定其环保水平、环境发展优先领域以及制定或修改其环境法律和政策的主权权利，将努力确保这些法律和政策有助于并鼓励高水平的环境保护，有效实施这些法律和政策。双方承诺不通过降低环境保护水平鼓励贸易和投资，并同意环境标准不得用于贸易保护主义目的。双方承诺有效实施双方均为缔约方的多边环境协定，并在适当的时候就有关环境问题进行磋商与合作，同时通过现有双边协定，在有共同利益的领域开展并适时深化合作。此外，为加强联系推动环境与贸易章节的实施，双方还专门设立了联络点。中新《自由贸易协定升级议定书》实现了两国全面、高水平、互利共赢的谈判目标，有助于促进双方深化有关领域务实合作以及进一步充实中新“与时俱进的全方位合作伙伴关系”的内涵。

（三）中国-马尔代夫自由贸易区谈判

中马自由贸易协定除序言外共有 15 个章节，分别是总则、一般适用的定义、货物贸易、原产地规则与实施程序、海关程序与贸易便利化、技术性贸易壁垒和卫生与植物卫生措施、贸易救济、服务贸易、投资、经济技术合作、透明度、管理与机构条款、争端解决、例外、最终条款。此外，协定还包含货物贸易关税减让表、服务贸易具体承诺减让表、产品特定原产地规则等 9 个附件。在货物贸易领域，中马自由贸易协定实现了高水平关税减让，双方承诺的零关税产品税目数和贸易额比例均超过 95%。从马方看，其最终实现零关税的产品将达到全部税目数的 95.6%，覆盖自中国进口额的 95.1%，降税期最长不超过 8 年。其中，占其税目数比例 70.3%的产品将在协定生效后立即取消关税，另有 20.3%和 5%的产品将分别在 5 年内和 8 年内逐步取消关税。在具体产品方面，马方将对占税目数 97.3%的工业品取消关税，同时，对花卉、蔬菜、加工鱼产品等我国出口优势农水产品取消关税。从中方看，其最终实现零关税的产品将达到全部税目数的 95.4%，覆盖自马进口额的 96.4%，降税期最长不超过 5 年。其中，占中方税目数 91.1%的产品将在协定生效后立即取消关税，另有 4.3%的产品将在 5 年内逐步取消关税。在具体产品方面，中方将对税目数 95.8%的工业品和税目数 93.6%的农水产品取消关税，其中包含马方重点关注的绝大部分鱼和水产品。

在服务贸易领域，中马自由贸易协定参照世界组织组织《服务贸易总协定》及自由贸易协定通行规则，对市场准入、国民待遇等方面主要义务作出规定，并通过具体承诺减让表列明了相关服务部门的市场开放承诺。具体而言，马尔代夫作出开放承诺的服务部门数量从其在世界贸易组织框架下承诺的 5 个增加至 86 个，并在商业服务、速递服务、电信、建筑、分销、环境、金融、医疗（含中医）、交通等中方关注的领域均作出了具有商业意义的承诺。中方在商业服务、建筑、旅游和公路运输等服务部门对马方作出了高于其在世界贸易组织框架下的承诺。此外，双方还同意纳入了金融服务和自然人移动等内容。在金融服务方面,马方承诺未来给予其他自由贸易伙伴的优惠待遇将无条件给予中方。在自然人移动方面,马方承诺给予中方商务访问者、服务销售人员和合同服务提供者多次入境签证,有效期最长270天;给予中方公司内部流动人员停留期限最长为1年的工作签证。

在投资方面,中马自由贸易协定对投资保护、公平竞争及争端解决等作出了广泛规定,在保护投资者合法权益和维护东道国政府的管理权之间达成较为适当的平衡。"投资"章节规定,双方相互给予对方投资者高水平的投资保护,纳入了征收补偿、最低待遇标准、转移等条款;相互给予准入后阶段的国民待遇和最惠国待遇;设置了金融审慎措施、根本安全、保密信息等例外条款以保护政府管理外资的政策空间,并纳入了全面的投资者与国家间争端解决机制,为双方投资者提供充分的权利保障和救济途径。总体上,中马自由贸易协定的"投资"章节体现了中方在国际投资方面的缔约新实践。

在原产地规则方面,中马自由贸易协定使用了区域价值成分40%的总规则和简短的产品特定原产地规则相结合的灵活方式制定原产地标准,仅针对中方重点关注的部分农产品设定了相对严格的标准,大部分货物只要满足总规则即可认定具备原产资格,对双方希望促进出口但难以满足区域价值成分标准的货物,还根据产业实际情况灵活设置了税则归类改变、选择标准或加工工序等标准,既方便双方企业适用,又兼顾了双方在部分产品上的特殊诉求。同时在累积规则、微小加工或者处理、可互换材料、中性成分、包装及容器、直接运输低价值货物免于提交原产地证书、进口申报要求等方面,根据近年来海关原产地管理的实践与发展,作出了详细具体的规定,大幅简化程序性要求,微企业降低通关成本。此外,双方还就建立原产地电子数据交换系统、探讨原产地自主声明可行性、建立联络点和磋商机制等内容达成共识,为双方原产地主管部门在后续实施中引入新的便利措施、及时解决实施中出现的各类问题提供了充分授权和机制保障,确保中马自由贸易协定货物市场准入和原产地规则的高效实施。

在海关程序与贸易便利化方面,中马自由贸易协定规定双方海关部门将进一步加强合作,简化海关通关手续,确保双方相关法律法规公开透明,运用信息技术及风险管理手段,在合理时间内放行货物,并对水产品等易腐货物给予优惠通关待遇。双方同意采用预裁定、复议与诉讼制度,并通过设置单一窗口条款鼓励和推动单一窗口建设,努力为双方企业提供高效快捷的通关服务,降低企业通关成本。此外,双方还建立了磋商及海关委员会机制,以确保有关规定的顺利、高效实施,为双边贸易供应链安全、便利、通畅提供有力保障,以规范贸易秩序,便利合法贸易。

在技术性贸易壁垒和卫生与植物卫生措施方面,中马自由贸易协定重申了双方在世界贸易组织有关权利和义务,并将世界贸易组织《技术性贸易壁垒协定》和《实施卫生与植物卫生措施协定》纳入协定，确保双方很好地实施世界贸易组织有关原则。同时，中马自界贸易协定对两国相关法律法规的透明度提出了更高要求，并通过边境措施条款规范了口岸执法的透明性，设置了磋商机制以及时解决双边贸易中出现的技术性问题，并明确了有关合作领域，为两国主管部门深化合作提供了平台。这些规定将进一步便利双边贸易，减少非关税措施对贸易的影响。

在贸易救济方面，中马自由贸易协定对双边保障措施及全球保障措施、反倾销和反补贴等领域作出了详细的规定。双方保留了世界贸易组织协定项下有关反倾销、反补贴和全球保障措施的权利和义务。在符合法定条件时，我国国内产业仍可申请使用上述贸易救济措施维护自身利益。此外，对国内产业而言，双边保障措施也提供了一个安全阀。中马自由贸易协定贸易救济条款在双边保障措施机制的设计方面，参考了全球保障措施协议的相关规定，同时在实施条件、期限、次数和补偿等方面保持了一定的灵活性。

在经济技术合作方面，中马自由贸易协定就两国经济技术合作的目标、范围和机制等达成共识，同时承诺进一步加强在贸易投资促进、旅游、农渔业、工业、传统医药、金融、税收和科技领域的合作，支持并鼓励双方在卫生与植物卫生措施、技术性贸易壁垒、海关与贸易便利化及贸易救济等领域开展能力建设合作。

（本章执笔：匡增杰副教授）

第六章

中国对进口产品贸易救济措施的变化

第一节　2017—2018年中国对进口产品贸易救济立案情况

一、关于对原产于印度的进口邻氯对硝基苯胺进行反倾销立案调查的公告(商务部公告2017年第4号)

2016年12月16日,商务部收到苏州市罗森助剂有限公司代表国内邻氯对硝基苯胺产业正式提交的查申请,请求对原产于印度的进口邻氯对硝基苯胺进行反倾销调查。商务部决定自2017年2月13日起对原产于印度的进口邻氯对硝基苯胺进行反倾销立案调查。

调查范围:原产于印度的进口邻氯对硝基苯胺;该产品归在29214200项下,该税则号项下的其他产品不在本次申请调查范围之内。本次调查确定的倾销调查期为2015年10月1日至2016年9月30日,产业损害调查期为2013年1月1日至2016年9月30日。

二、关于对原产于印度的进口邻氯对硝基苯胺进行反补贴立案调查的公告(商务部公告2017年第5号)

2016年12月16日,商务部收到苏州市罗森助剂有限公司代表国内邻氯对硝基苯胺产业正式提交的调查申请,请求对原产于印度的进口邻氯对硝基苯胺进行反补贴调查。商务部决定自2017年2月13日起对原产于印度的进口邻氯对硝基苯胺进行反补贴立案调查。

调查范围：原产于印度的进口邻氯对硝基苯胺；该产品归在29214200项下。该税则号项下的其他产品不在本次申请调查范围之内。本次调查确定的补贴调查期为2015年10月1日至2016年9月30日，产业损害调查期为2013年1月1日至2016年9月30日。

三、关于对原产于泰国的进口双酚A反倾销立案调查的公告(商务部公告2017年第13号)

2017年1月13日，商务部收到南通星辰合成材料有限公司等5家公司代表国内双酚A产业正式提交的反倾销调查申请，请求对原产于泰国的进口双酚A进行反倾销调查。商务部决定自2017年3月6日起对原产于泰国的进口双酚A进行反倾销立案调查。

被调查产品及调查范围：原产于泰国的进口双酚A；该产品归在29072300项下。本次调查确定的倾销调查期为2015年10月1日至2016年9月30日，产业损害调查期为2013年1月1日至2016年9月30日。

四、关于对原产于韩国、日本和南非的进口甲基异丁基(甲)酮反倾销立案调查的公告(商务部公告2017年第16号)

2017年2月9日，商务部收到中国石油天然气股份有限公司吉林石化分公司和宁波镇洋化工发展有限公司代表国内甲基异丁基(甲)酮产业正式提交的反倾销调查申请，请求对原产于韩国、日本和南非的进口甲基异丁基(甲)酮进行反倾销调查。商务部决定自2017年3月27日起对原产于韩国、日本和南非的进口甲基异丁基(甲)酮进行反倾销立案调查。

被调查产品及调查范围：原产于韩国、日本和南非的进口甲基异丁基(甲)酮；该产品归在29141300项下。本次调查确定的倾销调查期为2015年10月1日至2016年9月30日，产业损害调查期为2013年1月1日至2016年9月30日。

五、关于对原产于印度的间苯氧基苯甲醛进行反倾销立案调查的公告(商务部公告2017年第29号)

2017年5月22日，商务部收到潍坊润农化学有限公司(申请人)代表国内间苯氧基苯甲醛产业提交的调查申请，请求对原产于印度的进口间苯氧基苯甲醛进行反倾销调查。商务部决定自2017年6月8日起对原产于印度的进口间苯氧基苯甲醛进行反倾销立案调查。

被调查产品及调查范围:原产于印度的进口间苯氧基苯甲醛;该产品归在29124990项下,该税则号项下的其他产品不在申请调查范围之内。本次调查确定的倾销调查期为2016年1月1日至2016年12月31日,产业损害调查期为2013年1月1日至2016年12月31日。

六、关于对原产于韩国、中国台湾地区和美国的进口苯乙烯进行反倾销立案调查的公告(商务部公告2017年第31号)

2017年5月25日,商务部收到新阳科技集团有限公司、天津大沽化工股份有限公司、江苏利士德化工有限公司、常州东昊化工有限公司、宁波科元塑胶有限公司以及山东晟原石化科技有限公司代表国内苯乙烯产业正式提交的反倾销调查申请,请求对原产于韩国、中国台湾地区和美国的进口苯乙烯进行反倾销调查。商务部决定自2017年6月23日起对原产于韩国、中国台湾地区和美国的进口苯乙烯进行反倾销立案调查。

被调查产品及调查范围:原产于韩国、中国台湾地区和美国的进口苯乙烯;该产品归在29025000项下。本次调查确定的倾销调查期为2016年1月1日至2016年12月31日,产业损害调查期为2013年1月1日至2016年12月31日。

七、关于对原产于巴西的进口白羽肉鸡产品进行反倾销立案调查的公告(商务部公告2017年第39号)

2017年6月28日,商务部收到中国畜牧业协会代表国内白羽肉鸡产业正式提交的反倾销调查申请,请求对原产于巴西的进口白羽肉鸡产品进行反倾销调查。商务部决定自2017年8月18日起对原产于巴西的进口白羽肉鸡产品进行反倾销立案调查。

被调查产品及调查范围:原产于巴西的进口白羽肉鸡产品;该产品归在02071100、02071200、02071311、02071319、02071321、02071329、02071411、02071419、02071421、02071422、02071429、05040021项下。本次调查确定的倾销调查期为2016年4月1日至2017年3月31日,产业损害调查期为2013年1月1日至2017年3月31日。

八、关于对原产于美国、欧盟和新加坡的进口卤化丁基橡胶进行反倾销立案调查的公告(商务部公告2017年第45号)

2017年8月14日,商务部收到浙江信汇新材料股份有限公司、盘锦和运新材料有限公司代表国内卤化丁基橡胶产业正式提交的反倾销调查申请,请求对原产于美国、欧盟和新加坡的进口卤化丁基橡胶进行反倾销调查。商务部决定自 2017 年 8 月 30 日起对原产于美国、欧盟和新加坡的进口卤化丁基橡胶进行反倾销立案调查。

被调查产品及调查范围:原产于美国、欧盟和新加坡的进口卤化丁基橡胶;该产品归在 40023910 和 40023990 项下。本次调查确定的倾销调查期为 2016 年 4 月 1 日至 2017 年 3 月 31 日,产业损害调查期为 2014 年 1 月 1 日至 2017 年 3 月 31 日。

九、关于对原产于美国和日本的进口氢碘酸进行反倾销立案调查的公告(商务部公告 2017 年第 62 号)

2017 年 9 月 6 日,商务部收到泰安汉威集团有限公司代表国内氢碘酸产业正式提交的反倾销调查申请,请求对原产于美国和日本的进口氢碘酸进行反倾销调查。商务部决定自 2017 年 10 月 16 日起对原产于美国和日本的进口氢碘酸进行反倾销立案调查。

被调查产品及调查范围:原产于美国和日本的进口氢碘酸,又称碘化氢;该产品归在 28111990 项下。本次调查确定的倾销调查期为 2016 年 7 月 1 日至 2017 年 6 月 30 日,产业损害调查期为 2015 年 1 月 1 日至 2017 年 6 月 30 日。

十、关于对原产于美国、沙特阿拉伯、马来西亚和泰国的进口乙醇胺进行反倾销立案调查的公告(商务部公告 2017 年第 67 号)

2017 年 9 月 28 日,商务部收到嘉兴金燕化工有限公司、湖北仙粼化工有限公司、上海抚佳精细化工有限公司、亚东石化(扬州)有限公司、乐天化学(嘉兴)有限公司和茂名实华东成化工有限公司代表国内乙醇胺产业正式提交的反倾销调查申请,请求对原产于美国、沙特阿拉伯、马来西亚和泰国的进口乙醇胺进行反倾销调查。商务部决定自 2017 年 10 月 30 日起对原产于美国、沙特阿拉伯、马来西亚和泰国的进口乙醇胺进行反倾销立案调查。

被调查产品及调查范围:原产于美国、沙特阿拉伯、马来西亚和泰国的进口乙醇胺(包括:一乙醇胺、二乙醇胺、三乙醇胺);该产品归在 29221100、29221200 和 29221310 项下。本次调查的产品范围不包括上述税则号项下除“一乙醇胺”(“单乙醇胺”)、“二乙醇胺”和“三乙醇胺”产品之外的其他产品。本次调查确定的倾销调查期为 2016 年 7 月 1 日至 2017 年 6 月 30 日,产业损害调查期为 2014 年 1 月 1 日至 2017 年 6 月 30 日。

十一、关于对原产于韩国和日本的进口丁腈橡胶进行反倾销立案调查的公告(商务部公告 2017 年第 74 号)

2017 年 9 月 29 日,商务部收到中国石油天然气股份有限公司兰州石化分公司和宁波顺泽橡胶有限公司代表国内丁腈橡胶产业正式提交的反倾销调查申请，请求对原产于韩国和日本的进口丁腈橡胶进行反倾销调查。商务部决定自 2017 年 11 月 9 日起对原产于韩国和日本的进口丁腈橡胶进行反倾销立案调查。

被调查产品及调查范围：原产于韩国和日本的进口丁腈橡胶；该产品归在 40025910 和 40025990 项下。本次调查确定的倾销调查期为 2016 年 7 月 1 日至 2017 年 6 月 30 日，产业损害调查期为 2014 年 1 月 1 日至 2017 年 6 月 30 日。

十二、关于对原产于中国台湾地区、马来西亚和美国的进口正丁醇进行反倾销立案调查的公告(商务部公告 2017 年第 83 号)

2017 年 11 月 8 日，商务部收到中国石油天然气股份有限公司吉林石化分公司、中国石油天然气股份有限公司大庆石化分公司和中国石油四川石化有限责任公司代表国内正丁醇产业正式提交的反倾销调查申请，请求对原产于中国台湾地区、马来西亚和美国的进口正丁醇进行反倾销调查。商务部决定自 2017 年 12 月 29 日起对原产于中国台湾地区、马来西亚和美国的进口正丁醇进行反倾销立案调查。

被调查产品及调查范围：原产于中国台湾地区、马来西亚和美国的进口正丁醇(又称 1—丁醇、丙原醇、酪醇)；该产品归在 29051300 项下。本次调查确定的倾销调查期为 2016 年 7 月 1 日至 2017 年 6 月 30 日，产业损害调查期为 2014 年 1 月 1 日至 2017 年 6 月 30 日。

十三、关于对原产于日本、印度的进口邻二氯苯进行反倾销立案调查的公告(商务部公告 2018 年第 6 号)

2017 年 12 月 20 日，商务部收到江苏扬农化工集团有限公司代表国内邻二氯苯产业正式提交的反倾销调查申请，请求对原产于日本、印度的进口邻二氯苯进行反倾销调查。商务部决定自 2018 年 1 月 23 日起对原产于日本、印度的进口邻二氯苯进行反倾销立案调查。

被调查产品及调查范围：原产于日本、印度的进口邻二氯苯；该产品归在 29039110 项下。本次调查确定的倾销调查期为 2016 年 10 月 1 日至 2017 年 9 月 30 日，产业损害调查期为 2014 年 1 月 1 日至 2017 年 9 月 30 日。

十四、关于对原产于美国的进口高粱进行反倾销立案调查公告(商务部公告 2018 年第 12 号)

商务部获得初步证据和信息显示，原产于美国的进口高粱以低于正常价值的价格向中国出口销售，存在较大幅度的倾销，中国国内产业遭受实质损害和实质损害威胁，且自美国进口产品的倾销与国内产业实质损害和实质损害威胁存在因果关系。商务部决定自2018年2月4日起对原产于美国的进口高粱进行反倾销立案调查。

被调查产品及调查范围：原产于美国的进口高粱；该产品归在10079000项下。本次调查确定的倾销调查期为2016年11月1日至2017年10月31日，产业损害调查期为2013年1月1日至2017年10月31日。

十五、关于对原产于美国的进口高粱进行反补贴立案调查的公告（商务部公告2018年第13号）

商务部获得初步证据和信息显示，原产于美国的进口高粱接受了美国政府的补贴，中国国内产业遭受实质损害和实质损害威胁，且自美国进口产品所接受的补贴与国内产业实质损害和实质损害威胁存在因果关系。商务部决定自2018年2月4日起对原产于美国的进口高粱进行反补贴立案调查。

被调查产品及调查范围：产于美国的进口高粱；该产品归在10079000项下。本次调查确定的补贴调查期为2016年11月1日至2017年10月31日，产业损害调查期为2013年1月1日至2017年10月31日。

十六、关于对原产于美国、欧盟、韩国、日本和泰国的进口苯酚进行反倾销立案调查的公告（商务部公告2018年第33号）

2018年2月2日，商务部收到中国石油天然气股份有限公司吉林石化分公司、长春化工（江苏）有限公司、西萨化工（上海）有限公司、上海中石化三井化工有限公司、中国蓝星哈尔滨石化有限公司、实友化工（扬州）有限公司和惠州忠信化工有限公司代表国内苯酚产业正式提交的反倾销调查申请，请求对原产于美国、欧盟、韩国、日本和泰国进口苯酚进行反倾销调查。商务部决定自2018年3月26日起进行反倾销立案调查。

被调查产品调查范围：原产于美国、欧盟、韩国、日本和泰国的进口苯酚；该产品归在29071110项下；本次调查确定的倾销调查期为2016年10月1日至2017年9月30日，产业损害调查期为2014年1月1日至2017年9月30日。

十七、关于对原产于欧盟、日本、韩国和印度尼西亚的进口不锈钢钢坯和不锈钢热轧板/卷进行反倾销立案调查的公告（商务部公告2018年第62号）

2018年6月22日，商务部收到山西太钢不锈钢股份有限公司代表国内产业正式提交的反倾销调查申请。商务部决定自2018年7月23日起对原产于欧盟、日本、韩国和印度尼西亚的进口不锈钢钢坯和不锈钢热轧板/卷进行反倾销立案调查。

被调查产品及调查范围:原产于欧盟、日本、韩国和印度尼西亚的进口不锈钢钢坯和不锈钢热轧板/卷;该产品归在72189100、72189900、72191100、72191200、72191312、72191319、72191322、72191329、72191412、72191419、72191422、72191429、72192100、72192200、72192300、72192410、72192420、72192430、72201100、72201200项下。本次调查确定的倾销调查期为2017年1月1日至2017年12月31日,产业损害调查期为2014年1月1日至2018年3月31日。

十八、关于对原产于日本和中国台湾地区的进口立式加工中心进行反倾销立案调查的公告(商务部公告2018年第76号)

2018年8月20日,商务部收到北京精雕科技集团有限公司、宝鸡忠诚机床股份有限公司和山东威达重工股份有限公司代表国内产业正式提交的调查申请。商务部决定自2018年10月16日起对原产于日本和中国台湾地区的进口立式加工中心进行反倾销立案调查。

调查范围:原产于日本和中国台湾地区的进口立式加工中心;该产品归在84571010项下。本次调查确定的倾销调查期为2017年7月1日至2018年6月30日,产业损害调查期为2014年1月1日至2018年6月30日。

十九、关于对原产于澳大利亚的进口大麦进行反倾销立案调查的公告(商务部公告2018年第89号)

2018年10月9日,商务部收到中国国际商会代表国内大麦产业正式提交的反倾销调查申请,请求对原产于澳大利亚的进口大麦进行反倾销调查。商务部决定自2018年11月19日起对原产于澳大利亚的进口大麦进行反倾销立案调查。

调查范围:原产于澳大利亚的进口大麦;该产品归在10031000和10039000。本次调查确定的倾销调查期为2017年10月1日至2018年9月30日,产业损害调查期为2014年1月1日至2018年9月30日。

二十、关于对原产于印度的进口7-苯乙酰氨基-3-氯甲基-4-头孢烷酸对甲氧基苄酯进行反倾销立案调查的公告(商务部公告2018年第90号)

2018年10月10日,商务部收到宁波人健化学制药有限公司代表国内产业正式提交的反倾销调查申请,请求对原产于印度的进口7-苯乙酰氨基-3-氯甲基-4-头孢烷酸对甲氧基苄酯进行反倾销调查。商务部决定自2018年11月26日起进行反倾销立案调查。

被调查产品及调查范围：原产于印度的进口7-苯乙酰氨基-3-氯甲基-4-头孢烷酸对甲氧基苄酯；该产品归在29349960项下，该税号下的其他产品不在本次调查范围之内。本次倾销调查期为2017年10月1日至2018年9月30日，产业损害调查期为2015年1月1日至2018年9月30日。

二十一、关于对原产于印度的进口7-苯乙酰氨基-3-氯甲基-4-头孢烷酸对甲氧基苄酯进行反补贴立案调查的公告(商务部公告2018年第91号)

2018年10月10日，商务部收到宁波人健化学制药有限公司代表国内产业正式提交的反补贴调查申请，请求对原产于印度的进口7-苯乙酰氨基-3-氯甲基-4-头孢烷酸对甲氧基苄酯进行反补贴调查。商务部决定自2018年11月26日起对原产于印度的进口7-苯乙酰氨基-3-氯甲基-4-头孢烷酸对甲氧基苄酯进行反补贴立案调查。

被调查产品及调查范围：原产于印度的进口7-苯乙酰氨基-3-氯甲基-4-头孢烷酸对甲氧基苄酯；该产品归在29349960项下，该税号下的其他产品不在本次调查范围之内。本次补贴调查期为2017年10月1日至2018年9月30日，产业损害调查期为2015年1月1日至2018年9月30日。

二十二、关于对原产于澳大利亚的进口大麦进行反补贴立案调查的公告(商务部公告2018年第99号)

2018年10月29日，商务部收到中国国际商会代表国内大麦产业正式提交的反补贴调查申请，请求对原产于澳大利亚的进口大麦进行反补贴调查。商务部决定自2018年12月21日起对原产于澳大利亚的进口大麦进行反补贴立案调查。

被调查产品调查范围：原产于澳大利亚的进口大麦；该产品归在10031000和10039000项下。本次调查确定的补贴调查期为2017年10月1日至2018年9月30日，产业损害调查期为2014年1月1日至2018年9月30日。

第二节 2017—2018年中国对进口产品贸易救济初裁情况

一、关于对原产于日本的进口偏二氯乙烯-氯乙烯共聚树脂反倾销调查初步裁定的公告(商务部公告2017年第3号)

2017年1月19日，商务部发布2017年第3号公告，对原产于日本的进口偏二氯

乙烯-氯乙烯共聚树脂反倾销调查作出初步裁定:

(1)初步裁定:原产于日本的进口偏二氯乙烯-氯乙烯共聚树脂存在倾销,国内偏二氯乙烯-氯乙烯共聚树脂产业受到实质损害,而且倾销与实质损害之间存在因果关系。

(2)涉案产品:原产于日本的进口偏二氯乙烯-氯乙烯共聚树脂。该产品归在39045000项下。该税则号项下的偏二氯乙烯-丙烯酸甲酯共聚树脂、偏二氯乙烯-丙烯腈共聚树脂、PVDC乳液等其他产品不在本次调查产品范围之内。

(3)征收保证金:自2017年1月20日起,进口经营者在进口被调查产品时,应依据本初裁决定所确定的保证金比率(见表6.1)向中国海关提供相应的保证金。

表6.1 各公司具体保证金比率列表

	企业名称	保证金比率
日本的公司	株式会社吴羽(KUREHA CORPORATION)	47.1%
	旭化成株式会社(ASAHI KASEI CHEMICALS CORP.)	
	其他日本公司(All Others)	

二、关于原产于韩国、泰国和马来西亚的进口共聚聚甲醛反倾销调查初步裁定的公告(商务部公告2017年第32号)

2017年6月26日,商务部发布2017年第32号公告,对原产于韩国、泰国和马来西亚的进口共聚聚甲醛反倾销调查作出初步裁定。

(1)初步裁定:调查机关初步认定,原产于韩国、泰国和马来西亚的进口共聚聚甲醛存在倾销,国内共聚聚甲醛产业受到实质损害,而且倾销与实质损害之间存在因果关系。

(2)涉案产品:原产于韩国、泰国和马来西亚的进口共聚聚甲醛。该产品归在39071010、39071090项下。这两个税则号项下的均聚聚甲醛、改性聚甲醛等其他产品不在本次被调查产品范围之内。

(3)征收保证金:自2017年6月30日起,进口经营者在进口被调查产品时,应依据本初裁决定所确定的各公司的保证金比率(见表6.2)向中国海关提供相应的保证金。

表 6.2　　各公司具体保证金比率列表

	企业名称	保证金比率
韩国的公司	韩国工程塑料株式会社(KOREA ENGINEERING PLASTICS CO.,LTD)	30.0%
	(株)可隆塑胶股份有限公司(KOLON PLASTICS,INC.)	6.1%
	其他韩国公司(All Others)	30.4%
泰国的公司	泰国聚甲醛有限公司(THAI POLYACETALCO CO.,LTD)	23.7%
	其他泰国公司(All Others)	34.9%
马来西亚的公司	宝理塑料(亚太)公司(Polyplastics Asia Pacific Sdn. Bhd.)	7.6%
	其他马来西亚公司(All Others)	9.5%

三、关于对原产于印度的邻氯对硝基苯胺反倾销调查初步裁定的公告(商务部告 2017 年第 56 号)

2017 年 10 月 20 日,商务部发布 2017 年第 56 号公告,对原产于印度的邻氯对硝基苯胺反倾销调查作出初步裁定。

(1)初步裁定:调查机关初步认定,原产于印度的进口邻氯对硝基苯胺存在倾销,国内邻氯对硝基苯胺产业受到实质损害,而且倾销与实质损害之间存在因果关系。

(2)涉案产品:原产于印度的进口邻氯对硝基苯胺。该产品归在 29214200 项下。该税则号项下的其他产品不在本次申请调查范围之内。

(3)征收保证金:自 2017 年 10 月 20 日起,进口经营者在进口被调查产品时,应依据本初裁所确定的各公司的保证金比率(见表 6.3)向中国海关提供相应的保证金。

表 6.3　　各公司具体保证金比率列表

	企业名称	保证金比率
印度的公司	阿迪工业有限公司(Aarti Industries Limited)	31.4%
	其他印度公司(All Others)	49.9%

四、关于对原产于印度的邻氯对硝基苯胺反补贴调查初步裁定的公告(商务部公告 2017 年第 57 号)

2017 年 10 月 20 日,商务部发布 2017 年第 57 号公告,对原产于印度的邻氯对硝基苯胺反补贴调查作出初步裁定。

(1)初步裁定:调查机关初步认定,原产于印度的进口邻氯对硝基苯胺存在补贴,国内邻氯对硝基苯胺产业受到实质损害，而且补贴与实质损害之间存在因果关系。

(2)涉案产品：原产于印度的进口邻氯对硝基苯胺。该产品归在29214200项下。该税则号项下的其他产品不在本次申请调查范围之内。

(3)征收临时反补贴税保证金：自2017年10月20日起，进口经营者在进口原产于印度的邻氯对硝基苯胺时，应依据本初裁决定所确定的各公司的从价补贴率(见表6.4)向中国海关提供相应的临时反补贴税保证金。

表6.4　　各公司反补贴税保证金比率列表

	企业名称	保证金比率
印度的公司	阿迪工业有限公司(Aarti Industries Limited)	20.4%
	其他印度公司(All Others)	166.0%

五、关于对原产于韩国、日本和南非的进口甲基异丁基(甲)酮反倾销调查初步裁定的公告(商务部公告2017年第70号)

2017年11月20日，商务部发布2017年第70号公告，对原产于韩国、日本和南非的进口甲基异丁基(甲)酮反倾销调查作出初步裁定。

(1)初步裁定：原产于韩国、日本和南非的进口甲基异丁基(甲)酮存在倾销，国内甲基异丁基(甲)酮产业受到实质损害，而且倾销与实质损害之间存在因果关系。

(2)涉案产品：原产于韩国、日本和南非的进口甲基异丁基(甲)酮。该产品归在29141300项下。

(3)征收保证金：自2017年11月20日起，进口经营者在进口被调查产品时，应依据本初裁决定所确定的各公司的保证金比率(见表6.5)向中国海关提供相应的保证金。

表6.5　　各公司保证金比率列表

	企业名称	保证金比率
韩国的公司	锦湖P&B化学株式会社(KUMHO P&B CHEMICALS,INC.)	29.9%
	其他韩国公司(All Others)	32.3%
日本的公司	三井化学株式会社(Mitsui Chemicals,Inc.)	48.4%
	三菱化学株式会社(Mitsubishi Chemical Corporation)	51.2%
	其他日本公司(All Others)	190.4%
南非的公司	沙索南非有限公司[Sasol South Africa (Pty) Ltd.]	15.9%
	其他南非公司(All Others)	34.1%

六、关于对原产于泰国的进口双酚 A 反倾销调查初步裁定的公告(商务部公告 2017 年第 72 号)

2017 年 11 月 9 日,商务部发布 2017 年第 72 号公告,对原产于泰国的进口双酚 A 反倾销调查作出初步裁定。

(1)初步裁定:调查机关初步认定,原产于泰国的双酚 A 存在倾销,国内双酚 A 产业受到实质损害,而且倾销与实质损害之间存在因果关系。

(2)涉案产品:原产于泰国的进口双酚 A。该产品归在 29072300 项下。

(3)征收保证金:自 2017 年 11 月 9 日起,进口经营者在进口被调查产品时,应依据本初裁决定所确定的各公司的保证金比率(见表 6.6)向中国海关提供相应的保证金。

表 6.6　　各公司保证金比率列表

	企业名称	保证金比率
泰国的公司	PTT 苯酚有限公司(PTT Phenol Company Limited)	10.1%
	其他泰国公司(All Others)	31.0%

七、关于对原产于印度的进口间苯氧基苯甲醛反倾销调查初步裁定的公告(商务部公告 2018 年第 8 号)

2018 年 2 月 7 日,商务部发布 2018 年第 8 号公告,对原产于印度的进口间苯氧基苯甲醛反倾销调查作出初步裁定。

(1)初步裁定:调查机关初步认定,原产于印度的进口间苯氧基苯甲醛存在倾销,国内间苯氧基苯甲醛产业受到实质损害,而且倾销与实质损害之间存在因果关系。

(2)调查范围:原产于印度的进口间苯氧基苯甲醛。该产品归在 29124990 项下。该税则号项下的其他产品不在本次申请调查范围之内。

(3)征收保证金:自 2018 年 2 月 8 日起,进口经营者在进口被调查产品时,应依据本初裁决定所确定的各公司的保证金比率(见表 6.7)向中国海关提供相应的保证金。

表 6.7　　各公司保证金比率列表

	企业名称	保证金比率
印度的公司	BHARAT RASAYAN LIMITED	56.4%
	赫曼尼工业有限公司(Hemani Industries Limited)	36.2%
	古吉拉特杀虫剂有限公司(Gujarat Insecticides Limited)	51.9%
	其他印度公司(All Others)	56.9%

八、关于对原产于韩国、中国台湾地区和美国的进口苯乙烯反倾销调查初步裁定的公告(商务部公告2018年第14号)

2018年2月12日,商务部发布2018年第14号公告,对原产于韩国、中国台湾地区和美国的进口苯乙烯反倾销调查作出初步裁定。

(1)初步裁定:调查机关初步认定,原产于韩国、中国台湾地区和美国的进口苯乙烯存在倾销,中国大陆苯乙烯产业受到实质损害,而且倾销与实质损害之间存在因果关系。

(2)调查范围:原产于韩国、中国台湾地区和美国的进口苯乙烯。该产品归在29025000项下。

(3)征收保证金:自2018年2月13日起,进口经营者在进口被调查产品时,应依据本初裁决定所确定的各公司的保证金比率(见表6.8)向中国海关提供相应的保证金。

表6.8 各公司保证金比率列表

	企业名称	保证金比率
韩国的公司	韩华道达尔株式会社(HANWHA TOTAL PETROCHEMICAL CO.,LTD.)	7.8%
	丽川NCC株式会社(Yeochun NCC Co.,Ltd)	
	(株)LG化学(LG Chem,Ltd.)	8.0%
	SK综合化学株式会社(SK global chemical Co.,Ltd.)	
	乐天化学株式会社(LOTTE CHEMICAL CORPORATION)	8.4%
	其他韩国公司(All Others)	
中国台湾地区的公司	台湾化学纤维股份有限公司	5.0%
	其他台湾地区公司(All Others)	
美国的公司	利安德化学品公司(Lyondell Chemical Company)	9.2%
	美国华美苯乙烯公司(Westlake Styrene LLC)	10.7%
	INEOS Styrolution America LLC	9.6%
	美洲苯乙烯公司(Americas Styrenics LLC)	
	其他美国公司(All Others)	10.7%

九、关于对原产于美国的进口高粱反倾销调查初步裁定的公告(商务部公告2018年第38号)

2018年4月17日,商务部发布2018年第38号公告,对原产于美国的进口高粱反倾销调查作出初步裁定。

(1)初步裁定:原产于美国的进口高粱存在倾销,中国国内高粱产业受到实质损害,而且倾销与实质损害之间存在因果关系。

(2)调查范围:原产于美国的进口高粱。该产品归在 10079000 项下。

(3)征收保证金:自 2018 年 4 月 18 日起,进口经营者在进口被调查产品时,应依据本初裁决定所确定的各公司的保证金比率向中国海关提供相应的保证金。对各公司征收的保证金比率如下:新谷公司、德怀特及亚当鲍德温农场等美国所有公司均为 178.6%。

十、关于对原产于美国、欧盟和新加坡的进口卤化丁基橡胶反倾销调查初步裁定的公告(商务部公告 2018 年第 39 号)

2018 年 4 月 19 日,商务部发布 2018 年第 39 号公告,对原产于美国、欧盟和新加坡的进口卤化丁基橡胶反倾销作出初步裁定。

(1)初步裁定:调查机关初步认定,原产于美国、欧盟和新加坡的进口卤化丁基橡胶存在倾销,国内卤化丁基橡胶产业受到实质损害,而且倾销与实质损害之间存在因果关系。

(2)调查范围:原产于美国、欧盟和新加坡的进口卤化丁基橡胶。该产品归在 40023910 和 40023990 税号项下。

(3)征收保证金:自 2018 年 4 月 20 日起,进口经营者在进口被调查产品时,应依据本初裁决定所确定的各公司的保证金比率(见表 6.9)向中国海关提供相应的保证金。

表 6.9　　各公司保证金比率列表

	企业名称	保证金比率
美国的公司	埃克森美孚公司(Exxon Mobil Corporation)	66.5%
	其他美国公司(All Others)	
欧盟的公司	埃克森美孚化工有限公司(Exxon Mobil Chemical Limited)	63.7%
	阿朗新科比利时有限公司(ARLANXEO Belgium NV)	30.9%
	其他欧盟公司(All Others)	63.7%
新加坡的公司	阿朗新科新加坡私人有限公司(ARLANXEO SINGAPORE PTE. LTD.)	26.0%
	其他新加坡公司(All Others)	66.5%

十一、关于对原产于巴西的进口白羽肉鸡反倾销调查初步裁定的公告(商务部公告 2018 年第 46 号)

2018 年 6 月 8 日,商务部发布 2018 年第 46 号公告,对原产于巴西的进口白羽肉鸡反倾销调查作出初步裁定。

(1)初步裁定:调查机关初步认定,原产于巴西的进口白羽肉鸡产品存在倾销,国内白羽肉鸡产业受到实质损害,而且倾销与实质损害之间存在因果关系。

(2)调查范围:原产于巴西的进口白羽肉鸡产品。该产品归在 02071100、02071200、02071311、02071319、02071321、02071329、02071411、02071419、02071421、02071422、02071429 和 05040021 项下。

(3)征收保证金:自 2018 年 6 月 9 日起,进口经营者在进口被调查产品时,应依据本初裁决定所确定的各公司的保证金比率(见表 6.10)向中国海关提供相应的保证金。

表 6.10　各公司保证金比率列表

	企业名称	保证金比率
巴西的公司	SEARA ALIMENTOS LTDA	18.8%
	JBS AVES LTDA	
	SEARA COMERCIO DE ALIMENTOS LTDA	
	AGRICOLA JANDELLE S/A	
	BRF S. A.	25.3%
	Cooperativa Central Aurora Alimentos	20.7%
	LAR COOPERATIVA AGROINDUSTRIAL	
	Copacol-Cooperativa Agroindustrial Consolata	
	COOPAVEL COOPERATIVA AGROINDUSTRIAL	
	São Salvador Alimentos S/A	
	NOGUEIRA RIVELLI IRMÃOS LTDA.	
	GONCALVES & TORTOLA S/A	
	Cooperativa Agroindustrial Copagril	
	Vibra Agroindustrial S. A.	

续表

企业所在国家	企业名称	保证金比率
巴西的公司	AGROSUL AGROAVICOLA INDUSTRIAL, S. A	20.7%
	KAEFER AGRO INDUSTRIAL LTDA	
	VOSSKO DO BRASIL ALIMENTOS CONGELADOS LTDA	
	AVENORTE AVICOLA CIANORTE LTDA.	
	ADORO S/A	
	BONASA ALIMENTOS SA	
	FLAMBOIÃ ALIMENTOS LTDA	
	FRIGORÍFICO NOVA ARAÇÁ LTDA.	
	Rio Branco Alimentos S. A. (Pif Paf)	
	Zanchetta Alimentos Ltda	
	Agrodanieli Indústria e Comércio Ltda	
	BELLO ALIMENTOS LTDA.	
	COASUL COOPERATIVA AGROINDUSTRIAL	
	COOPERATIVA LANGUIRU LTDA	
	其他巴西公司(All others)	38.4%

十二、关于对原产于美国和日本的进口氢碘酸反倾销调查初步裁定的公告(商务部公告2018年第49号)

2018年6月16日，商务部发布2018年第49号公告，对原产于美国和日本的进口氢碘酸反倾销调查作出初步裁定。

(1)初步裁定：调查机关初步认定，原产于美国和日本的进口氢碘酸存在倾销，国内氢碘酸产业受到实质损害，而且倾销与实质损害之间存在因果关系。

(2)调查范围：原产于美国和日本的进口氢碘酸。该产品归在28111990项下。该税则号项下除氢碘酸以外的其他产品不在本次被调查产品范围之内。

(3)征收保证金：自2018年6月23日起，进口经营者在进口被调查产品时，应依据本初裁决定所确定的各公司的保证金比率(见表6.11)向中国海关提供相应的保证金。

表 6.11　　　　各公司保证金比率列表

<table>
<tr><th></th><th>企业名称</th><th>保证金比率</th></tr>
<tr><td rowspan="2">美国的公司</td><td>艾菲纳化工有限公司(Iofina Chemical, Inc.)</td><td rowspan="2">118.8%</td></tr>
<tr><td>其他美国公司(All Others)</td></tr>
<tr><td>日本的公司</td><td>所有公司</td><td>41.1%</td></tr>
</table>

十三、关于对原产于美国、沙特阿拉伯、马来西亚和泰国的进口乙醇胺反倾销调查初步裁定的公告(商务部公告 2018 年第 50 号)

2018 年 6 月 16 日，商务部发布 2018 年第 50 号公告，对原产于美国、沙特阿拉伯、马来西亚和泰国的进口乙醇胺反倾销调查作出初步裁定。

(1)初步裁定：调查机关初步认定，原产于美国、沙特阿拉伯、马来西亚和泰国的进口乙醇胺存在倾销，国内乙醇胺产业受到实质损害，而且倾销与实质损害之间存在因果关系。

(2)调查范围：原产于美国、沙特阿拉伯、马来西亚和泰国的进口乙醇胺。该产品归在 29221100、29221200 和 29221310 项下(2017 年起 29221310 调整为 29221500)。本次调查的产品范围不包括 29221100 项下的单乙醇胺盐和 29221200 项下的二乙醇胺盐。

(3)征收保证金：自 2018 年 6 月 23 日起，进口经营者在进口被调查产品时，应依据本初裁决定所确定的各公司的保证金比率(见表 6.12)向中国海关提供相应的保证金。

表 6.12　　　　各公司保证金比率列表

<table>
<tr><th></th><th>企业名称</th><th>保证金比率</th></tr>
<tr><td rowspan="4">美国的公司</td><td>陶氏化学公司(The Dow Chemical Company)</td><td>75.3%</td></tr>
<tr><td>英力士美国公司(INEOS Americas LLC)</td><td rowspan="3">97.3%</td></tr>
<tr><td>亨斯迈石化有限公司(Huntsman Petrochemical LLC)</td></tr>
<tr><td>其他美国公司(All Others)</td></tr>
<tr><td rowspan="2">沙特阿拉伯的公司</td><td>沙特基础工业公司(Saudi Basic Industries Corporation)</td><td>11.7%</td></tr>
<tr><td>其他沙特阿拉伯公司(All Others)</td><td>18.7%</td></tr>
<tr><td rowspan="2">马来西亚的公司</td><td>国油石化衍生公司(PETRONAS CHEMICALS DERIVATIVES SDN BHD)</td><td>18.3%</td></tr>
<tr><td>其他马来西亚公司(All Others)</td><td>20.3%</td></tr>
</table>

续表

	企业名称	保证金比率
泰国的公司	TOC乙二醇有限公司(TOC GLYCOL COMPANY LIMITED)	37.6%
	其他泰国公司(All Others)	

十四、关于对原产于韩国和日本的进口丁腈橡胶反倾销调查初步裁定的公告(商务部公告2018年第61号)

2018年7月16日商务部发布2018年第61号公告,对原产于韩国和日本的进口丁腈橡胶反倾销调查作出初步裁定。

(1)初步裁定:调查机关初步认定,原产于韩国和日本的进口丁腈橡胶存在倾销,国内丁腈橡胶产业受到实质损害,而且倾销与实质损害之间存在因果关系。

(2)被调查产品:原产于韩国和日本的进口丁腈橡胶。该产品归在40025910和40025990项下。

(3)征收保证金:自2018年7月16日起,进口经营者在进口被调查产品时,应依据本初裁决定所确定的各公司的保证金比率(见表6.13)向中国海关提供相应的保证金。

表6.13 **各公司保证金比率列表**

	企业名称	保证金比率
韩国的公司	锦湖石油化学株式会社 KUMHO PETROCHEMICAL CO., LTD.	12.0%
	(株)LG化学 LG CHEM,LTD.	15.0%
	其他韩国公司 All Others	37.3%
日本的公司	日本瑞翁株式会社 Zeon Corporation	30.0%
	JSR株式会社 JSR Corporation	18.1%
	其他日本公司 All Others	56.4%

十五、关于对原产于中国台湾地区、马来西亚和美国的进口正丁醇反倾销调查初步裁定的公告(商务部公告2018年第67号)

2018年9月3日,商务部发布2018年第67号公告,对原产于中国台湾地区、马来西亚和美国的进口正丁醇反倾销调查作出初步裁定。

(1)初步裁定:调查机关初步认定,原产于中国台湾地区、马来西亚和美国的进口正丁醇存在倾销，中国大陆正丁醇产业受到实质损害，而且倾销与实质损害之间存在因果关系。

(2)调查范围：原产于中国台湾地区、马来西亚和美国的进口正丁醇。该产品归在29051300项下。

(3)征收保证金：自2018年9月4日起，进口经营者在进口被调查产品时，应依据本初裁决定所确定的各公司的保证金比率(见表6.14)向中国海关提供相应的保证金。

表6.14　各公司保证金比率列表

	企业名称	保证金比率
中国台湾地区的公司	台湾塑胶工业股份有限公司(FORMOSA PLASTICS CORPORATION)	6.0%
	其他台湾地区公司(All Others)	56.1%
马来西亚的公司	国油石化衍生公司(PETRONAS CHEMICALSDERIVATIVES SDN BHD)	12.7%
	巴斯夫马来西亚国油化学私人有限公司(BASF PETRONAS Chemicals Sdn Bhd)	26.7%
	奥伯帝莫马来西亚化学公司(Optimal Chemicals Sdn Bhd)	
	其他马来西亚公司(All Others)	
美国的公司	欧季亚公司(OXEA CORPORATION)	52.3%
	伊士曼化学公司(Eastman Chemical Company)	139.8%
	道化学公司(The Dow Chemical Company)	
	巴斯夫公司(BASF Corporation)	
	其他美国公司(All Others)	

十六、关于对原产于日本和印度的进口邻二氯苯反倾销调查初步裁定的公告(商务部公告2018年第70号)

2018年10月8日，商务部发布2018年第70号公告，对原产于日本和印度的进口邻二氯苯反倾销调查作出初步裁定。

(1)初步裁定：调查机关初步认定，原产于日本和印度的进口邻二氯苯存在倾销，国内邻二氯苯产业受到实质损害，而且倾销与实质损害之间存在因果关系。

(2)调查范围：原产于日本和印度的进口邻二氯苯。该产品归在29039110项下。

(3)征收保证金：自2018年10月12日起，进口经营者在进口被调查产品时，应依据本初裁决定所确定的各公司的保证金比率(见表6.15)向中国海关提供相应的保证金。

表 6.15　　各公司保证金比率列表

	企业名称	保证金比率
日本的公司	株式会社吴羽(KUREHA CORPORATION)	70.4%
	其他日本公司(All Others)	
印度的公司	所有公司	31.9%

第三节　2017—2018 年中国对进口产品贸易救济终裁情况

一、关于对原产于美国进口干玉米酒糟反倾销调查最终裁定的公告(商务部公告 2016 年第 79 号)

2017 年 1 月 11 日,商务部发布 2016 年第 79 号公告,对原产于美国的进口干玉米酒糟反倾销调查作出最终裁定。

(1)最终裁定:调查机关最终裁定,原产于美国的进口干玉米酒糟存在倾销,中国干玉米酒糟产业受到实质损害,并且倾销与实质损害之间存在因果关系。

(2)调查范围:原产于美国的进口干玉米酒糟。该产品归在 23033000 项下。

(3)征收反倾销税:自 2017 年 1 月 12 日起,对原产于美国的进口干玉米酒糟按以下税率征收反倾销税,税率分为 42.2%(2 家企业)、49.8%(13 家企业)、50%(27 家企业)和 53.7%(其他美国公司)四个档次(见表 6.16)。实施期限自 2017 年 1 月 12 日起 5 年。

表 6.16　　各公司反倾销税率列表

公　司	英文名称	反倾销税率
博伊特研究中心公司	POET RESEARCH CENTER,INC.	50.0%
博伊特生物精炼-福斯托里亚有限责任公司	POET BIOREFINING-FOSTORIA,LLC	
北极光乙醇有限责任公司	NORTHERN LIGHTS ETHANOL,LLC	
大平原乙醇有限责任公司	GREAT PLAINS ETHANOL,LLC	
詹姆斯谷乙醇有限责任公司	JAMES VALLEY ETHANOL,LLC	
苏河乙醇有限责任公司	SIOUX RIVER ETHANOL,LLC	
博伊特生物精炼-利普西克有限责任公司	POET BIOREFINING-LEIPSIC,LLC	

续表

公　司	英文名称	反倾销税率
博伊特生物精炼-马里昂有限责任公司	POET BIOREFINING-MARION,LLC	50.0%
大草原乙醇有限责任公司	PRAIRIE ETHANOL,LLC	
博伊特生物精炼-亚历山德里亚有限责任公司	POET BIOREFINING - ALEXANDRIA, LLC	
博伊特生物精炼-北曼彻斯特有限责任公司	POET BIOREFINING - NORTH MANCHESTER,LLC	
博伊特生物精炼-波特兰有限责任公司	POET BIOREFINING-PORTLAND,LLC	
乙醇 2000 有限责任合伙	ETHANOL2000 LIMITED LIABILITY PARTNERSHIP	
北极星乙醇有限责任公司	NORTHSTAR ETHANOL,LLC	
领先-玉米有限责任公司	PRO-CORN,LLC	
阿格拉资源有限责任公司	AGRA RESOURCES,LLC	
密苏里东北粮食有限责任公司	NORTHEAST MISSOURI GRAIN,LLC	
密苏里乙醇有限责任公司	MISSOURI ETHANOL,LLC	
密歇根乙醇有限责任公司	MICHIGAN ETHANOL,LLC	
TCE 有限责任公司	TCE,LLC	
地平线乙醇有限责任公司	HORIZON ETHANOL,LLC	
爱荷华乙醇有限责任公司	IOWA ETHANOL,LLC	
前沿乙醇有限责任公司	FRONTIER ETHANOL,LLC	
高峰乙醇有限责任公司	PINNACLE ETHANOL,LLC	
水獭溪乙醇有限责任公司	OTTER CREEK ETHANOL,LLC	
航行者乙醇有限责任公司	VOYAGER ETHANOL,LLC	
博伊特生物精炼-克洛弗代尔有限责任公司	POET BIOREFINING - CLOVERDALE, LLC	
大河资源有限责任公司	Big River Resources,LLC	53.7%
马奎斯能源有限责任公司	Marquis Energy LLC	42.2%
马奎斯能源(威斯康星)有限责任公司	Marquis Energy-Wisconsin,LLC	
卓越能源有限责任公司	Absolute Energy,LLC	49.8%
恩思乙醇有限责任公司	Ace Ethanol,LLC	
阿奇尔丹尼斯米德兰公司	Archer-Daniels-Midland Company	
埃尔克霍恩谷乙醇有限公司	Elkhorn Valley Ethanol, Limited Liability Company	

续表

公　司	英文名称	反倾销税率
弗林特希尔斯资源有限合伙	Flint Hills Resources,LP	49.8%
金谷能源有限责任公司	Golden Grain Energy,LLC	
伊利诺斯河能源公司	Illinois River Energy,LLC	
路易达孚大章克申有限公司	Louis Dreyfus Commodities Grand Junction LLC	
爱国者可再生燃料有限责任公司	Patriot Renewable Fuels,LLC	
安德森阿尔比恩乙醇公司	The Andersons Albion Ethanol LLC	
安德森克里默思乙醇公司	The Andersons Clymers Ethanol LLC	
安德森丹尼森乙醇公司	The Andersons Denison Ethanol LLC	
安德森马拉松乙醇公司	The Andersons Marathon Ethanol LLC	
瓦莱罗可再生燃料有限责任公司	Valero Renewable Fuels Company,LLC	
其他美国公司	All Others	53.7%

二、关于对原产于美国进口干玉米酒糟反补贴调查最终裁定的公告(商务部公告2016年第80号)

2017年1月11日,商务部发布2016年第80号公告,对原产于美国进口干玉米酒糟反补贴调查作出最终裁定。

(1)最终裁定:调查机关最终裁定,原产于美国的进口干玉米酒糟存在补贴,国内干玉米酒糟产业受到实质损害,并且补贴与实质损害之间存在因果关系。

(2)调查范围:原产于美国的进口干玉米酒糟。该产品归在23033000项下。

(3)征收反补贴税:自2017年1月12日起,对原产于美国的进口干玉米酒糟产品按以下税率征收反补贴税,税率分别为11.2%(22家企业)、11.4%(14家企业)、11.5%(1家企业)、11.6%(2家企业)和12%(其他美国公司)(见表6.17)。实施期限5年。

表6—17　　各公司反补贴税率列表

公　司	英文名称	反补贴税率
博伊特研究中心公司	POET RESEARCH CENTER,INC.	11.2%
博伊特生物精炼-福斯托里亚有限责任公司	POET BIOREFINING-FOSTORIA,LLC	
北极光乙醇有限责任公司	NORTHERN LIGHTS ETHANOL,LLC	

续表

公　司	英文名称	反补贴税率
大平原乙醇有限责任公司	GREAT PLAINS ETHANOL,LLC	11.2%
詹姆斯谷乙醇有限责任公司	JAMES VALLEY ETHANOL,LLC	
苏河乙醇有限责任公司	SIOUX RIVER ETHANOL,LLC	
博伊特生物精炼-利普西克有限责任公司	POET BIOREFINING-LEIPSIC,LLC	
博伊特生物精炼-马里昂有限责任公司	POET BIOREFINING-MARION,LLC	
大草原乙醇有限责任公司	PRAIRIE ETHANOL,LLC	
博伊特生物精炼-亚历山德里亚有限责任公司	POET BIOREFINING - ALEXANDRIA,LLC	
博伊特生物精炼-北曼彻斯特有限责任公司	POET BIOREFINING - NORTH MANCHESTER,LLC	
博伊特生物精炼-波特兰有限责任公司	POET BIOREFINING-PORTLAND,LLC	
乙醇 2000 有限责任合伙	ETHANOL2000 LIMITED LIABILITY PARTNERSHIP	
北极星乙醇有限责任公司	NORTHSTAR ETHANOL,LLC	
领先-玉米有限责任公司	PRO-CORN,LLC	
阿格拉资源有限责任公司	AGRA RESOURCES,LLC	
密苏里东北粮食有限责任公司	NORTHEAST MISSOURI GRAIN,LLC	
密苏里乙醇有限责任公司	MISSOURI ETHANOL,LLC	
密歇根乙醇有限责任公司	MICHIGAN ETHANOL,LLC	
TCE 有限责任公司	TCE,LLC	
地平线乙醇有限责任公司	HORIZON ETHANOL,LLC	
爱荷华乙醇有限责任公司	IOWA ETHANOL,LLC	
前沿乙醇有限责任公司	FRONTIER ETHANOL,LLC	
高峰乙醇有限责任公司	PINNACLE ETHANOL,LLC	
水獭溪乙醇有限责任公司	OTTER CREEK ETHANOL,LLC	
航行者乙醇有限责任公司	VOYAGER ETHANOL,LLC	
博伊特生物精炼-克洛弗代尔有限责任公司	POET BIOREFINING - CLOVERDALE,LLC	
大河资源有限责任公司	Big River Resources,LLC	11.5%
马奎斯能源有限责任公司	Marquis Energy LLC	11.6%
马奎斯能源(威斯康星)有限责任公司	Marquis Energy-Wisconsin,LLC	

续表

公 司	英文名称	反补贴税率
卓越能源有限责任公司	Absolute Energy,LLC	11.4%
恩思乙醇有限责任公司	Ace Ethanol,LLC	
阿奇尔丹尼斯米德兰公司	Archer-Daniels-Midland Company	
埃尔克霍恩谷乙醇有限公司	Elkhorn Valley Ethanol,Limited Liability Company	
弗林特希尔斯资源有限合伙	Flint Hills Resources,LP	
金谷能源有限责任公司	Golden Grain Energy,LLC	
伊利诺斯河能源公司	Illinois River Energy,LLC	
路易达孚大章克申有限公司	Louis Dreyfus Commodities Grand Junction LLC	
爱国者可再生燃料有限责任公司	Patriot Renewable Fuels,LLC	
安德森阿尔比恩乙醇公司	The Andersons Albion Ethanol LLC	
安德森克里默思乙醇公司	The Andersons Clymers Ethanol LLC	
安德森丹尼森乙醇公司	The Andersons Denison Ethanol LLC	
安德森马拉松乙醇公司	The Andersons Marathon Ethanol LLC	
瓦莱罗可再生燃料有限责任公司	Valero Renewable Fuels Company,LLC	
其他美国公司	All Others	12.0%

三、关于对原产于日本的进口偏二氯乙烯-氯乙烯共聚树脂反倾销调查最终裁定的公告(商务部公告2017年第17号)

2017年4月19日,商务部发布2017年第17号公告,对原产于日本的进口偏二氯乙烯-氯乙烯共聚树脂反倾销调查作出最终裁定。

(1)最终裁定:调查机关最终裁定,在本案调查期内,原产于日本的进口偏二氯乙烯-氯乙烯共聚树脂存在倾销,中国偏二氯乙烯-氯乙烯共聚树脂产业受到实质损害,并且倾销与实质损害之间存在因果关系。

(2)被调查产品:原产于日本的进口偏二氯乙烯-氯乙烯共聚树脂。该产品归在39045000项下。该税则号项下除偏二氯乙烯-氯乙烯共聚树脂以外的其他产品不在本次调查产品范围之内。

(3)征收反倾销税:自2017年4月20日起,对原产于日本的进口偏二氯乙烯-氯乙烯共聚树脂征收反倾销税:所有日本公司税率均为47.1%(见表6.18)。实施期限自2017年4月20日起5年。

表 6.18 各公司反倾销税率列表

	企业名称	反倾销税率
日本的公司	株式会社吴羽(KUREHA CORPORATION)	47.1%
	旭化成株式会社(ASAHI KASEI CHEMICALS CORP.)	
	其他日本公司(All Others)	

四、关于对原产于韩国、泰国和马来西亚的进口共聚聚甲醛反倾销调查最终裁定的公告(商务部公告 2017 年第 61 号)

2017 年 10 月 23 日,商务部发布 2017 年第 61 号公告,对原产于韩国、泰国和马来西亚的进口共聚聚甲醛反倾销调查作出最终裁定。

(1)最终裁定:调查机关最终裁定,原产于韩国、泰国和马来西亚的进口共聚聚甲醛存在倾销,中国共聚聚甲醛产业受到实质损害,并且倾销与实质损害之间存在因果关系。

(2)调查范围:原产于韩国、泰国和马来西亚的进口共聚聚甲醛,又称聚氧亚甲基共聚物,或聚氧化甲烯共聚物。该产品归在 39071010、39071090 项下。这两个税则号项下的均聚聚甲醛、改性聚甲醛等其他产品不在本次被调查产品范围之内。

(3)征收反倾销税:自 2017 年 10 月 24 日起,对原产于韩国、泰国和马来西亚的进口共聚聚甲醛按表 6.19 所列税率征收反倾销税。实施期限自 2017 年 10 月 24 日起 5 年。

表 6.19 各公司反倾销税率列表

	企业名称	反倾销税率
韩国的公司	韩国工程塑料株式会社(KOREA ENGINEERING PLASTICS CO.,LTD)	30.0%
	(株)可隆塑胶股份有限公司(KOLON PLASTICS,INC.)	6.2%
	其他韩国公司(All Others)	30.4%
泰国的公司	泰国聚甲醛有限公司(THAI POLYACETALCO CO.,LTD)	18.5%
	其他泰国公司(All Others)	34.9%
马来西亚的公司	宝理塑料(亚太)公司(Polyplastics Asia Pacific Sdn. Bhd.)	8.0%
	其他马来西亚公司(All Others)	9.5%

五、关于对原产于印度的进口邻氯对硝基苯胺反补贴调查最终裁定的公告(商务部公告2018年第18号)

2018年2月12日,商务部发布2018年第18号公告,对原产于印度的进口邻氯对硝基苯胺反补贴调查作出最终裁定。

(1)最终裁定:调查机关最终认定,原产于印度的进口邻氯对硝基苯胺存在补贴,国内邻氯对硝基苯胺产业受到实质损害,而且补贴与实质损害之间存在因果关系。

(2)被调查产品范围:原产于印度的进口邻氯对硝基苯胺。该产品归在29214200项下。该税则号项下的其他产品不在本次申请调查范围之内。

(3)征收反补贴税:自2018年2月13日起,进口经营者在进口被调查产品时,应依据本裁决所确定的各公司的从价补贴率(见表6.20)向中国海关缴纳相应的反补贴税。实施期限5年。

表6.20　各公司反补贴税率列表

	企业名称	反补贴税率
印度的公司	阿迪工业有限公司(Aarti Industries Limited)	21.2%
	其他印度公司(All Others)	166.8%

六、关于对原产于印度的进口邻氯对硝基苯胺反倾销调查最终裁定的公告(商务部公告2018年第19号)

2018年2月12日同,商务部发布2018年第19号公告,对原产于印度的进口邻氯对硝基苯胺反倾销调查作出最终裁定。

(1)最终裁定:在本案调查期内,原产于印度的进口邻氯对硝基苯胺存在倾销,国内邻氯对硝基苯胺产业受到实质损害,而且倾销与实质损害之间存在因果关系。

(2)被调查产品范围:原产于印度的进口邻氯对硝基苯胺。该产品归在29214200项下。该税则号项下的其他产品不在本次申请调查范围之内。

(3)征收反倾销税:自2018年2月13日起,对原产于印度的进口邻氯对硝基苯胺征收为期5年的反倾销税(税率见表6.21)。

表6.21　各公司反倾销税率列表

	企业名称	反倾销税率
印度的公司	阿迪工业有限公司(Aarti Industries Limited)	31.4%
	其他印度公司(All Others)	49.9%

七、关于对原产于泰国的进口双酚A反倾销调查最终裁定的公告(商务部公告2018年第23号)

2018年2月28日,商务部发布2018年第23号公告,对原产于泰国的进口双酚A反倾销调查作出最终裁定。

(1)最终裁定:调查机关最终裁定,原产于泰国的双酚A存在倾销,中国双酚A产业受到实质损害,而且倾销与实质损害之间存在因果关系。

(2)调查范围:原产于泰国的进口双酚A。该产品归在29072300项下。该税则号项下的双酚A盐不在本案调查范围之内。

(3)征收反倾销税:自2018年3月6日起,对原产于泰国的进口双酚A征收反倾销税(税率见表6.22)。实施期限自2018年3月6日起5年。

表6.22 各公司反倾销税率列表

	企业名称	反倾销税率
泰国的公司	PTT苯酚有限公司(PTT Phenol Company Limited)	9.7%
	其他泰国公司(All Others)	31.0%

八、关于原产于韩国、日本和南非的进口甲基异丁基(甲)酮反倾销调查最终裁定的公告(商务部公告2018年第27号)

2018年3月19日不,商务部发布2018年第27号公告,对原产于韩国、日本和南非的进口甲基异丁基(甲)酮反倾销调查作出最终裁定:

(1)最终裁定:原产于韩国、日本和南非的进口甲基异丁基(甲)酮存在倾销,中国甲基异丁基(甲)酮产业受到实质损害,且倾销与实质损害间存在因果关系。

(2)调查范围:原产于韩国、日本和南非的进口甲基异丁基(甲)酮。该产品归在29141300项下。

(3)征收反倾销税:自2018年3月20日起,对原产于韩国、日本和南非的进口甲基异丁基(甲)酮征收反倾销税(税率见表6.23)。实施期限自2018年3月20日起5年。

表 6.23　　各公司反倾销税率列表

	企业名称	反倾销税率
韩国的公司	锦湖 P&B 化学株式会社(KUMHO P&B CHEMICALS,INC.)	18.5%
	其他韩国公司(All Others)	32.3%
日本的公司	三井化学株式会社(Mitsui Chemicals,Inc.)	45.0%
	三菱化学株式会社(Mitsubishi Chemical Corporation)	47.8%
	其他日本公司(All Others)	190.4%
南非的公司	沙索南非有限公司[Sasol South Africa (Pty) Ltd.]	15.9%
	其他南非公司(All Others)	34.1%

九、关于原产于美国、欧盟和新加坡的进口卤化丁基橡胶反倾销调查最终裁定的公告(商务部公告 2018 年第 40 号)

2018 年 8 月 10 日,商务部发布 2018 年第 40 号公告,对原产于美国、欧盟和新加坡的进口卤化丁基橡胶反倾销调查作出最终裁定:

(1)最终裁定:调查机关最终裁定,原产于美国、欧盟和新加坡的进口卤化丁基橡胶存在倾销,国内卤化丁基橡胶产业受到实质损害,而且倾销与实质损害之间存在因果关系。

(2)调查范围:原产于美国、欧盟和新加坡的进口卤化丁基橡胶。该产品归在 40023910 和 40023990 税号项下。

(3)征收反倾销税:自 2018 年 8 月 20 日起,对原产于美国、欧盟和新加坡的进口卤化丁基橡胶征收反倾销税。其中,美国公司 75.5%;欧盟公司:埃克森美孚化工有限公司 71.9%,阿朗新科比利时有限公司 27.4%,其他欧盟公司 71.9%;新加坡公司:阿朗新科新加坡私人有限公司 23.1%,其他新加坡公司 45.2%(详见表 6.24)。实施期限自 2018 年 8 月 20 日起 5 年。

表 6.24　　各公司反倾销税率列表

	企业名称	反倾销税率
美国的公司	埃克森美孚公司(Exxon Mobil Corporation)	75.5%
	其他美国公司(All Others)	
欧盟的公司	埃克森美孚化工有限公司(Exxon Mobil Chemical Limited)	71.9%
	阿朗新科比利时有限公司(ARLANXEO Belgium NV)	27.4%
	其他欧盟公司(All Others)	71.9%

续表

	企业名称	反倾销税率
新加坡的公司	阿朗新科新加坡私人有限公司(ARLANXEO SINGAPORE PTE. LTD.)	23.1%
	其他新加坡公司(All Others)	45.2%

十、关于原产于印度的进口间苯氧基苯甲醛反倾销调查最终裁定的公告(商务部公告 2018 年第 42 号)

2018 年 5 月 31 日,商务部发布 2018 年第 42 号公告,对原产于印度的进口间苯氧基苯甲醛反倾销调查作出最终裁定:

(1)最终裁定:在本案调查期内,原产于印度的进口间苯氧基苯甲醛存在倾销,国内间苯氧基苯甲醛产业受到实质损害,而且倾销与实质损害之间存在因果关系。

(2)调查范围:原产于印度的进口间苯氧基苯甲醛。该产品归在 29124990 项下。该税则号项下的其他产品不在本次申请调查范围之内。

(3)征收反倾销税:自 2018 年 6 月 8 日起,对原产于印度的进口间苯氧基苯甲醛征收反倾销税(税率见表 5.25)。实施期限自 2018 年 6 月 8 日起 5 年。

表 6.25　　各公司反倾销税率列表

	企业名称	反倾销税率
印度的公司	BHARAT RASAYAN LIMITED	56.4%
	赫曼尼工业有限公司(Hemani Industries Limited)	36.4%
	古吉拉特杀虫剂有限公司(Gujarat Insecticides Limited)	52.0%
	其他印度公司(All Others)	56.9%

十一、关于原产于韩国、中国台湾地区和美国的进口苯乙烯反倾销调查最终裁定的公告(商务部公告 2018 年第 43 号)

2018 年 6 月 22 日,商务部发布 2018 年第 43 号公告,对原产于韩国、中国台湾地区和美国的进口苯乙烯反倾销调查出最终裁定。

(1)最终裁定:原产于韩国、中国台湾地区和美国的进口苯乙烯存在倾销,中国大陆苯乙烯产业受到实质损害,且倾销与实质损害之间存在因果关系。

(2)调查范围:原产于韩国、中国台湾地区和美国的进口苯乙烯。该产品归在 29025000 项下。

(3)征收反倾销税:自 2018 年 6 月 23 日起,对原产于韩国、中国台湾地区和美国的进口苯乙烯征收反倾销税(税率见表 6.26)。实施期限自 2018 年 6 月 23 日起 5 年。

表 6.26　　各公司反倾销税率列表

<table>
<tr><th></th><th>企业名称</th><th>反倾销税率</th></tr>
<tr><td rowspan="6">韩国的公司</td><td>韩华道达尔株式会社(HANWHA TOTAL PETROCHEMICAL CO.,LTD.)</td><td rowspan="2">6.2%</td></tr>
<tr><td>丽川 NCC 株式会社(Yeochun NCC Co.,Ltd)</td></tr>
<tr><td>乐天化学株式会社(LOTTE CHEMICAL CORPORATION)</td><td>7.5%</td></tr>
<tr><td>(株)LG 化学(LG Chem,Ltd.)</td><td rowspan="2">6.6%</td></tr>
<tr><td>SK 综合化学株式会社(SK global chemical Co.,Ltd.)</td></tr>
<tr><td>其他韩国公司(All Others)</td><td>7.5%</td></tr>
<tr><td rowspan="2">中国台湾地区的公司</td><td>台湾化学纤维股份有限公司</td><td>3.8%</td></tr>
<tr><td>其他台湾地区公司(All Others)</td><td>4.2%</td></tr>
<tr><td rowspan="5">美国的公司</td><td>利安德化学品公司(Lyondell Chemical Company)</td><td>13.9%</td></tr>
<tr><td>美国华美苯乙烯公司(Westlake Styrene LLC)</td><td>13.7%</td></tr>
<tr><td>英力士苯领美国有限责任公司(INEOS Styrolution America LLC)</td><td rowspan="2">13.9%</td></tr>
<tr><td>美洲苯乙烯公司(Americas Styrenics LLC)</td></tr>
<tr><td>其他美国公司(All Others)</td><td>55.7%</td></tr>
</table>

十二、关于对原产于美国和日本的进口氢碘酸反倾销调查最终裁定的公告(商务部公告 2018 年第 80 号)

2018 年 10 月 15 日,商务部发布 2018 年第 80 号公告,对原产于美国和日本的进口氢碘酸反倾销调查作出最终裁定。

(1)最终裁定:调查机关最终裁定,原产于美国和日本的进口氢碘酸存在倾销,国内氢碘酸产业受到实质损害,而且倾销与实质损害之间存在因果关系。

(2)调查范围:原产于美国和日本的进口氢碘酸。该产品归在 28111990 项下。该税则号项下除氢碘酸以外的其他产品不在本次被调查产品范围之内。

(3)征收反倾销税:自 2018 年 10 月 16 日起,对原产于美国和日本的进口氢碘酸征收反倾销税(税率见表 6.27)。实施期限自 2018 年 10 月 16 日起 5 年。

表 6.27 各公司反倾销税率列表

	企业名称	反倾销税率
美国的公司	艾菲纳化工有限公司(Iofina Chemical,Inc.)	123.4%
	其他美国公司(All Others)	
日本的公司	所有公司	41.1%

十三、关于对原产于美国、沙特阿拉伯、马来西亚和泰国的进口乙醇胺反倾销调查最终裁定的公告(商务部公告 2018 年第 81 号)

2018 年 10 月 29 日,商务部发布 2018 年第 81 号公告,对原产于美国、沙特阿拉伯、马来西亚和泰国的进口乙醇胺反倾销调查作出最终裁定。

(1)最终裁定:调查机关最终裁定,原产于美国、沙特阿拉伯、马来西亚和泰国的进口乙醇胺存在倾销,国内乙醇胺产业受到实质损害,而且倾销与实质损害之间存在因果关系。

(2)调查范围:原产于美国、沙特阿拉伯、马来西亚和泰国的进口乙醇胺。该产品归在 29221100、29221200 和 29221310 项下(2017 年起 29221310 调整为 29221500)。本次调查的产品范围不包括 29221100 项下的单乙醇胺盐和 29221200 项下的二乙醇胺盐。

(3)征收反倾销税:自 2018 年 10 月 30 日起,对原产于美国、沙特阿拉伯、马来西亚和泰国的进口乙醇胺征收反倾销税(税率见表 6.28)。实施期限自 2018 年 10 月 30 日起 5 年。

表 6.28 各公司反倾销税率列表

	企业名称	反倾销税率
美国的公司	陶氏化学公司(The Dow Chemical Company)	76.0%
	英力士美国公司(INEOS Americas LLC)	97.1%
	亨斯迈石化有限公司(Huntsman Petrochemical LLC)	
	其他美国公司(All Others)	
沙特阿拉伯的公司	沙特基础工业公司(Saudi Basic Industries Corporation)	10.1%
	其他沙特阿拉伯公司(All Others)	27.9%
马来西亚的公司	国油石化衍生公司(PETRONAS CHEMICALS DERIVATIVES SDN BHD)	18.3%
	其他马来西亚公司(All Others)	20.3%

续表

	企业名称	反倾销税率
泰国的公司	TOC乙二醇有限公司(TOC GLYCOL COMPANY LIMITED)	37.6%
	其他泰国公司(All Others)	

十四、关于对原产于韩国和日本的进口丁腈橡胶反倾销调查最终裁定的公告(商务部公告2018年第84号)

2018年11月8日,商务部发布2018年第84号公告,对原产于韩国和日本的进口丁腈橡胶反倾销调查作出最终裁定。

(1)最终裁定:调查机关最终裁定,原产于韩国和日本的进口丁腈橡胶存在倾销,国内丁腈橡胶产业受到实质损害,而且倾销与实质损害之间存在因果关系。

(2)调查范围:原产于韩国和日本的进口丁腈橡胶。该产品归在40025910和40025990项下。

(3)征收反倾销税:自2018年11月9日起,对原产于韩国和日本的进口丁腈橡胶征收反倾销税(税率见表6.29)。实施期限自2018年11月9日起5年。

表6.29　各公司反倾销税率列表

	企业名称	反倾销税率
韩国的公司	锦湖石油化学株式会社(KUMHO PETROCHEMICAL CO., LTD.)	12.0%
	(株)LG化学(LG CHEM,LTD.)	15.0%
	其他韩国公司(All Others)	37.3%
日本的公司	日本瑞翁株式会社(Zeon Corporation)	28.1%
	JSR株式会社(JSR Corporation)	16.0%
	其他日本公司(All Others)	56.4%

十五、关于对原产于中国台湾地区、马来西亚和美国的进口正丁醇反倾销调查最终裁定的公告(商务部公告2018年第100号)

2018年12月28日,商务部发布2018年第100号公告,对原产于中国台湾地区、马来西亚和美国的进口正丁醇反倾销调查作出最终裁定。

(1)最终裁定:原产于中国台湾地区、马来西亚和美国的进口正丁醇存在倾销,中国大陆正丁醇产业受到实质损害,而且倾销与实质损害之间存在因果关系。

(2)调查范围:原产于中国台湾地区、马来西亚和美国的进口正丁醇。该产品归在29051300项下。

(3)征收反倾销税:自2018年12月29日起,对原产于中国台湾地区、马来西亚和美国的进口正丁醇征收反倾销税(税率见表6.30)。实施期限自2018年12月29日起5年。

表6.30 各公司反倾销税率列表

<table>
<tr><th></th><th>企业名称</th><th>反倾销税率</th></tr>
<tr><td rowspan="2">中国台湾地区的公司</td><td>台湾塑胶工业股份有限公司(FORMOSA PLASTICS CORPORATION)</td><td>6.0%</td></tr>
<tr><td>其他台湾地区公司(All Others)</td><td>56.1%</td></tr>
<tr><td rowspan="4">马来西亚的公司</td><td>国油石化衍生公司(PETRONAS CHEMICALSDERIVATIVES SDN BHD)</td><td>12.7%</td></tr>
<tr><td>巴斯夫马来西亚国油化学私人有限公司(BASF PETRONAS Chemicals Sdn Bhd)</td><td rowspan="3">26.7%</td></tr>
<tr><td>奥伯帝莫马来西亚化学公司(Optimal Chemicals Sdn Bhd)</td></tr>
<tr><td>其他马来西亚公司(All Others)</td></tr>
<tr><td rowspan="5">美国的公司</td><td>欧季亚公司(OXEA CORPORATION)</td><td>52.2%</td></tr>
<tr><td>伊士曼化学公司(Eastman Chemical Company)</td><td rowspan="4">139.3%</td></tr>
<tr><td>道化学公司(The Dow Chemical Company)</td></tr>
<tr><td>巴斯夫公司(BASF Corporation)</td></tr>
<tr><td>其他美国公司(All Others)</td></tr>
</table>

第四节 2017—2018年中国对进口产品贸易救济终止情况

一、关于终止对原产于美国和日本的进口邻苯二酚的反倾销措施的公告(商务部公告2017年第27号)

2017年5月20日,商务部发布2017年第27号公告,决定自2017年5月21日起,对原产于美国和日本的进口邻苯二酚所适用的反倾销措施终止实施。

2006年5月22日,商务部发布2006年第32号公告,决定对原产于美国和日本的进口邻苯二酚实施反倾销措施,实施期限为5年。

2012年5月21日,商务部发布2012年第20号公告,决定维持对原产于美国和日本的进口邻苯二酚的反倾销措施,实施期限为5年。

2016 年 11 月 7 日，商务部 2016 年第 61 号公告宣布，上述反倾销措施将于 2017 年 5 月 21 日到期，国内产业或代表国内产业的自然人、法人或有关组织可在该反倾销措施到期日 60 日前，以书面形式向商务部提出期终复审申请。

在公告规定的时限内，国内邻苯二酚产业或其代表未提出期终复审申请，商务部亦决定不主动发起期终复审调查。鉴于此，自 2017 年 5 月 21 日起，对原产于美国和日本的进口邻苯二酚所适用的反倾销措施终止实施。

二、关于终止对原产于俄罗斯、韩国、日本和美国的进口环氧氯丙烷反倾销措施的公告（商务部公告 2017 年第 30 号）

2017 年 6 月 27 日，商务部发布 2017 年第 30 号公告，决定自 2017 年 6 月 28 日起，终止实施对原产于俄罗斯、韩国、日本和美国的进口环氧氯丙烷所适用的反倾销措施。

2006 年 6 月 28 日，商务部发布 2006 年第 44 号公告，决定对原产于俄罗斯、韩国、日本和美国的进口环氧氯丙烷实施反倾销措施，实施期限为 5 年。

2011 年 6 月 28 日，商务部对该反倾销措施进行期终复审调查。2012 年 6 月 27 日，商务部发布 2012 年第 32 号公告，决定自 2012 年 6 月 28 日起继续实施原反倾销措施，实施期限为 5 年。

2016 年 11 月 7 日，商务部发布 2016 年第 61 号公告，公布上述反倾销措施将于 2017 年 6 月 27 日到期，国内产业或代表国内产业的自然人、法人或有关组织可在该反倾销措施到期日 60 日前，以书面形式向商务部提出期终复审申请。

在公告规定的时限内，国内环氧氯丙烷产业或其代表未提出期终复审申请，商务部亦决定不主动发起期终复审调查。鉴于此，自 2017 年 6 月 28 日起，终止实施对原产于俄罗斯、韩国、日本和美国的进口环氧氯丙烷所适用的反倾销措施。

三、关于终止实施对原产于日本、新加坡、韩国、中国台湾地区和美国的进口氨纶所适用的反倾销措施的公告（商务部公告 2017 年第 54 号）

2017 年 10 月 12 日，商务部发布 2017 年第 54 号公告，决定自 2017 年 10 月 13 日起，终止实施对原产于日本、新加坡、韩国、中国台湾地区和美国的进口氨纶所适用的反倾销措施。

2006 年 10 月 13 日，商务部发布 2006 年第 74 号公告，决定对原产于日本、新加坡、韩国、中国台湾地区和美国的进口氨纶采取反倾销措施。2012 年 10 月 12 日，商务部发布 2012 年第 62 号公告，决定将原反倾销措施延长至 2017 年 10 月 12 日。

2016年11月7日，商务部发布2016年第61号公告，公布该反倾销措施将于2017年10月12日到期，自该公告发布之日起，中国国内产业或代表国内产业的自然人、法人或有关组织可在该反倾销措施终止日前60天内，以书面形式向商务部提出期终复审申请。

在规定的时限内，商务部未收到期终复审申请，也决定不主动发起期终复审调查。鉴于此，自2017年10月13日起，终止实施对原产于日本、新加坡、韩国、中国台湾地区和美国的进口氨纶所适用的反倾销措施。

四、关于终止对原产于美国的进口白羽肉鸡产品征收反倾销税和反补贴税的公告(商务部公告2018年第5号)

2018年2月27日，商务部发布2018年第5号公告，决定自2018年2月27日起终止对原产于美国的进口白羽肉鸡产品征收反倾销税和反补贴税。

2010年8月29日和9月26日，商务部分别发布第52号和第51号公告，决定对原产于美国的进口白羽肉鸡产品征收反补贴税和反倾销税。2013年8月，商务部发布第56号公告，依法认定相关公司更名事宜。2014年，商务部发布2014年第44号公告，调整了反倾销和反补贴税率。2016年8月22日和9月26日，商务部分别发布第40号和第41号公告，决定将该反补贴措施和反倾销措施延长至2021年。

2017年12月26日，原反倾销和反补贴案申请人代表国内产业向商务部提出撤销反倾销和反补贴措施的申请。经审查，调查机关认为没有必要维持该反倾销和反补贴措施。经国务院关税税则委员会同意，决定自2018年2月27日起终止对原产于美国的进口白羽肉鸡产品征收反倾销税和反补贴税。该产品归在《中华人民共和国进出口税则》02071100、02071200、02071311、02071319、02071321、02071329、02071411、02071419、02071421、02071422、02071429和05040021项下。

五、关于终止原产于欧盟的甲苯二异氰酸酯(型号为TDI80/20)反倾销措施的公告(商务部公告2018年第26号)

2018年3月12日，商务部发布2018年第26号公告，决定自2018年3月13日起，对原产于欧盟的进口甲苯二异氰酸酯(型号为TDI80/20)所适用的反倾销措施终止实施。

2013年3月12日，商务部发布2013年第16号公告，决定自2013年3月13日起对原产于欧盟的进口甲苯二异氰酸酯(型号为TDI80/20)实施反倾销措施，实施期限为5年。

2017年9月7日，商务部2017年第49号公告宣布，上述反倾销措施将于2018年3月12日到期，国内产业或代表国内产业的自然人、法人或有关组织可在该反倾销措施到期日60日前，以书面形式向商务部提出期终复审申请。

在公告规定的时限内，商务部未收到合格的申请，商务部亦决定不主动发起期终复审调查。鉴于此，自2018年3月13日起，对原产于欧盟的进口甲苯二异氰酸酯(型号为TDI80/20)所适用的反倾销措施终止实施。

六、关于终止对原产于美国的进口高粱双反调查的公告(商务部公告2018年第44号)

2018年5月18日，商务部发布2018年第44号公告，决定自2018年5月18日起，终止对原产于美国的进口高粱反倾销、反补贴调查，并如数退还已征收的反倾销临时保证金。

2018年2月4日，商务部分别发布该年度第12号和第13号公告，决定对原产于美国的进口高粱进行反倾销和反补贴立案调查。

2018年4月17日，商务部发布反倾销初裁公告，决定于4月18日起采取临时反倾销措施。

本案调查过程中，调查机关收到大量下游用户的反映，认为案件调查将会提高下游养殖业成本，对原产于美国的进口高粱采取反倾销反补贴措施影响广大消费者生活成本，不符合公共利益。经调查，调查机关发现近期国内猪肉价格持续下降，许多养殖户生计面临困难，在此情况下，对原产于美国的进口高粱采取反倾销反补贴措施不符合公共利益，因而终止对原产于美国的进口高粱反倾销、反补贴调查，并如数退还已征收的反倾销临时保证金。

七、关于终止对原产于印度的进口磺胺甲噁唑的反倾销措施的公告(商务部公告2018年第45号)

2018年6月8日，商务部发布2018年第45号公告，决定自2018年6月16日起，对原产于印度的进口磺胺甲噁唑所适用的反倾销措施终止实施。

2007年6月15日，商务部发布年度第48号公告，决定对原产于印度的进口磺胺甲噁唑征收反倾销税，实施期限为5年。

2013年6月14日，商务部发布年度第38号公告，决定自2013年6月16日起，继续对原产于印度的进口磺胺甲噁唑实施反倾销措施，实施期限为5年。

2017年9月7日，商务部2017年第49号公告宣布，上述反倾销措施将于2018年

6月15日到期,国内产业或代表国内产业的自然人、法人或有关组织可在该反倾销措施到期日60日前,以书面形式向商务部提出期终复审申请。

在公告规定时限内,磺胺甲噁唑国内产业未提出期终复审申请,商务部亦决定不主动发起期终复审调查。鉴于此,自2018年6月16日起,对原产于印度的进口磺胺甲噁唑所适用的反倾销措施终止实施。

八、关于终止对原产于欧盟的进口太阳能级多晶硅的反倾销措施和反补贴措施的公告(商务部公告2018年第86号)

2018年10月31日,商务部发布2018年第86号公告,决定自2018年11月1日起,对原产于欧盟的进口太阳能级多晶硅所适用的反倾销措施和反补贴措施终止实施。

2014年4月30日,商务部发布年度第25号和第26号公告,决定对原产于欧盟的进口太阳能级多晶硅实施反倾销措施和反补贴措施,实施期限为2年。

2017年4月28日,商务部发布年度第22号和第23号公告,决定自2017年5月1日起,继续对原产于欧盟的进口太阳能级多晶硅实施反倾销措施和反补贴措施,实施期限为18个月。

2018年3月15日,商务部发布年度第30号公告,宣布上述反倾销、反补贴措施将于2018年10月31日到期,国内产业或代表国内产业的自然人、法人或有关组织可在该反倾销、反补贴措施到期日60日前,以书面形式向商务部提出期终复审申请。

在公告规定时限内,国内太阳能级多晶硅产业未提出期终复审申请,商务部亦决定不主动发起期终复审调查。鉴于此,自2018年11月1日起,对原产于欧盟的进口太阳能级多晶硅所适用的反倾销措施和反补贴措施终止实施。

第五节 2017—2018年中国对进口产品贸易救济期中复审情况

一、关于对原产于新加坡、泰国和日本(部分企业)的进口甲基丙烯酸甲酯所适用反倾销措施进行期中复审调查的公告(商务部公告2017年第11号)

2017年2月28日,商务部发布2017年第11号公告,决定自公告发布之日起对原产于新加坡、泰国以及日本三菱丽阳株式会社、日本旭化成化学株式会社和日本住友化学株式会社的进口甲基丙烯酸甲酯所适用的反倾销措施进行倾销及倾销幅度期中复审。

(1)复审调查产品范围:原产于新加坡、泰国的进口甲基丙烯酸甲酯以及原产于日本三菱丽阳株式会社、日本旭化成化学株式会社和日本住友化学株式会社的进口甲基丙烯酸甲酯。该产品归在29161400项下。该税则号项下其他产品不在本次调查产品范围之内。

(2)复审调查期：2016年1月1日至2016年12月31日。

此前，2015年12月1日，商务部发布2015年第60号公告，决定对原产于新加坡、泰国和日本的进口甲基丙烯酸甲酯实施反倾销措施，实施期限自2015年12月1日起5年。

二、关于对原产于美国和欧盟英力士化学拉瓦拉有限公司的进口乙二醇和二甘醇的单丁醚期中复审立案公告(商务部公告2017年第18号)

2017年4月12日，商务部发布2017年第18号公告，决定自公告发布之日起对原产于美国和欧盟英力士化学拉瓦拉有限公司的进口乙二醇和二甘醇的单丁醚进行倾销及倾销幅度期中复审。

(1)复审调查产品范围：原产于美国和欧盟英力士化学拉瓦拉有限公司的进口乙二醇和二甘醇的单丁醚。该产品归在29094300项下。

(2)复审调查期：倾销调查期为2016年1月1日至2016年12月31日。

(3)复审范围：原产于美国和欧盟英力士化学拉瓦拉有限公司的进口乙二醇和二甘醇的单丁醚产品的出口价格、正常价值和倾销幅度。

此前，2013年1月25日，商务部发布2013年第5号公告，决定自2013年1月28日起对原产于美国和欧盟的进口乙二醇和二甘醇的单丁醚征收反倾销税。

三、关于对产自朗盛德国有限公司和朗盛比利时有限公司的进口锦纶6切片倾销及倾销幅度期中复审裁定的公告(商务部公告2017年第34号)

2017年7月20日，商务部发布2017年第34号公告，决定自2017年7月21日起，将朗盛德国有限公司(LANXESS Deutschland GmbH)和朗盛比利时有限公司(LANXESS N. V.)所适用的锦纶6切片反倾销税税率调整为8.2%。

此前，2010年4月21日，商务部发布2010年第15号公告，决定对原产于美国、欧盟、俄罗斯和中国台湾地区的进口锦纶6切片实施反倾销措施，实施期限自2010年4月22日起5年。

2016年4月21日，商务部发布2016年第4号公告，决定维持对原产于美国、欧盟、俄罗斯和中国台湾地区的进口锦纶6切片的反倾销措施，实施期限5年。其中，朗盛德国有限公司(LANXESS Deutschland GmbH，以下称朗盛德国)和朗盛比利时有限公司(LANXESS N. V.,以下称朗盛比利时)适用“其他欧盟公司”税率,为23.9%。

2016年5月20日,朗盛德国和朗盛比利时向调查机关提出申请,主张产自朗盛德国和朗盛比利时的进口锦纶6切片的倾销幅度已发生变化,要求对其适用的反倾销措施进行倾销及倾销幅度期中复审。

四、关于对原产于美国的进口非色散位移单模光纤所适用反倾销措施进行期中复审调查的公告(商务部公告2017年第41号)

2017年8月22日,商务部发布2017年第41号公告,决定自公告发布之日起开始对原产于美国的进口非色散位移单模光纤所适用的反倾销措施进行倾销及倾销幅度的期中调查。

(1)复审调查产品范围:原产于美国的进口非色散位移单模光纤。具体描述与商务部2011年第17号公告规定的产品描述一致。

(2)复审调查期:2016年1月1日至2016年12月31日。

2011年4月21日,商务部发布年度第17号公告,决定自2011年4月22日起,对原产于美国和欧盟的进口非色散位移单模光纤征收反倾销税,实施期限5年。

2017年4月21日,经过期终复审调查,商务部发布年度第20号公告,决定自2017年4月22日起,对原产于美国和欧盟的进口非色散位移单模光纤继续征收反倾销税,实施期限5年。

五、关于对进口自荷兰皇家内德史罗夫控股有限公司的碳钢紧固件所适用的反倾销措施进行倾销及倾销幅度期中复审裁定的公告(商务部公告2017年第50号)

2017年9月19日,商务部发布2017年第50号公告,对进口自荷兰皇家内德史罗夫控股有限公司的碳钢紧固件所适用的反倾销措施进行倾销及倾销幅度期中复审调查作出裁定。

(1)复审裁定:经调查,调查机关裁定进口自荷兰皇家内德史罗夫控股有限公司及其关联公司的碳钢紧固件在复审调查期内存在倾销。

(2)反倾销措施:自2017年9月20日起,将进口自荷兰皇家内德史罗夫控股有限公司及其关联公司的碳钢紧固件所适用的反倾销税税率调整为5.5%。具体为进口自荷兰皇家内德史罗夫控股有限公司、内德史罗夫阿尔特纳有限公司、内德史罗夫福罗劳顿有限公司、内德史罗夫海尔蒙德有限公司、内德史罗夫巴塞罗那有限公司、内德史罗夫贝京根有限公司等公司的碳钢紧固件所适用的反倾销税税率调整为5.5%。

2010年6月28日,商务部发布年度第40号公告,决定对原产于欧盟的进口碳钢紧固件实施最终反倾销措施，实施期限为自 2010 年 6 月 29 日起 5 年。

2016 年 6 月 28 日，调查机关发布第 24 号公告，决定维持对原产于欧盟的进口碳钢紧固件的反倾销措施，实施期限 5 年。

六、关于对原产于韩国的进口腈纶所适用反倾销措施进行期中复审调查的公告(商务部公告 2017 年第 71 号)

2017 年 11 月 7 日，商务部发布 2017 年第 71 号公告，决定自公告发布之日起开始对原产于韩国的进口腈纶所适用的反倾销措施进行倾销及倾销幅度期中复审。

(1)复审调查产品范围：原产于韩国的进口腈纶产品。具体描述与商务部 2016 年第 31 号公告规定的产品描述一致。

(2)复审调查期：2016 年 8 月 1 日至 2017 年 7 月 31 日。

2016 年 7 月 13 日，商务部发布 2016 年第 31 号公告，决定对原产于日本、韩国和土耳其的进口腈纶实施反倾销措施，实施期限自 2016 年 7 月 14 日起 5 年。

七、关于对原产于韩国的进口太阳能级多晶硅倾销及倾销幅度期中复审裁定的公告(商务部公告 2017 年第 78 号)

2017 年 11 月 21 日，商务部发布 2017 年第 78 号公告，对原产于韩国的进口太阳能级多晶硅倾销及倾销幅度期中复审作出裁定。

(1)复审裁定：在本次复审调查期内，被调查产品存在倾销。

(2)征收反倾销税：自 2017 年 11 月 22 日起，将原产于韩国的进口太阳能级多晶硅的反倾销税率调整如表 6.31。

表 6.31　　各公司反倾销税率列表

	企业名称	反倾销税率
韩国的公司	OCI 株式会社(OCI Company Ltd.)	4.4%
	韩国硅业株式会社(Hankook Silicon Co.,Ltd.)	9.5%
	韩华化学株式会社(Hanwha Chemical Corporation)	8.9%
	SMP 株式会社(SMP Ltd.)	88.7%
	熊津多晶硅有限公司(Woongjin Polysilicon Co.,Ltd.)	113.8%
	KCC Corp. and Korean Advanced Materials(KAM Corp.)	
	Innovation Silicon Co.,Ltd.	
	其他韩国公司(All Others)	88.7%

2014 年 1 月 20 日，商务部发布年度第 5 号公告，决定自 2014 年 1 月 20 日起，对原产于美国和韩国的进口太阳能级多晶硅征收反倾销税。

2016 年 2 月 14 日，江苏中能硅业科技发展有限公司、江西赛维 LDK 光伏硅科技有限公司、洛阳中硅高科技有限公司、重庆大全新能源有限公司向商务部提出正式申请，主张终裁后韩国向中国出口的太阳能级多晶硅倾销幅度加大，超过了终裁确定的反倾销税税率，要求对原产于韩国的进口太阳能级多晶硅所适用的反倾销措施进行倾销及倾销幅度期中复审。

八、关于对原产于新加坡、泰国及日本的进口甲基丙烯酸甲酯倾销及倾销幅度期中复审裁定的公告(商务部公告 2018 年第 9 号)

2018 年 2 月 27 日，商务部发布 2018 年第 9 号公告，对原产于新加坡、泰国及日本的进口甲基丙烯酸甲酯倾销及倾销幅度期中复审作出裁定。

(1)复审裁定：经调查，商务部裁定，在本次复审调查期内，被调查产品存在倾销。

(2)征收反倾销税：自 2018 年 2 月 28 日起，将原产于新加坡、泰国以及日本三菱丽阳株式会社、日本旭化成化学株式会社和日本住友化学株式会社的进口甲基丙烯酸甲酯的反倾销税率调整如表 6.32。

表 6.32 各公司反倾销税率列表

<table>
<tr><th></th><th>企业名称</th><th>反倾销税率</th></tr>
<tr><td rowspan="3">新加坡的公司</td><td>璐彩特国际(新加坡)有限公司(Lucite International Singapore Pte. Ltd.)</td><td>10.7%</td></tr>
<tr><td>Sumitomo Chemical Singapore Pte Ltd</td><td rowspan="2">30.6%</td></tr>
<tr><td>其他新加坡公司(All Others)</td></tr>
<tr><td rowspan="3">泰国的公司</td><td>泰国 MMA 单体制造销售公司(THAI MMA CO.,LTD.)</td><td rowspan="3">32.6%</td></tr>
<tr><td>PTT 旭化成化学有限公司(PTT Asahi Chemical Company Limited)</td></tr>
<tr><td>其他泰国公司(All Others)</td></tr>
<tr><td rowspan="3">日本的公司</td><td>三菱丽阳株式会社(Mitsubishi Rayon Co.,Ltd.)</td><td rowspan="3">34.8%</td></tr>
<tr><td>旭化成化学株式会社(ASAHI KASEI CHEMICALS CORPORATION)</td></tr>
<tr><td>日本住友化学株式会社(Sumitomo Chemical Company,Limited)</td></tr>
</table>

2015 年 12 月 1 日，商务部发布 2015 年第 60 号公告，决定对原产于新加坡、泰国和日本的进口甲基丙烯酸甲酯实施反倾销措施，实施期限自 2015 年 12 月 1 日起 5 年。

2016 年 12 月 30 日，中国石油天然气股份有限公司吉林石化分公司、黑龙江中盟龙新化工有限公司、山东宏旭化学股份有限公司和江苏斯尔邦石化有限公司向商务部提出申请，主张反倾销措施生效后原产于新加坡、泰国以及日本三菱丽阳株式会社、日本旭化成化学株式会社和日本住友化学株式会社的进口甲基丙烯酸甲酯对中国出口倾销幅度加大，超过终裁确定的反倾销税税率，要求对其适用的反倾销措施进行倾销及倾销幅度期中复审。

2017 年 2 月 28 日，商务部发布立案公告，决定对原产于新加坡、泰国以及日本三菱丽阳株式会社、日本旭化成化学株式会社和日本住友化学株式会社的进口甲基丙烯酸甲酯所适用的反倾销措施进行倾销及倾销幅度期中复审。

九、关于对原产于美国及部分欧盟公司的进口乙二醇和二甘醇的单丁醚所适用的反倾销措施进行倾销及倾销幅度期中复审裁定的公告（商务部公告 2018 年第 32 号）

2018 年 4 月 4 日，商务部发布 2018 年第 32 号公告，对原产于美国及部分欧盟公司的进口乙二醇和二甘醇的单丁醚所适用的反倾销措施进行倾销及倾销幅度期中复审作出裁定。

（1）复审裁定：商务部裁定在本次复审调查期内，被调查产品存在倾销。

（2）反倾销措施：自 2018 年 4 月 12 日起，对原产于美国和欧盟的进口乙二醇和二甘醇的单丁醚按以下税率（见表 6.33）征收反倾销税：

表 6.33　各公司反倾销税率列表

	企业名称	反倾销税率
美国的公司	益科斯达化工产品有限公司（Equistar Chemicals，LP）	37.5%
	伊士曼化工公司（Eastman Chemical Company）	46.9%
	陶氏化学公司（The Dow Chemical Company）	75.5%
	其他美国公司（All others）	
欧盟的公司	英力士化学拉瓦拉有限公司（INEOS Chemicals Lavera SAS）	43.5%
	沙索德国有限责任公司（Sasol Germany GmbH）	10.8%
	沙索溶剂德国有限责任公司（Sasol Solvents Germany GmbH）	
	巴斯夫欧洲公司（BASF SE）	18.8%
	其他欧盟公司（All others）	43.5%

2013 年 1 月 25 日，商务部发布 2013 年第 5 号公告，对原产于美国和欧盟的进口乙二醇和二甘醇的单丁醚征收反倾销税，实施期限自 2013 年 1 月 28 日起 5 年。

2017 年 2 月 8 日，江苏德纳化学股份有限公司代表中国乙二醇和二甘醇的单丁醚产业向调查机关提出申请，主张终裁后美国和欧盟英力士化学拉瓦拉有限公司向中国出口的乙二醇和二甘醇的单丁醚倾销幅度加大，超过了终裁确定的反倾销税税率，要求对原产于美国和欧盟英力士化学拉瓦拉有限公司的进口乙二醇和二甘醇的单丁醚所适用的反倾销措施进行倾销及倾销幅度期中复审。

2017 年 4 月 12 日，调查机关发布立案公告，决定对原产于美国和欧盟英力士化学拉瓦拉有限公司的进口乙二醇和二甘醇的单丁醚所适用的反倾销措施进行倾销及倾销幅度期中复审。

十、关于对原产于美国和欧盟的进口相关高温承压用合金钢无缝钢管反倾销措施发起期间复审调查立案的公告(商务部公告 2018 年第 52 号)

2018 年 6 月 15 日，商务部发布 2018 年第 52 号公告，决定自 2018 年 6 月 16 日起对原产于美国和欧盟的进口相关高温承压用合金钢无缝钢管所适用的反倾销措施进行倾销及倾销幅度的期间复审。

(1)产品范围：原产于美国和欧盟的进口相关高温承压用合金钢无缝钢管。具体描述与商务部 2014 年第 34 号公告规定的产品描述一致。

(2)复审调查期：倾销调查期为 2017 年 4 月 1 日至 2018 年 3 月 31 日。

(3)复审范围：原产于美国和欧盟的进口相关高温承压用合金钢无缝钢管产品的出口价格、正常价值和倾销幅度。

2014 年 5 月 9 日，商务部发布 2014 年第 34 号公告，决定自 2014 年 5 月 10 日起对原产于美国和欧盟的进口相关高温承压用合金钢无缝钢管征收反倾销税。

2018 年 5 月 10 日，内蒙古北方重工业集团有限公司代表中国相关高温承压用合金钢无缝钢管产业向商务部提出申请，主张美国和欧盟向中国出口相关高温承压用合金钢无缝钢管的倾销幅度加大，超过了目前所适用的反倾销税税率，请求对该反倾销措施进行倾销及倾销幅度期间复审。

十一、关于对原产于美国的进口非色散位移单模光纤倾销及倾销幅度期间复审裁定的公告(商务部公告 2018 年第 53 号)

2018 年 7 月 10 日，商务部发布 2018 年第 53 号公告，对原产于美国的进口非色散位移单模光纤倾销及倾销幅度期间复审作出裁定。

(1)复审裁定：在本次复审调查期内，原产于美国的进口非色散位移单模光纤存在倾销。

(2)反倾销措施：自 2018 年 7 月 11 日起，对原产于美国的进口非色散位移单模光纤按以下税率(见表 6.34)征收反倾销税：

表 6.34　　各公司反倾销税率列表

	企业名称	反倾销税率
美国的公司	康宁公司(Corning Incorporated)	37.9%
	OFS-费特有限责任公司(OFS Fitel，LLC)	33.3%
	德拉克通信美国公司(Draka Communications Americas，Inc.)	78.2%
	其他美国公司(All others)	

2011 年 4 月 21 日，商务部发布年度第 17 号公告，决定自 2011 年 4 月 22 日起，对原产于美国和欧盟的进口非色散位移单模光纤征收反倾销税，实施期限 5 年。

2017 年 4 月 21 日，经过期终复审调查，商务部发布年度第 20 号公告，决定自 2017 年 4 月 22 日起，对原产于美国和欧盟的进口非色散位移单模光纤继续征收反倾销税，实施期限 5 年。

2017 年 8 月 22 日，应国内非色散位移单模光纤产业申请，商务部发布年度第 41 号公告，决定对原产于美国的进口非色散位移单模光纤所适用的反倾销措施进行倾销及倾销幅度期间复审。

十二、关于对原产于韩国的进口腈纶倾销及倾销幅度期间复审裁定的公告(商务部公告 2018 年第 74 号)

2018 年 11 月 6 日，商务部发布 2018 年第 74 号公告，对原产于韩国的进口腈纶倾销及倾销幅度期间复审作出裁定。

(1)复审裁定：在本次复审调查期内，原产于韩国的进口腈纶存在倾销。

(2)反倾销措施：自 2018 年 11 月 7 日起，对原产于韩国的进口腈纶按以下税率(见表 6.35)征收反倾销税：

表 6.35　　各公司反倾销税率列表

	企业名称	反倾销税率
韩国的公司	泰光产业株式会社(TAEKWANG INDUSTRIAL CO.，LTD.)	8.6%
	其他韩国公司(All Others)	21.7%

2016 年 7 月 13 日，商务部发布年度第 31 号公告，决定自 2016 年 7 月 14 日起，对原产于日本、韩国和土耳其的进口腈纶征收反倾销税，实施期限 5 年。

2017 年 11 月 7 日,应国内腈纶产业申请,商务部发布年度第 71 号公告,决定对原产于韩国的进口腈纶所适用的反倾销措施进行倾销及倾销幅度期间复审。

第六节 2017—2018 年中国对进口产品贸易救济期终复审情况

一、关于对原产于欧盟、美国和日本的进口相纸所适用反倾销措施进行期终复审调查的公告(商务部公告 2017 年第 10 号)

2017 年 3 月 22 日,商务部发布 2017 年第 10 号公告,决定自 2017 年 3 月 23 日起,对原产于欧盟、美国和日本的进口相纸所适用的反倾销措施进行期终复审调查。

(1)继续实施反倾销措施:对原产于欧盟、美国和日本的进口相纸继续按照商务部 2012 年第 10 号公告和 2016 年第 25 号公告公布的征税范围和税率征收反倾销税。

(2)复审调查期:倾销调查期为 2015 年 10 月 1 日至 2016 年 9 月 30 日,产业损害调查期为 2012 年 1 月 1 日至 2016 年 9 月 30 日。

(3)复审内容:如果终止对原产于欧盟、美国和日本的进口相纸实施的反倾销措施,是否可能导致倾销和损害的继续或再度发生。

2012 年 3 月 22 日,商务部发布 2012 年第 10 号公告,决定自 2012 年 3 月 23 日起对原产于欧盟、美国和日本的进口相纸征收反倾销税,实施期限为 5 年。2016 年 6 月 29 日,商务部发布 2016 年第 25 号公告,调整了富士胶片制造(欧洲)有限公司和富士胶片制造(美国)有限公司的反倾销税税率。

2017 年 1 月 16 日,商务部收到乐凯胶片股份有限公司代表中国相纸产业提交的反倾销措施期终复审申请书。

二、关于对原产于日本、美国和欧盟的进口氯丁橡胶反倾销措施期终复审裁定的公告(商务部公告 2017 年第 19 号)

2017 年 5 月 9 日,商务部发布 2017 年第 19 号公告,对原产于日本、美国和欧盟的进口氯丁橡胶反倾销措施期终复审作出裁定。

(1)复审裁定:如果终止反倾销措施,原产于日本、美国和欧盟的进口氯丁橡胶对中国的倾销可能继续或再度发生,对中国国内产业造成的损害可能继续或再度发生。

(2)反倾销措施:自 2017 年 5 月 10 日起,对原产于日本、美国和欧盟的进口氯丁橡胶继续征收反倾销税(税率见表 6.36),实施期限 5 年。

表 6.36　　各公司反倾销税率列表

	企业名称	反倾销税率
日本的公司	日本电化株式会社(Denka Company Limited)	20.8%
	东曹株式会社(TOSOH CORPORATION)	10.2%
	昭和电工株式会社(SHOWA DENKO K.K.)	20.8%
	其他日本公司(All Others)	43.9%
美国的公司	所有美国公司	151%
欧盟的公司	阿朗新科德国有限公司(ARLANXEO Deutschland GmbH)	11%
	埃尼橡胶法国有限公司(Polimeri Europa Elastomères France S.A.)	53%
	其他欧盟公司(All Others)	151%

2005 年 5 月 10 日，商务部发布 2005 年第 23 号公告，决定对原产于日本、美国和欧盟的进口氯丁橡胶征收反倾销税，实施期限为 5 年。

2010 年 8 月 24 日，商务部发布 2010 年第 49 号公告，决定自 2010 年 8 月 28 日起，将原产于日本的进口氯丁橡胶所适用的反倾销税税率调整为：日本电气化学工业株式会社 9.9%，东曹株式会社 10.2%，昭和电工株式会社 20.8%，其他日本公司 43.9%。

2010 年 5 月 10 日，商务部发布 2010 年第 25 号公告，决定对原产于日本、美国和欧盟的进口氯丁橡胶进行反倾销期终复审调查。2011 年 5 月 9 日，商务部发布 2011 年第 21 号公告，裁定自 2011 年 5 月 10 日起，按照 2005 年第 23 号公告和 2010 年第 49 号公告，对原产于日本、美国和欧盟的进口氯丁橡胶继续征收反倾销税，实施期限为 5 年。

2016 年 5 月 9 日，商务部发布 2016 年第 18 号公告，决定自 2016 年 5 月 10 日起对原产于日本、美国和欧盟的进口氯丁橡胶所适用的反倾销措施进行期终复审调查。

三、关于对原产于美国和欧盟的进口非色散位移单模光纤反倾销措施期终复审裁定的公告(商务部公告 2017 年第 20 号)

2017 年 4 月 21 日，商务部发布 2017 年第 20 号公告，对原产于美国和欧盟的进口非色散位移单模光纤反倾销措施期终复审作出裁定。

(1)复审裁定：如果终止反倾销措施，原产于美国和欧盟的进口非色散位移单模光纤对中国的倾销可能继续或再度发生，对中国国内产业造成的损害可能继续或再度发生。

(2)反倾销措施:自 2017 年 4 月 22 日起,对原产于美国和欧盟的进口非色散位移单模光纤继续征收反倾销税,实施期限 5 年。征收反倾销税的产品描述和反倾销税税率与商务部 2011 年第 17 号公告的规定相同,具体如表 6.37 所示。

表 6.37　各公司反倾销税率列表

	企业名称	反倾销税率
美国的公司	OFS-费特有限责任公司(OFS Fitel,LLC)	4.7%
	康宁公司(Corning Incorporated)	5.4%
	德拉克通信美国公司(Draka Communications Americas,Inc.)	8.5%
	其他美国公司(All others)	18.6%
欧盟的公司	德拉克通信法国集团公司(Draka Comteq France SAS)	12.9%
	德拉克通信纤维有限公司(Draka Comteq Fibre B. V.)	
	丹麦 OFS-费特有限责任公司(OFS Fitel Denmark ApS)	29.1%
	菲布里奥蒂切苏德有限责任公司(Fibre Ottiche Sud-F. O. S. S. r. l.)	24.7%
	其他欧盟公司(All Others)	29.1%

2011 年 4 月 21 日,商务部发布 2011 年第 17 号公告,决定对原产于美国和欧盟的进口非色散位移单模光纤实施最终反倾销措施,实施期限为自 2011 年 4 月 22 日起 5 年。

2016 年 4 月 21 日,应国内非色散位移单模光纤产业申请,调查机关发布 2016 年第 15 号公告,决定自 2016 年 4 月 22 日起对原产于美国和欧盟的进口非色散位移单模光纤所适用的反倾销措施进行期终复审调查。

四、关于对原产于欧盟的进口太阳能级多晶硅所适用的反倾销措施期终复审裁定的公告(商务部公告 2017 年第 22 号)

2017 年 4 月 28 日,商务部发布 2017 年第 22 号公告,对原产于欧盟的进口太阳能级多晶硅所适用的反倾销措施进行期终复审调查作出复审裁定。

(1)复审裁定:如果终止原反倾销措施,原产于欧盟的进口太阳能级多晶硅倾销可能继续或再度发生,对中国太阳能级多晶硅产业造成的损害可能继续或再度发生。

(2)反倾销措施:自 2017 年 5 月 1 日起,按照商务部 2014 年第 25 号公告公布的征税范围征收反倾销税(税率见表 6.38),实施期限为 18 个月。

表 6.38　　各公司反倾销税率列表

	企业名称	反倾销税率
德国的公司	Schmid Group	42%
	Joint Solar Silicon (JSS)	
意大利的公司	MEMC Electronic Materials SpA	42%
	MEMC Electronic Materials	
	SILFAB S. p. A.	
	Estelux S. r. l.	
	Prime Solar S. r. l.	
西班牙的公司	Siliken Spain	42%
其他欧盟公司(All Others)		14.3%

(3)其他规定:调查机关决定对自瓦克化学股份有限公司进口的被调查产品继续执行价格承诺。在价格承诺执行期间,自瓦克化学股份有限公司进口的被调查产品不征收反倾销反补贴税,如出现违反价格承诺或其他终止价格承诺的情况,则按照 2014 年第 25 号公告裁定的倾销幅度征收反倾销税。

2014 年 4 月 30 日,商务部发布 2014 年第 25 号公告,决定对原产于欧盟的进口太阳能级多晶硅实施反倾销措施,实施期限为自 2014 年 5 月 1 日起 2 年。

2016 年 4 月 29 日,应中国太阳能级多晶硅产业的申请,调查机关发布 2016 年第 16 号公告,决定对原产于欧盟的进口太阳能级多晶硅所适用的反倾销措施进行期终复审调查。

五、关于对原产于欧盟的进口太阳能级多晶硅所适用的反补贴措施期终复审裁定的公告(商务部公告 2017 年第 23 号)

2017 年 4 月 28 日,商务部发布 2017 年第 23 号公告,对原产于欧盟的进口太阳能级多晶硅所适用的反补贴措施进行期终复审调查作出复审裁定。

(1)复审裁定:如果终止原反补贴措施,原产于欧盟的进口太阳能级多晶硅补贴可能继续或再度发生,对中国太阳能级多晶硅产业造成的损害可能继续或再度发生。

(2)反补贴措施:自 2017 年 5 月 1 日起,按照商务部 2014 年第 26 号公告公布的征税范围和反补贴税税率征收反补贴税(税率见表 6.39),实施期限为 18 个月。

表 6.39　　各公司反补贴税率列表

<table>
<tr><th></th><th>企业名称</th><th>反倾销税率</th></tr>
<tr><td rowspan="2">德国的公司</td><td>Schmid Group</td><td rowspan="2">1.2%</td></tr>
<tr><td>Joint Solar Silicon (JSS)</td></tr>
<tr><td rowspan="5">意大利的公司</td><td>MEMC Electronic Materials SpA</td><td rowspan="5">1.2%</td></tr>
<tr><td>MEMC Electronic Materials</td></tr>
<tr><td>SILFAB S. p. A.</td></tr>
<tr><td>Estelux S. r. l.</td></tr>
<tr><td>Prime Solar S. r. l.</td></tr>
<tr><td>西班牙的公司</td><td>Siliken Spain</td><td>1.2%</td></tr>
<tr><td colspan="2">其他欧盟公司(All Others)</td><td>1.2%</td></tr>
</table>

(3)其他规定:调查机关决定对自瓦克化学股份有限公司进口的被调查产品继续执行价格承诺。在价格承诺执行期间,自瓦克化学股份有限公司进口的被调查产品不征收反补贴税,如出现违反价格承诺或其他终止价格承诺的情况,则按照2014年第26号公告裁定的补贴幅度征收反补贴税。

2014年4月30日,商务部发布2014年第26号公告,决定对原产于欧盟的进口太阳能级多晶硅实施反补贴措施,实施期限自2014年5月1日起2年。

2016年4月29日,调查机关发布年度第14号公告,决定自2016年5月1日起对原产于欧盟的进口太阳能级多晶硅所适用的反补贴措施进行期终复审调查。

六、关于对原产于日本和美国的进口光纤预制棒所适用的反倾销措施进行期终复审立案的公告(商务部公告2017年第35号)

2017年8月18日,商务部发布2017年第35号公告,决定自2017年8月19日起,对原产于日本和美国的进口光纤预制棒所适用的反倾销措施进行期终复审调查。

(1)继续实施反倾销措施:对原产于日本和美国的进口光纤预制棒继续按照商务部2015年第25号公告公布的征税范围和税率征收反倾销税。

(2)复审调查期:倾销调查期为2016年7月1日至2017年6月30日,产业损害调查期为2014年1月1日至2017年6月30日。

(3)复审内容:本次复审调查的内容为,如果终止对原产于日本和美国的进口光纤预制棒实施的反倾销措施,是否可能导致倾销和损害的继续或再度发生。

2015年8月19日,商务部发布2015年第25号公告,决定对原产于日本和美国的进口光纤预制棒实施最终反倾销措施，实施期限为自2015年8月19日起2年。

七、关于对原产于欧盟的进口马铃薯淀粉所适用的反补贴措施期终复审裁定的公告(商务部公告2017年第38号)

2017年9月15日，商务部发布2017年第38号公告，对原产于欧盟的进口马铃薯淀粉所适用的反补贴措施期终复审作出裁定。

(1)复审裁定：原产于欧盟的进口马铃薯淀粉补贴可能继续或再度发生，如果终止反补贴措施，对中国马铃薯淀粉产业造成的损害可能继续或再度发生。

(2)反补贴措施：自2017年9月16日起，对原产于欧盟的进口马铃薯淀粉继续征收反补贴税，实施期限5年。

继续征收反补贴税的产品范围与商务部2011年第54号公告中公布的产品范围一致。反补贴税率与商务部2011年第54号公告和2016年第72号公告的规定相同。

2011年9月16日，商务部发布2011年第54号公告，决定对原产于欧盟的进口马铃薯淀粉实施反补贴措施，实施期限自2011年9月17日起5年。

2016年9月14日，应中国马铃薯淀粉产业申请，调查机关发布公告，决定对原产于欧盟的进口马铃薯淀粉所适用的反补贴措施进行期终复审调查。

八、关于对原产于欧盟和美国的进口己内酰胺所适用的反倾销措施期终复审裁定的公告(商务部公告2017年第53号)

2017年10月21日，商务部发布2017年第53号公告，对原产于欧盟和美国的进口己内酰胺所适用的反倾销措施期终复审作出裁定。

(1)复审裁定：如果终止反倾销措施，原产于欧盟和美国的进口己内酰胺对中国的倾销可能继续或再度发生，并对中国国内产业造成的损害可能继续或再度发生。

(2)反倾销措施：自2017年10月22日起，按商务部2011年第68号公告公布的产品描述和反倾销税税率对原产于欧盟和美国的进口己内酰胺继续征收反倾销税，实施期限5年。

2011年10月18日，商务部发布2011年第68号公告，决定对原产于欧盟和美国的进口己内酰胺征收反倾销税，实施期限自2011年10月22日起5年。2016年3月11日，调查机关发布2016年第6号公告，依法认定相关公司更名事宜。

2016年10月21日，应中国己内酰胺产业申请，调查机关发布公告，决定对原产于欧盟和美国的进口己内酰胺所适用的反倾销措施进行期终复审调查。

九、关于对原产于欧盟的进口马铃薯淀粉所适用反倾销措施进行期终复审立案的公告(商务部公告2018年第2号)

2018年2月5日,商务部发布2018年第2号公告,决定自2018年2月6日起,对原产于欧盟的进口马铃薯淀粉所适用的反倾销措施进行期终复审调查。

(1)继续实施反倾销措施:在反倾销措施期终复审调查期间,对原产于欧盟的进口马铃薯淀粉继续按照商务部2007年第8号公告、2011年第16号公告、2013年第4号公告以及2016年第72号公告公布的征税范围和税率征收反倾销税。

(2)复审调查期:倾销调查期为2016年7月1日至2017年6月30日,产业损害调查期为2013年1月1日至2017年6月30日。

(3)复审内容:如果终止对原产于欧盟的进口马铃薯淀粉实施的反倾销措施,是否可能导致倾销和损害的继续或再度发生。

(4)调查期限:自2018年2月6日开始,通常于2019年2月5日前结束。

2007年2月5日,商务部发布该年度第8号公告,决定对原产于欧盟的进口马铃薯淀粉实施最终反倾销措施,实施期限为自2007年2月6日起5年。2013年2月5日,商务部发布该年度第4号公告,决定对原产于欧盟的进口马铃薯淀粉继续实施反倾销措施,实施期限为2013年2月6日起5年。

十、关于对原产于美国和欧盟的进口乙二醇和二甘醇的单丁醚所适用反倾销措施进行期终复审立案的公告(商务部公告2018年第3号)

2018年1月27日,商务部发布2018年第3号公告,决定自2018年1月28日起,对原产于美国和欧盟的进口乙二醇和二甘醇的单丁醚所适用的反倾销措施进行期终复审调查。

(1)继续实施反倾销措施:在反倾销措施期终复审调查期间,对原产于美国和欧盟的进口乙二醇和二甘醇的单丁醚继续按照商务部2013年第5号公告公布的征税范围和税率征收反倾销税。

(2)复审调查期:本次复审的倾销调查期为2016年10月1日至2017年9月30日,产业损害调查期为2013年1月1日至2017年9月30日。

2013年1月25日,商务部发布2013年第5号公告,决定对原产于美国和欧盟的进口乙二醇和二甘醇的单丁醚征收反倾销税,实施期限为自2013年1月28日起5年。

十一、关于对原产于日本和美国的进口间苯二酚所适用的反倾销措施进行期终复审立案的公告（商务部公告 2018 年第 20 号）

2018 年 3 月 22 日，商务部发布 2018 年第 20 号公告，决定自 2018 年 3 月 23 日起，对原产于日本和美国的进口间苯二酚所适用的反倾销措施进行期终复审调查。

（1）继续实施反倾销措施：在反倾销期终复审调查期间，对原产于日本和美国的进口间苯二酚继续按照商务部 2013 年第 13 号公告公布的征税范围和税率征收反倾销税。

（2）复审调查期：倾销调查期为 2017 年 1 月 1 日至 2017 年 12 月 31 日，产业损害调查期为 2013 年 1 月 1 日至 2017 年 12 月 31 日。

（3）复审调查产品范围：与商务部 2013 年第 13 号公告公布的反倾销措施所适用的产品范围一致。

（4）复审内容：如果终止对原产于日本和美国的进口间苯二酚实施的反倾销措施，是否可能导致倾销和损害的继续或再度发生。

2013 年 3 月 22 日，商务部发布 2013 年第 13 号公告，决定对原产于日本和美国的进口间苯二酚实施最终反倾销措施，实施期限为自 2013 年 3 月 23 日起 5 年。

十二、关于对原产于印度和中国台湾地区的进口壬基酚反倾销措施进行期终复审立案的公告（商务部公告 2018 年第 24 号）

2018 年 3 月 28 日，商务部发布 2018 年第 24 号公告决定自 2018 年 3 月 29 日起，对原产于印度和中国台湾地区的进口壬基酚所适用的反倾销措施进行期终复审调查。

（1）继续实施反倾销措施：在反倾销期终复审调查期间，对原产于印度和中国台湾地区的进口壬基酚继续按照商务部 2007 年第 11 号公告和 2013 年第 15 号公告公布的征税范围和税率征收反倾销税。

（2）复审调查期：倾销调查期为 2017 年 1 月 1 日至 2017 年 12 月 31 日，产业损害调查期为 2013 年 1 月 1 日至 2017 年 12 月 31 日。

（3）复审调查产品范围：原反倾销措施所适用的产品，与商务部 2007 年第 11 号公告和 2013 年第 15 号公告中的产品范围一致。

（4）复审内容：如果终止对原产于印度和中国台湾地区的进口壬基酚实施的反倾销措施，是否可能导致倾销和损害的继续或再度发生。

2007 年 3 月 28 日，商务部发布该年度第 11 号公告，决定对原产于印度和中国台湾地区的进口壬基酚实施最终反倾销措施，实施期限为自 2007 年 3 月 29 日起 5 年。

2013 年 3 月 28 日,商务部发布该年度第 15 号公告,决定对原产于印度和中国台湾地区的进口壬基酚继续实施最终反倾销措施,实施期限为自 2013 年 3 月 29 日起 5 年。

十三、关于对原产于日本的进口电解电容器纸反倾销措施进行期终复审立案的公告(商务部公告 2018 年第 28 号)

2018 年 4 月 17 日,商务部发布 2018 年第 28 号公告,决定自 2018 年 4 月 18 日起,对原产于日本的进口电解电容器纸所适用的反倾销措施进行期终复审调查。

(1)继续实施反倾销措施:在反倾销措施期终复审调查期间,对原产于日本的进口电解电容器纸继续按照商务部 2007 年第 30 号、2013 年第 19 号公告公布的征税范围和税率征收反倾销税。

(2)复审调查期:倾销调查期为 2017 年 1 月 1 日至 2017 年 12 月 31 日,产业损害调查期为 2013 年 1 月 1 日至 2017 年 12 月 31 日。

(3)复审调查产品范围:原反倾销措施所适用的产品,与商务部 2007 年第 30 号和 2013 年第 19 号公告中的产品范围一致。

(4)复审内容:如果终止对原产于日本的进口电解电容器纸实施的反倾销措施,是否可能导致倾销和损害的继续或再度发生。

2007 年 4 月 17 日,商务部发布 2007 年第 30 号公告,决定对原产于日本的进口电解电容器纸实施最终反倾销措施,实施期限为自 2007 年 4 月 18 日起 5 年。2013 年 4 月 18 日,商务部发布 2013 年第 19 号公告,决定对原产于日本的进口电解电容器纸继续实施最终反倾销措施,实施期限为自 2013 年 4 月 18 日起 5 年。

十四、关于对原产于欧盟、美国和日本的进口相纸反倾销措施期终复审裁定的公告(商务部公告 2018 年第 29 号)

2018 年 3 月 22 日,商务部发布 2018 年第 29 号公告,对原产于欧盟、美国和日本的进口相纸反倾销措施期终复审作出裁定。

(1)复审裁定:如果终止反倾销措施,原产于欧盟、美国和日本的进口相纸对中国的倾销可能继续或再度发生,对中国国内产业造成的损害可能继续或再度发生。

(2)反倾销措施:自 2018 年 3 月 23 日起,对原产于欧盟、美国和日本的进口相纸继续征收反倾销税,实施期限为 5 年。征收反倾销税的产品描述和反倾销税税率与商务部 2012 年第 10 号公告和 2016 年第 25 号公告的规定相同。

2012 年 3 月 22 日,商务部发布 2012 年第 10 号公告,决定自 2012 年 3 月 23 日起对原产于欧盟、美国和日本的进口相纸征收反倾销税,实施期限为 5 年。2016 年 6 月

29 日，商务部发布 2016 年第 25 号公告，调整了富士胶片制造(欧洲)有限公司和富士胶片制造(美国)有限公司的反倾销税税率。

2017 年 1 月 16 日，商务部收到乐凯胶片股份有限公司代表中国相纸产业提交的反倾销措施期终复审申请书。商务部决定自 2017 年 3 月 23 日起，对原产于欧盟、美国和日本的进口相纸所适用的反倾销措施进行期终复审调查。

十五、关于对原产于欧盟的进口甲苯胺反倾销措施进行期终复审调查的立案公告(商务部公告 2018 年第 48 号)

2018 年 6 月 27 日，商务部发布 2018 年第 48 号公告，决定自 2018 年 6 月 28 日起，对原产于欧盟的进口甲苯胺所适用的反倾销措施进行期终复审调查。

(1)继续实施反倾销措施：在反倾销期终复审调查期间，对原产于欧盟的进口甲苯胺继续按照商务部 2013 年第 44 号公告公布的征税范围和税率征收反倾销税。

(2)复审调查期：倾销调查期为 2017 年 1 月 1 日至 2017 年 12 月 31 日，产业损害调查期为 2013 年 1 月 1 日至 2017 年 12 月 31 日。

(3)复审调查产品范围：与商务部 2013 年第 44 号公告公布的反倾销措施所适用的产品范围一致。

(4)复审内容：如果终止对原产于欧盟的进口甲苯胺实施的反倾销措施，是否可能导致倾销和损害的继续或再度发生。

2013 年 6 月 27 日，商务部发布 2013 年第 44 号公告，决定对原产于欧盟的进口甲苯胺实施最终反倾销措施，实施期限为自 2013 年 6 月 28 日起 5 年。

十六、关于对原产于日本、美国的光纤预制棒反倾销措施期终复审裁定的公告(商务部公告 2018 年第 57 号)

2018 年 7 月 10 日，商务部发布 2018 年第 57 号公告，对原产于日本、美国的光纤预制棒反倾销措施期终复审作出裁定。

(1)复审裁定：如果终止反倾销措施，原产于日本、美国的进口光纤预制棒对中国的倾销可能继续或再度发生，对中国国内产业造成的损害可能继续或再度发生。

(2)反倾销措施：自 2018 年 7 月 11 日起，对原产于日本、美国的进口光纤预制棒继续征收反倾销税，实施期限 5 年。

(3)征税产品：光纤预制棒，与商务部 2015 年第 25 号公告的规定相同。该产品归在 70022010 项下。该税则号下进口产品直径小于 60 毫米的除外。

十七、关于对原产于日本、韩国、新加坡和中国台湾地区的进口双酚 A 反倾销措施进行期终复审立案的公告(商务部公告 2018 年第 60 号)

2018 年 8 月 29 日,商务部发布 2018 年第 60 号公告,决定自 2018 年 8 月 30 日起,对原产于日本、韩国、新加坡和中国台湾地区的进口双酚 A 所适用的反倾销措施进行期终复审调查。

(1)继续实施反倾销措施:在反倾销期终复审调查期间,对原产于日本、韩国、新加坡和中国台湾地区的进口双酚 A 继续按照商务部 2013 年第 55 号公告公布的征税范围和税率征收反倾销税。

(2)复审调查期:倾销调查期为 2017 年 4 月 1 日至 2018 年 3 月 31 日,产业损害调查期为 2014 年 1 月 1 日至 2018 年 3 月 31 日。

(3)复审调查产品范围:2013 年第 55 号公告公布的反倾销措施所适用的产品范围。

(4)复审内容:如果终止对原产于日本、韩国、新加坡和中国台湾地区的进口双酚 A 实施的反倾销措施,是否可能导致倾销和损害的继续或再度发生。

2007 年 8 月 29 日,商务部发布 2007 年第 68 号公告,决定自 2007 年 8 月 30 日起对原产于日本、韩国、新加坡和中国台湾地区的进口双酚 A 征收反倾销税,实施期限为 5 年。2007 年 11 月 22 日,商务部发布 2007 年第 96 号公告,决定由(株)LG 化学继承 LG 石油化学株式会社所适用的 6.4%反倾销税税率。2009 年 12 月 15 日,商务部发布第 108 号公告,决定自公告之日起将原产于韩国的(株)LG 化学进口双酚 A 反倾销税税率由 6.4%调整为 4.7%。2013 年 8 月 29 日,商务部发布第 55 号公告,决定自 2013 年 8 月 30 日起继续按照商务部 2007 年第 68 号公告、2007 年第 96 号公告和 2009 年第 108 号公告,对原产于日本、韩国、新加坡和中国台湾地区的进口双酚 A 采取反倾销措施,实施期限为 5 年。

十八、关于对原产于美国、韩国、日本和中国台湾地区的进口聚氯乙烯反倾销措施进行期终复审立案的公告(商务部公告 2018 年第 68 号)

2018 年 9 月 28 日,商务部发布 2018 年第 68 号公告,决定自 2018 年 9 月 29 日起,对原产于美国、韩国、日本和中国台湾地区的进口聚氯乙烯所适用的反倾销措施进行期终复审调查。

(1)继续实施反倾销措施:在反倾销期终复审调查期间,对原产于美国、韩国、日本和中国台湾地区的进口聚氯乙烯继续按照商务部 2003 年 48 号、2009 年 69 号和 2015

年36号公告公布的征税范围和税率征收反倾销税。

(2)复审调查期:倾销调查期为2017年7月1日至2018年6月30日,产业损害调查期为2015年1月1日至2018年6月30日。

(3)复审调查产品范围:与商务部2003年48号、2009年69号和2015年36号公告公布的反倾销措施所适用的产品范围一致。

2003年9月29日,商务部发布2003年第48号公告,决定对原产于美国、韩国、日本、俄罗斯和中国台湾地区的进口聚氯乙烯实施最终反倾销措施,实施期限为自2003年9月29日起5年。

2009年9月29日,调查机关发布该年度第69号公告,决定延长对原产于美国、韩国、日本、俄罗斯和中国台湾地区的进口聚氯乙烯实施的反倾销措施,实施期限为自2009年9月29日起5年。

2015年9月28日,调查机关发布该年度第36号公告,决定延长对原产于美国、韩国、日本和中国台湾地区的进口聚氯乙烯实施的反倾销措施,实施期限为自2015年9月29日起3年。原产于俄罗斯的进口聚氯乙烯的反倾销措施自2015年9月29日起终止实施。

十九、关于对原产于印度和日本的进口吡啶反倾销措施进行期终复审立案的公告(商务部公告2018年第75号)

2018年11月20日,商务部发布2018年第75号公告,决定自2018年11月21日起,对原产于印度和日本的进口吡啶所适用的反倾销措施进行期终复审调查。

(1)继续实施反倾销措施:国务院关税税则委员会决定,在反倾销措施期终复审调查期间,对原产于印度和日本的进口吡啶继续按照商务部2013年第73号公告和2016年第1号公告公布的征税范围和税率征收反倾销税。

(2)复审调查产品范围:原反倾销措施所适用的产品,与商务部2013年第73号公告的产品范围一致。

(3)复审调查期:倾销调查期为2017年7月1日至2018年6月30日,产业损害调查期为2014年1月1日至2018年6月30日。

(4)复审内容:如果终止对原产于印度和日本的进口吡啶实施的反倾销措施,是否可能导致倾销和损害的继续或再度发生。

2013年11月20日,商务部发布2013年第73号公告,决定对原产于印度和日本的进口吡啶征收反倾销税,实施期限自2013年11月21日起5年。2016年2月5日,商务部发布2016年第1号公告,决定对吉友联生命科学有限公司所适用的反倾销税率进行调整。

二十、关于对原产于日本和中国台湾地区的进口甲乙酮反倾销措施进行期终复审立案的公告(商务部公告 2018 年第 85 号)

2018 年 11 月 20 日,商务部发布 2018 年第 85 号公告,决定自 2018 年 11 月 21 日起,对原产于日本和中国台湾地区的进口甲乙酮所适用的反倾销措施进行期终复审调查。

(1)继续实施反倾销措施:在反倾销措施期终复审调查期间,对原产于日本和中国台湾地区的进口甲乙酮继续按照商务部 2007 年第 81 号公告、2013 年第 65 号公告公布的征税范围和税率征收反倾销税。

(2)复审调查产品范围:原反倾销措施所适用的产品,与商务部 2013 年第 65 号公告的产品范围一致。

(3)复审调查期:倾销调查期为 2017 年 7 月 1 日至 2018 年 6 月 30 日,产业损害调查期为 2014 年 1 月 1 日至 2018 年 6 月 30 日。

(4)复审内容:如果终止对原产于日本和中国台湾地区的进口甲乙酮实施的反倾销措施,是否可能导致倾销和损害的继续或再度发生。

2007 年 11 月 21 日,商务部发布 2007 年第 81 号公告,决定对原产于日本、中国台湾地区和新加坡的进口甲乙酮征收反倾销税。2012 年 11 月 21 日,商务部发布 2012 年第 69 号公告,决定终止实施对原产于新加坡的进口甲乙酮所适用的反倾销措施。2013 年 11 月 20 日,商务部发布 2013 年第 65 号公告,决定对原产于日本和中国台湾地区的进口甲乙酮继续征收反倾销税,实施期限为自 2013 年 11 月 21 日起 5 年。

第七节　2017—2018 年中国对进口产品贸易救济其他情况

一、关于古比雪夫氮公众股份有限公司继承古比雪夫氮开放式股份公司在锦纶 6 切片反倾销措施中所适用税率的公告(商务部公告 2017 年第 14 号)

2017 年 3 月 15 日,商务部发布 2017 年第 14 号公告,决定:自 2017 年 3 月 16 日起,由古比雪夫氮公众股份有限公司(Public Joint Stock Company "Kuibyshev Azot")继承古比雪夫氮开放式股份公司(Open Joint Stock Company "Kuibyshev Azot")在锦纶 6 切片反倾销措施中所适用的 5.9%的反倾销税率及其他权利义务。以古比雪夫氮开放式股份公司(Open Joint Stock Company "Kuibyshev Azot")名称向中国出口的锦纶 6 切片产品，适用锦纶 6 切片反倾销措施中其他俄罗斯公司 23.9%的反倾销税率。

此前，2010 年 4 月 21 日，商务部发布 2010 年第 15 号公告，决定对原产于美国、欧盟、俄罗斯和中国台湾地区的进口锦纶 6 切片征收反倾销税。2016 年 4 月 21 日，商务部发布 2016 年第 4 号公告，决定维持该反倾销措施，为期 5 年。其中，俄罗斯的古比雪夫氮开放式股份公司在该反倾销案中适用的反倾销税率为 5.9%，其他俄罗斯公司适用的反倾销税率为 23.9%。

2017 年 1 月 15 日，俄罗斯的古比雪夫氮公众股份有限公司（Public Joint Stock Company“Kuibyshev Azot”）向商务部提交申请，称为了上市，古比雪夫氮开放式股份公司（Open Joint Stock Company“Kuibyshev Azot”）的名称已经变更为古比雪夫氮公众股份有限公司（Public Joint Stock Company“Kuibyshev Azot”），请求由变更后的公司继承原公司在锦纶 6 切片反倾销措施中所适用的反倾销税率，并提交了证明材料。

二、关于对进口食糖采取保障措施的公告（商务部公告 2017 年第 26 号）

2017 年 5 月 22 日，商务部发布 2017 年第 26 号公告，决定自 2017 年 5 月 22 日起，对进口食糖产品实施保障措施。

(1)裁定：调查机关裁定，进口食糖数量增加，中国食糖产业受到严重损害，且进口产品数量增加与严重损害之间存在因果关系。

(2)被调查产品：食糖。该产品归在 17011200、17011300、17011400、17019100、17019910、17019920、17019990 项下（其中 17011300 和 17011400 在 2011 年归在 17011100 项下）。

(3)实施保障措施：保障措施采取对关税配额外进口食糖征收保障措施关税的方式，实施期限为 3 年，自 2017 年 5 月 22 日至 2020 年 5 月 21 日，实施期间措施逐步放宽。2017 年 5 月 22 日至 2018 年 5 月 21 日，保障措施关税税率为 45%；2018 年 5 月 22 日至 2019 年 5 月 21 日，保障措施关税税率为 40%；2019 年 5 月 22 日至 2020 年 5 月 21 日，保障措施关税税率为 35%。

2016 年 9 月 22 日，商务部发布 2016 年第 46 号公告，决定对进口食糖产品进行保障措施立案调查。调查机关对被调查产品进口数量是否增加、是否对国内产业造成损害及损害程度，以及进口数量增加与损害之间的因果关系进行了调查。

三、关于三菱化学株式会社继承三菱丽阳株式会社在腈纶反倾销措施中所适用税率的公告(商务部公告 2017 年第 36 号)

2017 年 8 月 4 日,商务部发布 2017 年第 36 号公告,决定:自 2017 年 8 月 5 日起,由三菱化学株式会社继承三菱丽阳株式会社在腈纶反倾销措施中所适用的 15.8%的反倾销税率及其他权利义务。以三菱丽阳株式会社名称向中国出口的腈纶产品,适用腈纶反倾销措施中其他日本公司所适用的 16.1%的反倾销税率。

此前,2016 年 7 月 13 日,商务部发布 2016 年第 31 号公告,决定对原产于日本、韩国和土耳其的进口腈纶征收反倾销税。其中,日本三菱丽阳株式会社(Mitsubishi Rayon Co.,Ltd.)的反倾销税率为 15.8%。

2017 年 6 月 15 日,日本三菱化学株式会社(Mitsubishi Chemical Corporation)向商务部提交申请,称三菱丽阳株式会社于 2017 年 4 月 1 日吸收合并三菱化学株式会社(旧三菱化学)及三菱树脂株式会社,合并后三菱丽阳株式会社名称变更为三菱化学株式会社(新三菱化学),请求由变更后的公司继承原公司在腈纶反倾销措施中所适用的反倾销税率,并提交了相关证明材料。

四、关于执行“中国对原产于加拿大的进口浆粕反倾销措施”世界贸易组织争端裁决的立案公告(商务部公告 2017 年第 43 号)

2017 年 8 月 25 日,商务部发布 2017 年第 43 号公告,决定于公告发布之日起,对本案进行再调查,执行世界贸易组织有关报告的裁决和建议。

2014 年 4 月 4 日,商务部发布 2014 年第 18 号公告,决定对原产于美国、加拿大和巴西的进口浆粕征收反倾销税。

2017 年 5 月 22 日,世界贸易组织争端解决机构通过了“中国—对原产于加拿大的进口浆粕反倾销措施”争端案的专家组报告。

五、关于原产于日本、韩国和欧盟的进口取向电工钢反倾销案株式会社 POSCO 价格承诺的公告(商务部公告 2018 年第 11 号)

2018 年 6 月 5 日,商务部发布 2018 年第 11 号公告,决定接受株式会社 POSCO 提交的价格承诺申请,自 2018 年 6 月 9 日起执行。

2015 年 7 月 23 日,商务部发布 2015 年第 23 号公告,决定对原产于日本、韩国和欧盟的进口取向电工钢进行反倾销立案调查。2016 年 7 月 23 日,调查机关发布 2016 年第 33 号公告,裁定原产于日本、韩国和欧盟的进口取向电工钢产品存在倾销,中国国内取向电工钢产业受到了实质损害，并且倾销与实质损害之间存在因果关系，决定自2016年7月23日起，对原产于上述国家和地区的进口取向电工钢产品征收反倾销税，实施期限为5年。

本案终裁后，该案涉案企业株式会社POSCO请求调查机关对其在原始反倾销调查中提出的价格承诺申请予以考虑。调查机关对当前取向电工钢市场情况进行了调查和评估。调查机关认为，根据变化了的市场情况，株式会社POSCO提出的承诺价格可消除国内产业遭受的损害。经征求各相关利害关系方意见，调查机关决定接受株式会社POSCO提交的价格承诺申请。

该价格承诺于2018年6月9日起执行，除非提前中止，价格承诺有效期至取向电工钢反倾销措施终止之日。自执行之日起，中止对原产于株式会社POSCO的取向电工钢产品征收反倾销税。

六、关于原产于美国、加拿大和巴西的进口浆粕反倾销措施再调查裁定的公告（商务部公告2018年第37号）

2018年4月20日，商务部发布2018年第37号公告，对原产于美国、加拿大和巴西的进口浆粕反倾销措施再调查作出裁定。

再调查裁定：在原审调查期内，原产于美国、加拿大和巴西进口浆粕的倾销行为导致中国国内浆粕产业受到实质损害，倾销与实质损害之间存在因果关系。调查机关决定，继续按照商务部2014年第18号公告内容实施反倾销措施。对本案再调查裁决的决定不服的，可以依法申请行政复议，也可以向人民法院提起诉讼。

此前，2017年8月25日，商务部发布年度第43号公告，决定通过再调查执行世界贸易组织争端解决机构关于加拿大诉中国浆粕产品反倾销措施案专家组报告的裁决。

在案件原审和再调查中各利害关系方所提交的证据材料及调查机关补充收集证据材料的基础上，根据专家组的裁决，调查机关对原反倾销措施倾销进口产品对国内产业同类产品价格的影响、倾销进口产品与国内产业损害之间的因果关系、其他已知因素对国内产业的影响等问题进行再调查。

七、关于艾德凡斯树脂和化学品责任有限公司继承霍尼韦尔树脂和化学品责任有限公司在锦纶6切片反倾销措施和己内酰胺反倾销措施中所适用税率的公告（商务部公告2018年第47号）

2018年6月8日，商务部发布2018年第47号公告，决定自2018年6月9日起：

(1)由艾德凡斯树脂和化学品责任有限公司(AdvanSix Resins & Chemicals LLC)继承霍尼韦尔树脂和化学品责任有限公司(Honeywell Resins & Chemicals LLC)在锦纶6切片反倾销措施中所适用的36.2%的反倾销税率及其他权利义务。以霍尼韦尔树脂和化学品责任有限公司(Honeywell Resins & Chemicals LLC)名称向中国大陆出口的锦纶6切片产品,适用锦纶6切片反倾销措施中其他美国公司96.5%的反倾销税率。

(2)由艾德凡斯树脂和化学品责任有限公司(AdvanSix Resins & Chemicals LLC)继承霍尼韦尔树脂和化学品责任有限公司(Honeywell Resins & Chemicals LLC)在己内酰胺反倾销措施中所适用的3.6%的反倾销税率及其他权利义务。以霍尼韦尔树脂和化学品责任有限公司(Honeywell Resins & Chemicals LLC)名称向中国大陆出口的己内酰胺产品,适用己内酰胺反倾销措施中其他美国公司24.2%的反倾销税率。

2010年4月21日,商务部发布2010年第15号公告,决定对原产于美国、欧盟、俄罗斯和中国台湾地区的进口锦纶6切片征收反倾销税。2016年4月21日,商务部发布2016年第4号公告,决定维持该反倾销措施,为期5年。其中,美国的霍尼韦尔树脂和化学品责任有限公司在该反倾销案中适用的反倾销税率为36.2%,其他美国公司适用的反倾销税率为96.5%。

2011年10月18日,商务部发布2011年第68号公告,决定对原产于欧盟和美国的进口己内酰胺征收反倾销税。

2017年10月21日,商务部发布2017年第53号公告,决定维持该反倾销措施,为期5年。其中,美国的霍尼韦尔树脂和化学品责任有限公司在该反倾销案中适用的反倾销税率为3.6%,其他美国公司适用的反倾销税率为24.2%。

2017年12月27日,美国的艾德凡斯树脂和化学品责任有限公司向商务部提交申请,称为了上市,霍尼韦尔树脂和化学品责任有限公司的名称已经变更为艾德凡斯树脂和化学品责任有限公司,请求由变更后的公司继承原公司在锦纶6切片反倾销措施、己内酰胺反倾销措施中所适用的反倾销税率,并提交了相关证明材料。

经审查,商务部认为,现有证据材料表明,霍尼韦尔树脂和化学品责任有限公司名称变更符合其相关法律规定,公司名称变更前后关于锦纶6切片、己内酰胺的经营管理、生产能力、供应商关系和客户基础等均未发生变化。

八、关于取消不适用食糖保障措施国家(地区)名单的公告(商务部公告2018年第58号)

2018年7月16日,商务部发布2018年第58号公告,决定自2018年8月1日起取消《不适用保障措施的发展中国家(地区)名单》。

此前,2017 年 5 月 22 日,商务部发布 2017 年第 26 号公告,决定对进口食糖产品实施保障措施。措施实施已届满 1 年,公告所附《不适用保障措施的发展中国家(地区)名单》中进口占比低于 3%的国家(地区)的进口份额累计超过 9%,符合取消不适用名单条件。因此,决定自 2018 年 8 月 1 日起,取消不适用名单,对所有配额外食糖进口统一适用保障措施。自取消不适用名单之日起,进口经营者在进口关税配额外食糖产品时,应向海关缴纳相应的保障措施关税。

第八节　2017—2018 年中国对进口产品贸易救济情况评述

据中国贸易救济信息网统计,按照世界贸易组织统计口径,2017 年,我国依法对 12 个国家和地区的邻氯对硝基苯胺、双酚 A、甲基异丁基(甲)酮、间苯氧基苯甲醛、苯乙烯、白羽肉鸡产品、卤化丁基橡胶、氢碘酸、乙醇胺、丁腈橡胶、正丁醇等 11 种进口产品启动贸易救济调查 25 起,其中反倾销 24 起,反补贴 1 起,涉案金额共计 42 亿美元;并对甲基丙烯酸甲酯、乙二醇和二甘醇的单丁醚、非色散位移单模光纤、腈纶、相纸、光纤预制棒等 6 种产品发起 14 起反倾销复审调查(期中复审 9 起,期终复审 5 起);严格遵循公开透明的程序和实体公正的原则,调查机关对偏二氯乙烯-氯乙烯共聚树脂、共聚聚甲醛、邻氯对硝基苯胺、双酚 A、甲基异丁基(甲)酮、干玉米酒糟、食糖[①]等 7 种产品作出 17 项原审裁决(初裁 10 项,终裁 7 项),对锦纶 6 切片、碳钢紧固件、太阳能级多晶硅、非色散位移单模光纤、氯丁橡胶、马铃薯淀粉、己内酰胺等 8 种产品作出 14 项复审裁决(期中复审 4 项,期终复审 10 项)。

2018 年,我国依法对 9 个国家和地区的邻二氯苯、高粱、苯酚、不锈钢钢坯和不锈钢热轧板/卷、立式加工中心、大麦、7-苯乙酰氨基-3-氯甲基-4-头孢烷酸对甲氧基苄酯、大麦等 8 种进口产品启动贸易救济调查 19 起,期中反倾销 16 起、反补贴 3 起;并对高温承压用合金钢无缝钢管、乙二醇和二甘醇的单丁醚、马铃薯淀粉、间苯二酚、壬基酚、电解电容器纸、甲苯胺、双酚 A、聚氯乙烯、甲乙酮、吡啶等 11 种产品发起 23 起反倾销复审调查(期中复审 2 起,期终复审 21 起);对间苯氧基苯甲醛、苯乙烯、高粱、卤化丁基橡胶、白羽肉鸡、氢碘酸产品、乙醇胺、丁腈橡胶、正丁醇、邻二氯苯、邻氯对硝基苯胺、双酚 A、甲基异丁基(甲)酮、氢碘酸等 14 种产品作出 46 项原审裁决(初裁 22 项;终裁 24 项);对甲基丙烯酸甲酯、乙二醇和二甘醇的单丁醚、非色散位移单模

---

① 因对食糖的保障措施调查未明确涉案国家或地区,故统计时暂定为 1 起。

光纤、腈纶、相纸、光纤预制棒等6产品作出14项复审裁决(期中复审9项,期终复审5项)。

2018年,我国对外发起和实施贸易救济措施有力地维护了先进装备、新材料、传统制造、涉农等国内产业利益,裁决涉及国内产值超过1 900亿元人民币。如对进口丁腈橡胶发起调查并于2018年11月采取反倾销措施后,国内市场环境明显改善,宁波某涉案民营企业2018年实现投产8年来的首次盈利,向良性发展迈进;对进口甲基丙烯酸甲酯于2018年2月作出期间复审裁决并相应调整反倾销措施后,进口产品倾销加剧的势头得到遏制,进口产品和国内产品的价格均止跌回升,国内产业经营状况很快得到改善,已获得恢复性发展。

截至2018年底,我国对外启动贸易救济调查293起。其中,反倾销案件279起,反补贴案件12起,保障措施案件2起。

一、我国对外贸易救济调查启动数起伏较大,主要以反倾销为主

2017年,按世界贸易组织统计方式,我国对外共启动24起反倾销调查案件,同比增加17起,增幅242.9%;反补贴1起,同比持平;保障措施0起,同比减少1起。

2018年,按世界贸易组织统计方式,我国对外共启动16起反倾销调查,同比减少8起,降幅33.3%;反补贴3起,同比增加2起;保障措施0起,同比持平。

2011—2018年我国对进口产品启动贸易救济调查总体情况见表6.40。

表6.40　2011—2018年我国对进口产品启动贸易救济调查总体情况　单位:起

	2011年	2012年	2013年	2014年	2015年	2016年	2017年	2018年	合计
反倾销	5	9	11	7	11	7	24	16	90
反补贴	0	2	1	0	0	1	1	3	8
保障措施	0	0	0	0	0	1	0	0	1
合　计	5	11	12	7	11	9	25	19	99

二、对发达经济体启动数增加,但占比有所下降

2017年,我国对外共启动25起贸易救济调查,涉及发达经济体13起,占比52%,下降14.7个百分点,但案件绝对数同比增加7起,增幅达116.7%;涉及发展中经济体12起,占比48%,提高25.8个百分点,绝对数量同比增加10起,增幅500%。

2018年,我国对外共启动19起贸易救济调查,涉及发达经济体13起,占比68.4%,提高16.4个百分点,案件绝对数量持平;发展中经济体6起,占比31.6%,下

降16.4个百分点；案件绝对数量同比减少6起，降幅达50%。

2011—2018年，我国对进口产品启动贸易救济调查涉及发达经济体69起，占比69.7%；涉及发展中经济体29起，占比29.3%；未明确国家（地区）1起，占比1%（见表6.41）。

表6.41　　2011—2018年我国对进口产品启动贸易救济调查涉案经济体情况

被诉经济体	指标	2011年	2012年	2013年	2014年	2015年	2016年	2017年	2018年	合计
发达经济体	数量（起）	5	9	9	6	8	6	13	13	69
	占比（%）	100	81.8	75	85.7	72.7	66.7	52	68.4	69.7
发展中经济体	数量	0	2	3	1	3	2	12	6	29
	占比（%）	0	18.2	25	14.3	27.3	22.2	48	31.6	29.3

三、主要集中于美日欧三大经济体，占比总体回落

2017年，我国对外共启动25起反倾销调查。美国以5起位居首位，占比达20%；韩国、日本和印度各3起，各占比12%；泰国、马来西亚和中国台湾地区各2起，各占比8%；欧盟、新加坡、沙特阿拉伯、巴西和南非各1起，各占比4%。

2018年，我国对外共启动19起贸易救济调查。日本以4起居首位，占比达21.1%，美国和印度以3起并居第二，占比各15.8%；欧盟、澳大利亚、韩国各2起，占比各均为10.5%；印度尼西亚、泰国和中国台湾地区各1起，占比各均为5.3%。

2011—2018年，我国对进口产品启动贸易救济调查主要涉及美国（21起，第一）、日本（20起，第二）和欧盟（17起，第三），三者合计占比达58.6%，涉案国家相对集中；韩国和印度并列第四（各9起，分别占比9.1%）；泰国第五（5起，占比5.1%）。具体情况见表6.42。

表6.42　　2011—2018年我国对进口产品启动贸易救济调查涉案国别或地区情况　单位：起，%

被诉经济体	日本	美国	欧盟	加拿大	新加坡	韩国	澳大利亚	土耳其	印度	泰国	中国台湾地区	印度尼西亚	马来西亚	巴西	沙特阿拉伯	南非	未明确	合计	美日欧合计占比
2011年	1	2	2															5	100
2012年	2	3	4			1			1									11	81.8
2013年	1	3	4	1					2					1				12	66.7
2014年	3	1	1		1					1								7	71.4

续表

被诉经济体	日本	美国	欧盟	加拿大	新加坡	韩国	澳大利亚	土耳其	印度	泰国	中国台湾地区	印度尼西亚	马来西亚	巴西	沙特阿拉伯	南非	未明确	合计	美日欧合计占比
2015年	4	2	2			2		1										11	72.7
2016年	2	2	1			1				1			1				1	9	55.5
2017年	3	5	1		1	3			3	2	2		2	1	1	1		25	36
2018年	4	3	2			2	2		3	1	1	1						19	47.4
合计	20	21	17	1	2	9	2	1	9	5	3	1	3	2		1	1	99	58.6

四、化工、钢铁、食品涉案增加,行业集中度仍维持高位

2017年,我国对外共启动25起反倾销调查,化工行业涉案24起[主要涉及乙醇胺4起、甲基异丁基(甲)酮3起、卤化丁基橡胶3起、正丁醇3起、苯乙烯3起、氢碘酸2起、丁腈橡胶2起、邻氯对硝基苯胺2起、双酚A1起、间苯氧基苯甲醛1起],占比96%;食品(白羽肉鸡产品1起),占比4%;涉案产品行业极为集中。

2018年,我国对外共启动19起贸易救济调查,化学品9起(苯酚5起、邻二氯苯2起、7-苯乙酰氨基-3-氯甲基-4-头孢烷酸对甲氧基苄酯2起),占47.4%;食品4起(高粱2起、大麦2起),占21.1%;不锈钢钢坯和不锈钢热轧板/卷4起,占21.1%;机械设备2起(立式加工中心2起),占比10.5%;涉案产品行业相对集中。

2011—2018年,我国对外启动的99起贸易救济调查共涉及化工(54起)、钢铁及其制品(16起)、食品(10起)、多晶硅(5起)、造纸(4起)、电子产品(3起)、纺织(3起)、医疗设备(2起)、机械设备(2起)等8个行业,前三个行业合计共80起,占比80.8%,行业集中度较高,特别是化工行业以54起领跑,占比54.5%(见表6.43)。

表6.43　2011—2018年我国对进口产品启动贸易救济调查涉案产品情况　单位:起

被诉产业	化工	钢铁及其制品	食品	多晶硅	造纸	电子产品	纺织	医疗设备	机械设备
2011年	2	2	0	0	1	0	0	0	0
2012年	6	0	0	5	0	0	0	0	0
2013年	6	3	2	0	0	1	0	0	0
2014年	3	0	0	0	0	2	0	2	0
2015年	0	5	0	0	3	0	3	0	0
2016年	4	2	3	0	0	0	0	0	0

续表

被诉产业	化工	钢铁及其制品	食品	多晶硅	造纸	电子产品	纺织	医疗设备	机械设备
2017 年	24	0	1	0	0	0	0	0	0
2018 年	9	4	4	0	0	0	0	0	2
合计	54	16	10	5	4	3	3	2	2

五、申请企业仍集中在东部沿海，但申请主体日益多样化

2017 年，我国对外共发起 25 起贸易救济调查，涉及江苏、吉林、浙江、山东、天津、辽宁、湖北、上海、广东、黑龙江、四川 11 个省份和中国畜牧业协会，涉及省份比 2016 年（6 个）增加 5 个。

2018 年，我国对外共发起 19 起贸易救济调查，涉及上海、浙江、江苏、山西、吉林、黑龙江、广东、北京、陕西、山东 10 个省份和中国国际商会、商务部，涉及省份数比 2017 年（11 个）减少 1 个。

具体情况见表 6.44。

表 6.44　　2017—2018 年我国对进口产品启动贸易救济调查情况

类型	涉案产品	被诉国（地区）	申诉省份	立案时间	案件状态
双反	邻氯对硝基苯胺	印度	江苏	2017-02-13	2018-02-13 终裁
反倾销	双酚 A	泰国	江苏	2017-03-06	2018-03-06 终裁
反倾销	甲基异丁基（甲）酮	韩国 日本 南非	吉林 浙江	2017-03-27	2018-03-20 终裁
反倾销	间苯氧基苯甲醛	印度	山东	2017-06-08	2018-06-08 初裁
反倾销	苯乙烯	韩国 美国 中国台湾地区	江苏 天津 浙江 山东	2017-06-23	2018-06-23 终裁
反倾销	白羽肉鸡	巴西	中国畜牧业协会	2017-08-18	2018-06-09 初裁
反倾销	卤化丁基橡胶	美国 欧盟 新加坡	浙江 辽宁	2017-08-30	2018-04-20 初裁
反倾销	氢碘酸	美国 日本	江苏	2017-10-16	2018-06-23 初裁
反倾销	乙醇胺	美国 沙特阿拉伯 泰国 马来西亚	浙江 湖北 上海 江苏 广东	2017-10-30	2018-06-23 初裁
反倾销	丁腈橡胶	韩国 日本	甘肃 浙江	2017-11-09	2018-11-09 终裁

续表

类型	涉案产品	被诉国(地区)	申诉省份	立案时间	案件状态
反倾销	正丁醇	马来西亚 美国 中国台湾地区	吉林 辽宁 四川	2017-12-29	2018-09-04 初裁
反倾销	邻二氯苯	印度 日本	江苏	2018-01-23	2018-12-29 终裁
双反	高粱	美国	商务部	2018-02-04	2018-05-18 终止
反倾销	苯酚	美国 欧盟	吉林 江苏 上海 黑龙江 江苏 广东	2018-03-26	正在调查
反倾销	不锈钢钢坯和 不锈钢热轧板/卷	欧盟 日本 韩国 印度尼西亚	山西	2018-07-23	正在调查
反倾销	立式加工中心	日本 中国台湾地区	北京 陕西 山东	2018-10-16	正在调查
“双反”	大麦	澳大利亚	中国国际商会	2018-11-19	正在调查
“双反”	7-苯乙酰氨基 -3-氯甲基 -4-头孢烷酸 对甲氧基苄酯	印度	浙江	2018-11-26	正在调查

六、实施和终止贸易救济措施情况

2017 年,我国新实施贸易救济措施案 10 起,其中反倾销 9 起,反补贴 1 起;新增征税产品 5 个,分别为偏二氯乙烯-氯乙烯共聚树脂(初裁+终裁)、共聚聚甲醛(初裁+终裁)、邻氯对硝基苯胺、双酚 A、甲基异丁基(甲)酮;共终止实施 11 起贸易救济措施,均为到期终止和反倾销;涉及产品 3 个:邻苯二酚、环氧氯丙烷、氨纶。

2018 年,我国新实施贸易救济措施案 22 起,全部为反倾销;新增征税产品 10 个,分别为间苯氧基苯甲醛(初裁+终裁)、苯乙烯(初裁+终裁)、卤化丁基橡胶(初裁+终裁)、氢碘酸产品(初裁+终裁)、乙醇胺(初裁+终裁)、丁腈橡胶(初裁+终裁)、正丁醇(初裁+终裁)、高粱、白羽肉鸡、邻二氯苯;共终止实施 8 起贸易救济措施,其中反倾销 6 起,反补贴 2 起;到期终止 4 起,申请复审终止 4 起;涉及产品 5 个:白羽肉鸡(申请复审终止)、高粱(申请复审终止)、磺胺甲噁唑、太阳能级多晶硅、甲苯二异氰酸酯。

具体情况见表 6.45。

表 6.45　　2017—2018 年我国对进口产品启动贸易救济调查实施和终止情况

品　名	措施	涉案国家(地区)	类型	时　间	期限
偏二氯乙烯-氯乙烯共聚树脂	反倾销	日本	初裁 终裁	2017-01-20 2017-04-20	— 5 年
共聚聚甲醛	反倾销	泰国 韩国 马来西亚	初裁 终裁	2017-06-30 2017-10-24	— 5 年
邻氯对硝基苯胺	"双反"	印度	初裁 终裁	2017-10-20 2018-02-13	— 5 年
双酚 A	反倾销	泰国	初裁 终裁	2017-11-09 2018-03-06	— 5 年
甲基异丁基(甲)酮	反倾销	日本 韩国 南非	初裁 终裁	2017-11-20 2018-03-20	— 5 年
干玉米酒糟	"双反"	美国	终裁	2017-01-12	5 年
食糖	保障		终裁	2017-05-22	5 年
间苯氧基苯甲醛	反倾销	印度	初裁 终裁	2018-02-08 2018-06-08	— 5 年
苯乙烯	反倾销	韩国 美国 中国台湾地区	初裁 终裁	2018-02-13 2018-06-23	— 5 年
高粱	反倾销	美国	初裁 申请终止	2018-04-18 2018-05-18	—
卤化丁基橡胶	反倾销	美国 欧盟 新加坡	初裁 终裁	2018-04-20 2018-08-20	— 5 年
白羽肉鸡	反倾销	巴西	初裁	2018-06-09	—
氢碘酸	反倾销	美国 日本	初裁 终裁	2018-06-23 2018-10-16	— 5 年
乙醇胺	反倾销	美国 沙特阿拉伯 泰国 马来西亚	初裁 终裁	2018-06-23 2018-10-30	— 5 年
丁腈橡胶	反倾销	日本 韩国	初裁 终裁	2018-07-16 2018-11-09	— 5 年
正丁醇	反倾销	马来西亚 美国 中国台湾地区	初裁 终裁	2018-09-04 2018-12-29	— 5 年
邻二氯苯	反倾销	日本 印度	初裁	2018-10-12	—
邻苯二酚	反倾销	美国 日本	到期终止	2017-05-21	
环氧氯丙烷	反倾销	俄罗斯 韩国 日本 美国	到期终止	2017-06-28	
氨纶	反倾销	新加坡 日本 韩国 美国 中国台湾地区	到期终止	2017-10-13	

续表

品　名	措施	涉案国家(地区)	类型	时　间	期限
白羽肉鸡	“双反”	美国	申请终止	2018-02-27	
甲苯二异氰酸酯	反倾销	欧盟	到期终止	2018-03-13	
高粱	反补贴	美国	申请终止	2018-05-18	
磺胺甲噁唑	反倾销	印度	到期终止	2018-06-16	
太阳能级多晶硅	“双反”	欧盟	到期终止	2018-11-01	

注:“—”表示该措施无具体实施期限。

按照我国统计口径,截至2018年底,我国共有53起贸易救济案件仍在采取措施。其中,反补贴案件5起,反倾销案件47起,涉及产品47个。

七、我国对外贸易救济复审启动与裁决情况

据中国贸易救济信息网统计,按照世界贸易组织统计口径,2017年,我国依法对乙二醇和二甘醇的单丁醚(期中)、非色散位移单模光纤(期中)、甲基丙烯酸甲酯(期中)、腈纶(期中)、相纸、光纤预制棒6种产品启动14起反倾销复审调查,其中期中复审调查9起;对非色散位移单模光纤、太阳能级多晶硅(双反为期终、反倾销为期中)、氯丁橡胶、马铃薯淀粉、己内酰胺、锦纶6切片(其中)、碳钢紧固件(其中)7种产品作出14项复审裁决,全部为继续征税,其中反倾销12项,反补贴2项。

2018年,我国依法对高温承压用合金钢无缝钢管(期中)、乙二醇和二甘醇的单丁醚、马铃薯淀粉、间苯二酚、壬基酚、电解电容器纸、甲苯胺、双酚A、聚氯乙烯、甲乙酮、吡啶11种产品发起23起反倾销复审调查;对甲基丙烯酸甲酯(期中)、乙二醇和二甘醇的单丁醚(期中)、非色散位移单模光纤(期中)、腈纶(期中)、相纸、光纤预制棒6种产品作出12项复审裁决,全部为反倾销调查并继续征税。

具体情况见表6.46。

表6.46　2017—2018年我国对进口产品贸易救济调查复审情况

品　名	措施	涉案国家(地区)	类型	时　间	期限
锦纶6切片	反倾销	德国 比利时	税率调整	2017-07-21	
碳钢紧固件	反倾销	荷兰	税率调整	2017-09-20	

续表

品 名	措施	涉案国家(地区)	类型	时 间	期限
太阳能级多晶硅	反倾销	韩国	税率调整	2017-11-22	—
	"双反"	欧盟	延期征税	2017-05-01	18个月
乙二醇和二甘醇的单丁醚	反倾销	美国 欧盟	期中复审 税率调整 期终复审	2017-04-12 2018-04-12 2018-01-28	— — —
非色散位移单模光纤	反倾销	美国	期中复审 延期征税	2017-08-22 2018-07-11	— —
		美国 欧洲	延期征税	2017-04-22	5年
甲基丙烯酸甲酯	反倾销	泰国 日本 新加坡	期中复审 税率调整	2017-02-28 2018-02-28	— —
腈纶	反倾销	日本 韩国 土耳其	期中复审 延期征税	2017-11-07 2018-11-07	— —
相纸	反倾销	美国 欧盟 日本	期终复审 延期征税	2017-03-23 2018-03-23	— 5年
光纤预制棒	反倾销	美国 日本	期终复审 延期征税	2017-08-19 2018-07-11	— 5年
氯丁橡胶	反倾销	日本 美国 欧盟	延期征税	2017-05-10	5年
马铃薯淀粉	反补贴 反倾销	欧盟	延期征税 期终复审	2017-09-16 2018-02-06	5年 —
己内酰胺	反倾销	欧盟 美国	延期征税	2017-10-22	5年
高温承压用合金钢无缝钢管	反倾销	美国 欧盟	期中复审	2018-06-06	—
间苯二酚	反倾销	日本 美国	期终复审	2018-03-23	—
壬基酚	反倾销	印度 中国台湾地区	期终复审	2018-03-29	—
电解电容器纸	反倾销	日本	期终复审	2018-04-18	—
甲苯胺	反倾销	欧盟	期终复审	2018-06-28	—
双酚A	反倾销	日本 韩国 新加坡 中国台湾地区	期终复审	2018-08-30	—
聚氯乙烯	反倾销	美国 韩国 日本 中国台湾地区	期终复审	2018-09-29	—
甲乙酮	反倾销	日本 中国台湾地区	期终复审	2018-11-21	—
吡啶	反倾销	印度 日本	期终复审	2018-11-21	—

注:"—"表示该措施无具体实施期限。

八、食糖保障措施案值得关注

2016 年 7 月 27 日,中华人民共和国商务部收到广西糖业协会代表国内食糖产业正式提交的《中华人民共和国食糖产业保障措施调查申请书》,申请人请求对进口食糖进行保障措施调查。依据《中华人民共和国保障措施条例》第三条的规定,商务部发布 2016 年第 46 号公告,决定自 2016 年 9 月 22 日起对进口食糖进行保障措施立案调查。

根据《中华人民共和国保障措施条例》的规定,商务部发布 2017 年第 26 号公告,根据《保障措施条例》第二十条规定,向国务院关税税则委员会提出实施保障措施的建议。

2017 年 5 月 22 日起,国务院关税税则委员会根据商务部的建议作出决定,对进口食糖产品实施保障措施:保障措施采取对关税配额外进口食糖征收保障措施关税的方式,实施期限为 3 年,自 2017 年 5 月 22 日至 2020 年 5 月 21 日,实施期间措施逐步放宽。

2017 年 5 月 22 日至 2018 年 5 月 21 日,保障措施关税税率为 45%;2018 年 5 月 22 日至 2019 年 5 月 21 日,保障措施关税税率为 40%;2019 年 5 月 22 日至 2020 年 5 月 21 日,保障措施关税税率为 35%。这是迄今我国对进口产品发起和实施保障措施的唯一案例。

2011—2017 年我国食糖进口和国内产销情况见表 6.47。

表 6.47　　2011—2017 年我国食糖进口和国内产销情况

		2011 年	2012 年	2013 年	2014 年	2015 年	2016 年 1—6 月	2017 年 1—6 月
进口量	数量(万吨)	291.94	374.74	454.55	348.58	484.59	133.5	141.37
	同比(%)	—	28.36	21.30	−23.31	39.02	42.3	5.9
单价	金额(美元/吨)	665.68	598.78	455.10	428.67	365.94	366.80	496.03
	同比(%)	—	−10.05	−24.00	−5.81	−14.63	—	35.23
产量	数量(万吨)	786.46	894.30	953.09	972.80	801.03	—	—
	同比(%)	—	13.71	6.57	2.07	−17.66	—	—
消费量(万吨)		1 374.9	1 403.9	1 494.3	1 504.8	1 510.0	—	—
进口占比(%)		21.23	26.69	30.42	23.16	32.09	—	—

表 6.47 显示，2011 年至 2016 年 1 月—6 月，我国食糖进口量保持连续增长，同期进口平均价格却连续下跌，同期进口量占国内消费总量的比重(即进口市场份额)也逐步上升，而同期我国国内食糖产量增速明显下滑，甚至于 2015 年出现负增长，表明该阶段我国食糖产业存在进口数量激增、进口价格下降，并对国内产业造成一定的损害。因此，我国对进口食糖发起保障措施调查并采取临时性保障措施以及最终保障措施都是符合世界贸易组织规则的合理手段。

2016—2018 年我国食糖进口与国内产销情况见表 6.48。

表 6.48　　2016—2018 年我国食糖进口与国内产销情况

		2016 年	2017 年	2018 年
进口量	数量(万吨)	306.90	229.05	279.55
	同比(%)	−36.68	−25.16	22.05
单价	金额(美元/吨)	382.21	470.85	368.42
	同比(%)	4.45	23.19	−21.75
产量	数量(万吨)	824	916	—
	同比(%)	2.87	11.17	—
消费量(万吨)		1 530	1 510	1 490
进口占比(%)		20.06	15.17	17.65

表 6.48 显示：自 2016 年 7 月实施食糖进口临时保障措施后，2016—2017 年，我国食糖进口数量急剧下降，进口平均单价稳步上升，国内产量也持续增长，而进口量占国内消费量比重有所下降，表明我国所采取的进口食糖保障措施已发挥控制进口、保护国内产业的效应。

与此同时，贸易转移效应呈现。保障措施虽然在一定程度上限制了我国从食糖出口大国的进口量，但从食糖出口小国的进口量却出现快速增长，致使 2018 年 1 月—9 月我国食糖进口量及其占国内消费量比重都呈现恢复性增长(见表 6.49)。我国食糖产业发展还须从长计议。

表 6.49　　2018 年 1 月—9 月我国食糖进口国别分析

	进口数量(万吨)	同比增长(%)
总量	163.11	10.7
古巴	28.76	−15.2
萨瓦尔多	21.32	10 149.9
尼加拉瓜	17.62	—

续表

	进口数量(万吨)	同比增长(%)
南非	12.40	—
泰国	11.65	−41.8
澳大利亚	9.774	20.7
韩国	8.582	−3.8
哥斯达黎加	8.504	123.8
柬埔寨	7.418	—
斯威士兰	7.350	—

注:“—”表示2017年同期无进口数量,无法计算同比增速。

九、我国首次对加工设备(立式加工中心)采取贸易救济措施

长期以来,我国对外所采取的贸易救济措施主要是针对化工、钢铁及其制品、食品、多晶硅、造纸、电子产品、纺织、医疗设备等最终产品或轻工产品,而对于对建设制造业强国至关重要的机械设备几无涉及,但2018年我国对立式加工中心开展反倾销调查表明我国已开始关注机械设备产业的保护与发展。

2018年8月20日,中国商务部收到北京精雕科技集团有限公司、宝鸡忠诚机床股份有限公司和山东威达重工股份有限公司代表中国大陆立式加工中心产业正式提交的反倾销调查申请。2018年10月16日,商务部决定对原产于日本和中国台湾地区的进口立式加工中心进行反倾销立案调查,倾销调查期为2017年7月1日至2018年6月30日,产业损害调查期为2014年1月1日至2018年6月30日。

本次调查范围为原产于日本和中国台湾地区的进口立式加工中心,归在进出口税则号84571010项下。立式加工中心是指刀具主轴垂直布置且轴线与工作台平面呈垂直状态,具有刀库和自动换刀装置的自动化和多功能数控切削加工机床;该加工中心可通过数控编程实现对工件加工相关的自动装卡、自动检测测量、自动换刀、自动复合切削加工(包含但不限于铣削、车削、钻削、镗削、磨削等加工工艺)等功能,其产品广泛用于航空航天发动机和结构件制造、汽车发动机零件制造、模具加工、信息家电产品制造、能源装备制造业等。因此,对立式加工中心进行反倾销调查对于保护国内产业发展、提升国内制造能力、推进制造业2025计划、建设现代化经济强国具有重要的意义。

此次反倾销对象为日本和中国台湾地区,是因为中国大陆从这两个经济体进口的立式加工中心占进口总量比重较大(见表6.50),具有典型性和代表性。

表 6.50　　2018 年我国进口立式加工中心情况

		2018 年 1 月—10 月			2018 年 11 月—12 月		
		数量（台）	金额（万美元）	单价（美元/台）	数量（台）	金额（万美元）	单价（美元/台）
日本		17 791	101 381.09	56 984.48	1 251	8 924.005	71 334.97
中国台湾地区		2 123	17 494.566	82 404.93	328	3 019.985	92 072.73
美国		1 419	6 151.548	43 351.29	357	1 433.941	40 166.41
韩国		680	4 820.466	70 889.21	52	602.736	115 910.79
新加坡		426	5 419.709	127 223.23	56	743.754	132 813.25
德国		361	13 632.619	377 634.88	41	1 734.787	423 118.88
瑞士		69	3 039.266	440 473.30	11	616.682	560 620.18
印度		37	178.508	48 245.41	0	0	—
意大利		29	2 203.722	759 904.21	2	10.125	50 625.00
其他		26	1 018.892	391 881.58	3	3.912	13 039.00
总体		22 961	155 340.39	67 654.02	2 101	17 089.928	81 341.88
日本和中国台湾地区	合计	19 914	118 875.66	59 694.51	1 579	11 943.991	75 642.75
	占比	86.73%	76.53%	—	75.16%	69.89%	—

表 6.50 显示：2018 年 1 月—10 月，中国大陆从日本和中国台湾地区进口立式加工中心共计 19 914 台，合计 118 875.66 万美元，平均单价 59 694.51 美元/台，明显低于从所有国家和地区进口的平均单价 67 654.02 美元/台，即日本和中国台湾地区存在倾销的可能性。

自 2018 年 10 月 16 日起对原产于日本和中国台湾地区的进口立式加工中心进行反倾销立案调查后，中国大陆自日本和中国台湾地区进口立式加工中心有所放缓，如中国大陆自日本和中国台湾地区进口立式加工中心的数量占进口总量比重已从 2018 年 1 月—10 月的 86.73%降至 75.16%，下降 11.57 个百分点，进口金额比重也从 76.53%降至 69.89%，下降 6.64 个百分点；而从日本和中国台湾地区进口均价涨至 75 642.75 美元/台，上涨 26.72%；从而带动总体进口均价涨至 81 341.88 美元/台，上涨 20.23%，表明对立式加工中心启动反倾销调查已在一定程度上显现出提升产品进口价格、为国内产业发展创造公平竞争环境的效应。

十、我国对原产于美国的进口高粱发起“双反”调查合理又合法

2018 年 2 月 4 日，中国商务部公告称，决定自即日起自主对原产于美国的进口高

梁进行反倾销和反补贴立案调查。

(一)商务部自主发起调查完全合法

本次对自美进口高粱的“双反”调查是由商务部自主发起，此是由于中国高粱产业集中度低，种植户数量众多，产业难以准备必要的申请文件。对此，中国相关法律有类似规定，世界贸易组织其他成员也曾采取此种做法。

(二)发起“双反”调查完全合理

近年，美国对中国高粱出口大幅增加，价格持续下降，对中国高粱产业造成了实质性损害。如从2013年开始，我国就大量进口高粱，2015年高粱进口达1 070.03万吨，是2013年的10倍，中国一跃已成为世界第一大高粱进口国。美国是世界上第一大高粱生产国和出口国，也是中国最大的高粱出口国，如2017年中国高粱进口506万吨，其中从美国进口476万吨，约占94.1%。对湖北、江苏、广东等地饲料企业和养殖场调研显示：由于进口高粱价格低于国内价格(依据2017年12月海关进口平均单价和平均汇率折算，高粱进口到中国口岸的完税成本大约是1 742元/吨，而同期华北地区的内蒙古产高粱价格在2 550元/吨，南方玉米现货报价在1 900～1 920元/吨，即与国产高粱、玉米价格相比，进口高粱拥有明显的价格优势)①，饲料企业和养殖场普遍更愿采购进口高粱，即进口高粱存在以低于正常价值的价格向中国出口倾销的可能，对中国同类产品价格造成削减和抑制。

此外，美国高额的农业补贴几乎涵盖包括高粱、大豆等在内的整个种植业，即美国政府提供的农业补贴也是美国高粱对华出口激增的一个重要诱因。

美国低价高粱大量涌入中国市场，一方面打击了中国高粱种植户的积极性，另一方面吸引了下游企业采购进口高粱，从而严重阻碍了中国国内玉米市场的去库存进程，不利于中国农业种植结构调整优化。因此，中国对美发起高粱“双反”调查，是保护国内农民利益的必要措施。

十一、结语

综上所述，2017—2018年，我国商务部按照党中央、国务院的统一部署，依法开展贸易救济调查，助力重点行业供给侧结构性改革；2019年，我国商务部将积极参与国际贸易规则谈判，妥善处理贸易摩擦，依法开展贸易救济调查，努力为中国商务事业发展营造良好的环境。

依法开展对外贸易救济调查和实施救济措施的第一要义应是在世界贸易组织规

---

① 白舒婕．中国对美高粱“双反”符合世贸组织规则[N]．国际商报，2018-02-06.

则允许的条件下，善于合理地运用对外贸易救济措施，并建立起行之有效的相关法律机制，以保护国内产业良性发展，维护国内产业安全和企业的正当权益。第一，制定和完善《反倾销法》《反补贴法》《保障措施法》等有关法律，构建完善的法律体系，并根据我国实际情况不断调整和修改，以保证与时俱进，并注重法律条文的具体性和可操作性；第二，借鉴国际经验，培育贸易救济工作队伍，特别是高素质的司法、律师、商务和财务队伍；第三，加强对企业的普法宣传，提高企业管理人员的法律素养，端正企业管理人员的态度，提高企业申请贸易救济的主动性、合法性和便利性；第四，完善信息咨询服务体系，如借鉴国外政府和机构的经验，组建专门的咨询企业和机构，并设立相关资格准入门槛，以提高服务业的专业性；第五，利用各行业协会优势，对产业内企业进行宣传和培训工作，并提供相应的专业性和技术性较强的产业信息咨询服务；第六，企业应加大贸易救济专门法律人才的培养，提高专业素质和知识储备，降低企业提起贸易救济措施调查的难度。

但需注意，任何贸易救济措施都属促进产业发展的外因，只能“治标”，而要“治本”，关键在于提高国产产品的品质和提升国产品牌信誉，此需要从制度优化、市场化改革、技术研发、人才培养、质量立本、品牌塑造等内因着手。

（本章执笔：查贵勇副教授）

第七章

境外对中国出口产品的贸易摩擦

第一节　2017—2018 年境外对中国出口产品发起反倾销调查情况

一、发达经济体对中国出口产品发起反倾销调查情况

(一)美国对中国出口产品发起反倾销调查情况

1. 美国对进口自中国的封箱钉发起反倾销立案调查并作出产业损害和反倾销肯定性初裁

2017 年 4 月 21 日,美国商务部发布公告称,对进口自中国的封箱钉发起反倾销立案调查。本案涉及美国海关编码 8305200000 和 7317006560 项下产品。

2017 年 5 月 12 日,美国国际贸易委员会公告称,对进口自中国的封箱钉作出反倾销产业损害肯定性初裁,初步裁定进口自中国的涉案产品对美国国内产业造成实质损害。

2017 年 10 月 30 日,美国商务部宣布对进口自中国的封箱钉作出反倾销初裁:Shanghai Yueda Nails Co. , Ltd. 、Qiushan Printing Machinery Co. , Ltd. 、Fastnail Products Limited、Wuhan FOPO Trading Co. , Ltd. 、Hangzhou Huayu Machinery Co. , Ltd. 和 The Stanley Works (Langfang) Fastening Systems Co. , Ltd. 税率为 13.74%;其他公司 58.93%。

2. 美国对进口自中国的床垫进反倾销立案调查并作出反倾销产业损害初裁

2018 年 10 月 10 日,美国商务部宣布对进口自中国的床垫(mattresses)发起反倾销立案调查,涉及美国海关编码 9404210010、9404210013、9404291005、9404291013、

9404299085 和 9404299087 项下产品及 9404210095、9404291095、9404299095、9401400000 和 9401905081 项下部分产品。2017 年美国自中国进口床垫进口总额约 4.365 亿美元。2018 年 11 月 1 日，美国国际贸易委员会对进口自中国的床垫作出反倾销产业损害肯定性初裁：存在倾销的涉案产品进口对美国国内产业构成实质性损害。

（二）欧盟对中国出口产品发起反倾销情况

1. 欧盟对原产于中国的电动自行车进行反倾销立案调查

2017 年 10 月 20 日，欧盟委员会公告称，对原产于中国的电动自行车（electric bicycles）进行反倾销立案调查。涉案产品欧盟 CN（综合税则目录）编码为 ex87116010 和 ex87116090，欧盟 TARIC（欧盟关税数据库）编码为 8711609010。本案倾销和损害调查期为 2016 年 10 月 1 日至 2017 年 9 月 30 日。

2. 欧盟对原产于中国、俄罗斯和土耳其的低碳铬铁进行反倾销立案调查

2017 年 6 月 23 日，欧盟委员会公告称，对原产于中国、俄罗斯和土耳其的低碳铬铁进行反倾销立案调查。涉案产品欧盟 CN 编码为 ex72024950。

3. 欧盟对中国卡客车轮胎进行反倾销立案调查

2017 年 8 月 11 日，欧盟公告称，对原产于中国的全新或翻新卡客车轮胎（new and retreaded tyres for buses or lorries）进行反倾销立案调查。涉案产品欧盟编码为 40112090 和 40121200。本案倾销和损害调查期为 2016 年 7 月 1 日至 2017 年 6 月 30 日。

4. 欧盟对中国热轧钢板桩进行反倾销立案调查

2018 年 5 月 24 日，欧盟委员会公告称，对原产于中国的热轧钢板桩进行反倾销立案调查。涉案产品欧盟 CN 编码为 ex73011000。本案倾销和损害调查期为 2017 年 4 月 1 日—2018 年 3 月 31 日。损害分析期为 2015 年 1 月 1 日至倾销调查期结束。

（三）澳大利亚对中国出口产品发起反倾销调查情况

1. 澳大利亚对进口自中国的合金圆钢棒启动反倾销立案调查

2017 年 1 月 10 日，澳大利亚反倾销委员会发布公告称，决定对进口自中国的合金圆钢棒（alloy round steel bar）进行反倾销立案调查。本案倾销调查期为 2015 年 10 月 1 日至 2016 年 9 月 30 日，损害调查期自 2012 年 7 月 1 日起。涉案产品澳大利亚海关编码为 7228201044、7228209047、7228301070、7228309041、7228601072 和 7228609055。

2. 澳大利亚对进口自中国和马来西亚的钢托盘货架启动反倾销立案调查

2017 年 11 月 13 日，澳大利亚反倾销委员会发布第 2017/161 号公告称，决定自

公告发布之日起开始对进口自中国和马来西亚的钢托盘货架(steel pallet racking)启动反倾销立案调查。本案倾销调查期为2016年10月1日至2017年9月30日,产业损害分析期为自2013年10月1日起。涉案产品的澳大利亚海关编码为73089000。

3. 澳大利亚对进口自中国、瑞典和泰国的硝酸铵启动反倾销立案调查并作出肯定性初裁

2018年6月25日,澳大利亚反倾销委员会发布第2018/103号公告称,决定自公告发布之日起开始对进口自中国、瑞典和泰国的硝酸铵启动反倾销立案调查。本案倾销调查期为2017年4月1日至2018年3月31日,损害分析期为自2014年4月1日起。涉案产品的澳大利亚海关编码为3102300005。2018年10月24日,澳大利亚反倾销委员会发布第2018/166公告称,对进口自中国、瑞典和泰国的硝酸铵作出反倾销肯定性初裁:决定自2018年10月25日起对涉案产品征收临时反倾销税,以固定税率和可变税率计征,其中固定税率等同于倾销幅度,中国不合作企业和其他涉案企业的倾销幅度均为39.5%。

(四)日本对原产于中国和韩国的碳钢焊接管道连接件启动反倾销立案调查

2017年3月31日,日本经济产业省公告称,对原产于中国和韩国的碳钢焊接管道连接件启动反倾销立案调查;倾销调查期为2015年10月1日至2016年9月30日,产业损害调查期为2013年1月1日至2016年9月30日;涉案产品的日本海关编码为730793。

(五)韩国对中国出口产品发起反倾销调查情况

1. 韩国对进口自中国的镀锌低碳钢丝发起反倾销调查并作出反倾销肯定性初裁

2017年8月1日,韩贸易委员会决定对进口自中国的镀锌低碳钢丝发起反倾销调查,涉及韩国海关编码为7217200000、7228909090税号下产品,调查期为2016年全年。

2017年12月21日,韩国贸易委员会对进口自中国的镀锌低碳钢丝作出反倾销肯定性初裁:Tianjin Huifu Metal Products Co.,Ltd. 为4.43%,天津华源线材制品有限公司和Tianjin Huayuan Times Metal Products Co.,Ltd. 为15.71%,其他涉案企业为8.12%。

2. 韩国对进口自中国、日本和芬兰的涂布印刷纸进行反倾销立案调查并作出肯定性初裁

2017年7月10日,韩贸易委员会发布公告,决定对进口自中国、日本和芬兰的每平方米重量55~110克的涂布印刷纸进行反倾销立案调查。涉案产品韩国海关编码为4802551090、4802571090、4810131000、4810141000、4810191000和4810220000。

2017年11月16日，韩国反倾销委员会对进口自中国、日本和芬兰的涂布印刷纸作出反倾销肯定性初裁：中国寿光美伦纸业有限责任公司及其关联企业8.98%、芬欧汇川(中国)有限公司及其关联企业为12.12%、Gold East Paper(Jiangsu) Co.,Ltd及其关联企业9.49%、其他中国出口商/生产商9.72%。

3. 韩国对进口自中国、印度尼西亚和巴西的非涂布纸启动反倾销立案调查

2018年10月15日，韩国贸易委员会公告称，决定自2018年10月16日起对进口自中国、印度尼西亚和巴西的A3、A4、B4、B5复印、打印、传真用非涂布纸(uncoated paper)启动反倾销立案调查。涉案产品韩国海关编码为4802561020、4802561090、4802571020、4802571090、4802621020、4802621090、4802691020和4802691090。本案倾销调查期为2017年7月1日至2018年6月30日，损害调查期为2015年1月1日至2018年6月30日。

(六)加拿大对进口自中国大陆、中国台湾地区、印度和韩国的耐腐蚀钢板启动反倾销调查并作出肯定性初裁

2018年10月24日，加拿大边境服务署对进口自中国大陆、中国台湾地区、印度和韩国的耐腐蚀钢板作出反倾销初裁：自当日起对涉案产品征收临时反倾销税。涉案产品的加拿大海关编码为7210300000、7210690010、7212500014、7210490010、7210690020、7225910000、7210490020、7212200000、7225920000、7210490030、7212300000、7226990010、7210610000和7212500000。

(七)海湾合作委员会[①]对进口自中国、印度、西班牙的瓷砖等产品发起反倾销调查

2018年11月5日，海湾合作委员会国际贸易反损害行为技术秘书局公告称，对自中国、印度、西班牙进口的瓷砖等产品发起反倾销调查。

二、发展中经济体对中国出口产品启动反倾销调查情况

(一)印度对中国出口产品启动反倾销调查情况

1. 印度对原产于或进口自中国的直条型合金棒材启动反倾销立案调查

2017年9月22日，印度商工部反倾销局公告称，决定对原产于或进口自中国的直条型合金棒材(straight length bars & rods of alloy steel)启动反倾销立案调查。本案倾销调查期为2016年4月至2017年3月，产业损害调查期包括2013年4月至2014年3月、2014年4月至2015年3月、2015年4月至2016年3月以及本次倾销调

① 海湾合作委员会成员国包括阿拉伯联合酋长国、阿曼、巴林、卡塔尔、科威特、沙特阿拉伯。

查期。本案涉及印度海关编码 7228、7214 和 7215 项下的商品。

2. 印度对原产于中国大陆、中国台湾和马来西亚的太阳能电池进行反倾销立案调查

2017 年 7 月 21 日,印度对原产于中国大陆、中国台湾地区和马来西亚的太阳能电池进行反倾销立案调查,涉案产品包括部分或全部组装在模块、板、玻璃或者其他物质的基片上的太阳能电池,涉案产品印度海关编码为 85414011。本案的倾销调查期为 2016 年 4 月 1 日至 2017 年 6 月 30 日(15 个月),损害分析期包括 2013 年 4 月至 2014 年 3 月、2014 年 4 月至 2015 年 3 月、2015 年 4 月至 2016 年 3 月和本次倾销调查期。

3. 印度对原产于或进口自中国的带织物启动反倾销立案调查

2017 年 8 月 23 日,印度商工部公告称,决定对原产于或进口自中国的带织物(belting fabric)启动反倾销立案调查。本案倾销调查期为 2016 年 4 月 1 日至 2017 年 3 月 31 日(12 个月),产业损害调查期包括 2013—2014 年、2014—2015 年、2015—2016 年以及本次倾销调查期。本案涉及印度海关税目第 59 章项下产品。

4. 印度对原产于或进口自中国的陶瓷辊启动反倾销立案调查

2017 年 4 月 19 日,印度商工部发布公告称,决定对原产于或进口自中国的陶瓷辊(ceramic rollers)启动反倾销立案调查。本案倾销调查期为 2016 年 4 月 1 日至 2017 年 3 月 31 日(12 个月),产业损害调查期包括 2013 年 4 月至 2014 年 3 月、2014 年 4 月至 2015 年 3 月、2015 年 4 月至 2016 年 3 月及本次倾销调查期;涉及印度海关税目第 69 章项下产品。

5. 印度对原产于或进口自中国的高韧性聚酯纱线启动反倾销立案调查

2017 年 6 月 15 日,印度商工部公告称,对原产于或进口自中国的高韧性聚酯纱线启动反倾销立案调查。本案倾销调查期 2016 年 4 月至 2017 年 3 月,产业损害调查期 2013—2014 年、2014—2015 年、2015—2016 年和倾销调查期。涉案产品的印度海关编码为 54022090。

6. 印度对原产于或进口自中国的亚力克纤维启动反倾销立案调查

2017 年 4 月 19 日,印度商工部发布公告称,决定对原产于或进口自中国的亚力克纤维(acrylic fibre)启动反倾销立案调查。本案倾销调查期为 2016 年 4 月 1 日至 2017 年 3 月 31 日(12 个月),产业损害调查期包括 2013—2014 年、2014—2015 年、2015—2016 年以及本次倾销调查期。涉案产品的印度海关编码为 550130、550330 和 550630。

7. 印度对原产于或进口自中国和孟加拉国的渔网启动反倾销立案调查

2017年3月31日，印度商工部发布公告称，决定对原产于或进口自中国和孟加拉国的渔网启动反倾销立案调查。本案倾销调查期为2015年4月至2016年9月，产业损害调查期为2012年至2016年以及本次倾销调查期。涉案产品的印度海关编码为56081110。

8. 印度对原产于进口自中国和印度尼西亚的纸牌启动反倾销立案调查

2017年3月30日，印度商工部反倾销局发布公告称，决定对原产于或进口自中国和印度尼西亚的纸牌(playing Cards)启动反倾销立案调查。本案倾销调查期2015年4月至2016年9月(18个月)，产业损害调查期包括2012年4月至2013年3月、2013年4月至2014年3月、2014年4月至2015年3月以及本次倾销调查期。涉案产品印度海关编码为95044000。

9. 印度对原产于或进口自中国和印度尼西亚的玻璃器皿启动反倾销调查

2017年3月28日，印度商工部反倾销局公告称，决定对原产于或进口自中国和印度尼西亚的玻璃器皿启动反倾销立案调查。本案倾销调查期2015年4月至2016年9月(18个月)，产业损害调查期包括2012—2013年、2013—2014年、2014—2015年以及本次倾销调查期。涉案产品印度海关编码为701329、701337、701339、701349和701499。

10. 印度对原产于或进口自中国和土耳其的二甲基乙酰胺启动反倾销调查

2017年3月17日，印度商工部反倾销局发布第14/41/2016-DGAD号公告称，决定对原产于或进口自中国和土耳其的二甲基乙酰胺启动反倾销立案调查。本案倾销调查期2015年4月1日至2016年9月30日，产业损害调查期为2012—2013年、2013—2014年、2014—2015年以及本次倾销调查期。涉案产品印度海关编码为29241900、29021100、29051990、29110090、29152990、29153990、29211110和29211190等。

11. 印度对原产于或进口自中国的五氧化二磷启动反倾销调查

2017年3月17日，印度商工部对原产于或进口自中国的五氧化二磷启动反倾销立案调查。涉案产品印度海关编码为28091000；调查期为2015年7月1日至2016年9月30日(15个月)，损害调查期为2013—2014年、2014—2015年、2015—2016年及倾销调查期。

12. 印度对原产于或进口自中国、马来西亚、印度尼西亚和欧盟的工程饰面木地板启动反倾销立案调查

2017年2月17日，印度商工部反倾销局发布第14/34/2016-DGAD号公告称，决定对原产于或进口自中国、马来西亚、印度尼西亚和欧盟的工程饰面木地板启动反

倾销立案调查。倾销调查期为 2016 年 10 月至 2016 年 9 月，产业损害调查期为 2013—2014 年、2014—2015 年、2015—2016 年以及本次倾销调查期。本案涉及印度海关编码第 44 章项下产品。

13. 印度对进口自中国、印度尼西亚、马来西亚和泰国的聚酯短纤启动反倾销立案调查

2017 年 2 月 2 日，印度商工部反倾销局发布第 14/49/2016－DGAD 号公告称，决定对进口自中国、印度尼西亚、马来西亚和泰国的 0.6－6 丹尼尔非染色聚酯短纤启动反倾销调查。本案倾销调查期为 2015 年 4 月 1 日至 2016 年 9 月 30 日，损害调查期为 2012 年 4 月至 2013 年 3 月、2013 年 4 月至 2014 年 4 月、2014 年 4 月至 2015 年 3 月和 2015 年 4 月 1 日至 2016 年 9 月 30 日(倾销调查期)。本案涉及印度海关编码 55032000 项下产品。

14. 印度对原产于或进口自中国的异丙胺启动反倾销立案调查

2017 年 2 月 15 日，印度商工部反倾销局决定对原产于或进口自中国的异丙胺启动反倾销立案调查。倾销调查期 2015 年 7 月至 2016 年 9 月，损害调查期 2013—2014 年、2014—2015 年、2015—2016 年和倾销调查期。本案涉及印度海关编码 29211190 项下产品。

15. 印度对进口自中国大陆、中国台湾地区、日本和南非的甲基乙基酮启动反倾销立案调查

2017 年 2 月 9 日，印度商工部反倾销局发布第 14/26/2016－DGAD 号公告称，决定对进口自中国大陆、中国台湾地区、日本和南非的甲基乙基酮启动反倾销立案调查。本案倾销调查期 2015 年 7 月至 2016 年 9 月，损害调查期 2013 年 4 月至 2014 年 3 月、2014 年 4 月至 2015 年 3 月、2015 年 4 月至 2016 年 3 月和倾销调查期。本案涉及印度海关编码 29141200 项下产品。

16. 印度对原产于或进口自中国、巴西和德国的非钴制高速钢产品启动反倾销立案调查

2018 年 8 月 14 日，印度商工部公告称，对原产于或进口自中国、巴西和德国的非钴制高速钢产品进行反倾销立案调查，倾销调查期为 2017 年 4 月 1 日—2018 年 3 月 31 日，损害调查期为 2014 年 4 月至 2015 年 3 月、2015 年 4 月至 2016 年 3 月、2016 年 4 月至 2017 年 3 月以及本倾销调查期。涉案产品印度海关编码为 72281010 和 72281090。

17. 印度对原产于或进口自中国的亚麻纱启动反倾销立案调查并作出终裁

2018 年 2 月 7 日，印度商工部公告称，对原产于或进口自中国的亚麻纱进行反倾

销立案调查，倾销调查期2016年10月1日至2017年9月30日，损害调查期为2014年4月至2015年3月、2015年4月至2016年3月、2016年4月至2017年3月以及本案倾销调查期。

2018年9月18日，印度商工部反倾销局公告称，决定对原产于或进口自中国的亚麻纱作出反倾销肯定性终裁，裁定原产于或进口自中国的涉案产品存在倾销行为并对印度国内产业造成实质性损害，建议对中国涉案企业均征收0.50～4.83美元/公斤的反倾销税，自公告发布之日起生效，有效期5年。涉案产品印度海关编码为53061090和53062090。

18. 印度对原产于或进口自中国大陆、中国台湾地区、韩国、泰国和欧盟的环氧树脂启动反倾销立案调查

2018年4月4日，印度商工部公告称，对原产于或进口自中国大陆、中国台湾地区、韩国、泰国和欧盟的环氧树脂进行反倾销立案调查，调查期为2016年10月1日至2017年9月30日，损害调查期为2014年4月至2015年3月、2015年4月至2016年3月、2016年4月至2017年3月以及本倾销调查期。涉案产品印度海关编码为39073010和39073090。

19. 印度对原产于或进口自中国的太阳能电池组件用EVA塑料片启动反倾销立案调查

2018年4月4日，印度商工部公告称，对原产于或进口自中国的太阳能电池组件用EVA塑料片进行反倾销立案调查，倾销调查期为2016年10月1日—2017年9月30日，损害调查期为2014年4月至2015年3月、2015年4月至2016年3月、2016年4月至2017年3月以及本倾销调查期。涉案产品印度海关编码为3901、3920和3921。

20. 印度对原产于或进口自中国、德国和沙特阿拉伯的二甲基甲酰胺启动反倾销调查并作出否定性终裁

2018年1月22日，印度商工部对原产于或进口自中国、德国和沙特阿拉伯的二甲基甲酰胺进行反倾销立案调查，倾销调查期为2016年10月1日至2017年9月30日，损害调查期为2014年4月至2015年3月、2015年4月至2016年3月、2016年4月至2017年3月以及本倾销调查期。2018年10月23日，印度商工部反倾销局决定对原产于或进口自中国、德国和沙特阿拉伯的二甲基甲酰胺作出反倾销否定性终裁：裁定原产于或进口自上述国家的涉案产品的进口并未对印度国内企业造成损害，且倾销与国内产业损害不存在因果关系，故建议结束本次调查并不建议采取反倾销措施。本案涉及印度海关编码29211110项下产品。

21. 印度对原产于或进口自中国的氟橡胶启动反倾销立案调查并作出肯定性终裁

2018年1月2日,印度商工部称,对原产于或进口自中国的氟橡胶启动反倾销立案调查。本案倾销调查期为2016年7月1日至2017年6月30日(12个月),产业损害调查期包括2014—2015年、2015—2016年、2016—2017年以及本次倾销调查期。本案涉及印度海关编码3904项下产品。2018年12月27日,印度商工部公告称,对原产于或进口自中国的氟橡胶作出反倾销终裁:涉案产品进口对印度国内产业的建立构成了实质性阻碍,故建议对华氟橡胶征收0.078~7.31美元/千克的反倾销税,有效期为18个月。

22. 印度对原产于或进口自中国的4A沸石启动反倾销立案调查并作出反倾销肯定性终裁

2018年1月2日,印度商工部公告称,决定对原产于或进口自中国的洗涤用4A沸石启动反倾销立案调查。本案倾销调查期2016年4月至2017年6月,产业损害调查期包括2013年4月至2014年3月、2014年4月至2015年3月、2015年4月至2016年3月及本次倾销调查期。2018年10月29日,印度商工部反倾销局公告称,决定对原产于或进口自中国的4A沸石作出反倾销肯定性终裁:裁定原产于或进口自中国的涉案产品存在倾销行为并对印度国内产业造成了实质性损害,故建议对中国涉案企业均征收163.96~207.72美元/公吨的反倾销税,有效期5年。本案涉及印度海关编码38249922项下产品,以及38249090、38249990、28429090、28269000、28399090和28421000项下部分产品。

23. 印度对原产于或进口自中国的间苯二胺-4-磺酸反倾销调查

2018年1月24日,印度商工部公告称,对原产于或进口自中国的间苯二胺-4-磺酸进行反倾销立案调查,倾销调查期为2016年4月至2017年6月,损害调查期2013年4月至2014年3月、2014年4月至2015年3月、2015年4月至2016年3月及倾销调查期。

24. 印度对原产于或进口自中国的铜版纸启动反倾销立案调查并作出否定性终裁

2018年1月23日,印度商工部公告称,对原产于或进口自中国的铜版纸进行反倾销立案调查,倾销调查期为2016年4月至2017年6月(15个月),损害调查期为2013—2014年、2014—2015年、2015—2016年以及本倾销调查期。本案涉及印度海关编码4810项下产品。

2018年12月26日,印度商工部公告称,对原产于或进口自中国、欧盟和美国的铜版纸作出反倾销否定性终裁：涉案产品的倾销与印度国内产业遭受的损害之间不存在因果关系，故决定终止本案反倾销调查，且不建议对中国、欧盟和美国的铜版纸征收反倾销税。

25. 印度对原产于或进口自中国内地、中国香港、中国台湾和韩国的防晒/除尘膜启动反倾销立案调查

2018 年 1 月 17 日，印度商工部公告称，对原产于或进口自中国内地、中国香港、中国台湾和韩国的防晒/除尘膜进行反倾销立案调查，倾销调查期为 2016 年 4 月至 2017 年 6 月(15 个月)，损害调查期为 2013—2014 年、2014—2015 年、2015—2016 年及本倾销调查期。

(二)马来西亚对中国出口产品发起反倾销调查情况

1. 马来西亚对原产于或进口自中国大陆、中国台湾地区、韩国和泰国的冷轧不锈钢进行反倾销立案调查

2017 年 5 月 15 日，马来西亚国际贸易与工业部发布公告，对原产于或进口自中国大陆、中国台湾地区、韩国和泰国的冷轧不锈钢进行反倾销立案调查。

2. 马来西亚对原产于或进口自中国和越南的镀锌铁发起反倾销立案调查并作出反倾销初裁

2018 年 7 月 25 日，马来西亚国际贸易与工业部公告称，对原产于或进口自中国和越南的镀锌铁进行反倾销立案调查。

2018 年 11 月 8 日，马来西亚国际贸易与工业部公告，对原产于或进口自中国和越南的镀锌铁作出反倾销初裁：初步裁定对上述涉案产品征收临时反倾销税，税率范围为 3.33%～16.13%，该措施自 2018 年 11 月 8 日起生效，措施期不超过 120 日。

(三)印度尼西亚对原产于或进口自中国的纺延丝启动反倾销立案

2017 年 11 月 7 日，印度尼西亚反倾销委员会发布第 602/KADI/X/2017 号公告，对原产于或进口自中国的纺延丝启动反倾销立案调查。本案涉及印度尼西亚海关编码 54024700 项下的产品。

(四)埃及对进口自中国的密封条产品发起反倾销调查

2018 年 5 月 13 日，埃及贸工部公告称，对进口自中国的密封条产品(pile weather strip)发起反倾销调查。涉案产品埃及海关编码为 5404900000、5404190090、5404190010、5404120090、5404120010。倾销调查期为 2017 年 1 月 1 日至 2017 年 12 月 31 日。

(五)土耳其对原产于中国的点火器启动反倾销立案调查

2017 年 11 月 30 日，土耳其经济部发布第 2017/31 号公告，对原产于中国的点火

器启动反倾销立案调查。涉案产品土耳其海关编码为961380000011。

(六)泰国对原产于中国的三聚氰胺餐具发起反倾销立案调查

2017年11月23日,泰国商业部外贸厅公告,对原产于中国的三聚氰胺餐具发起反倾销立案调查。调查期为2016年10月1日至2017年9月30日。涉案产品泰国海关编码为39241010。

(七)巴基斯坦对中国出口产品启动反倾销调查情况

1. 巴基斯坦对原产于或进口自中国的铅笔启动反倾销立案调查

2017年12月13日,巴基斯坦国家关税委员会对原产于或进口自中国的铅笔(lead pencils)启动反倾销立案调查。涉案产品巴基斯坦海关编码为96091000。本案倾销调查期2016年7月1日至2017年6月30日,损害调查期2014年7月1日至2017年6月30日。

2. 巴基斯坦对原产于或进口自中国和南非的彩色涂层钢卷/板启动反倾销立案调查并作出肯定性初裁

2017年6月9日,巴基斯坦国家关税委员会对原产于或进口自中国和南非的彩色涂层钢卷/板启动反倾销立案调查。本案倾销调查期为2016年1月1日至2016年12月31日,损害调查期为2014年1月1日至2016年12月31日。涉案产品巴基斯坦海关编码为72107010、72107020、72107090、72124010和72124090。

2017年12月9日,巴基斯坦国家关税委员会公告称,对原产于或进口自中国和南非的彩色涂层钢卷/板作出反倾销初裁:初步裁定进口自中国和南非的涉案产品存在倾销行为并对巴基斯坦国内产业造成实质性损害,但暂不采取临时反倾销措施。

3. 巴基斯坦对原产于或进口自中国、欧盟、南非和美国的镀锡铁皮启动反倾销立案调查

2018年8月20日,巴基斯坦国家关税委员会发布第53号公告称,对原产于或进口自中国、欧盟、南非和美国的镀锡铁皮(tin plate)启动反倾销立案调查。涉案产品巴基斯坦海关编码为72101210和72101290。本案倾销调查期为2017年7月1日至2018年6月30日,损害调查期为2015年7月1日至2018年6月30日。

(八)巴西对中国出口产品启动反倾销调查情况

1. 巴西对进口自中国、阿拉伯联合酋长国和印度的球墨铸铁管启动反倾销立案调查

2018年5月8日,巴西工业外贸服务部发布2017年第18号通告称,决定对进口自中国、阿拉伯联合酋长国和印度的球墨铸铁管启动反倾销立案调查。倾销调查期2016年10月至2017年9月,损害分析期2012年10月至2017年9月。涉案产品南

共市海关编码为 73030000。

2. 巴西对原产于中国的轧辊产品发起反倾销立案调查并作出否定性初裁

2018 年 3 月 26 日，巴西工业外贸秘书处发布 2018 年第 14 号决议，决定对原产于中国的轧辊产品启动反倾销立案调查。倾销调查期 2016 年 7 月至 2017 年 6 月，损害调查期 2012 年 7 月至 2017 年 6 月。涉案产品南共市海关编码为 84553010 和 84553090。

2018 年 10 月 4 日，巴西工业外贸秘书处发布 2018 年第 38 号通告，决定对原产于中国的轧辊产品作出反倾销否定性初裁：裁定涉案产品的倾销幅度为 101.7%，但因没有足够证据表明涉案产品的倾销与国内产业损害存在因果关系，故暂不实施反倾销措施。

（九）阿根廷对中国出口产品启动反倾销调查情况

1. 阿根廷对原产于中国的吸尘器进行反倾销立案调查

2017 年 11 月 6 日，阿根廷生产部发布第 842－E/2017 号决议，对原产于中国的功率小于等于 2 500 瓦、桶容积小于等于 35 升的非智能吸尘器进行反倾销立案调查。涉案产品的南共市海关编码为 85081100 和 85081900。本案倾销调查期为 2016 年 11 月至 2017 年 10 月，损害调查期为 2014 年 11 月至 2017 年 10 月。

2. 阿根廷原产于中国的应急照明设备发起反倾销立案调查

2017 年 9 月 4 日，阿根廷生产部发布第 665－E/2017 号决议，对原产于中国的应急照明设备发起反倾销立案调查。涉案产品的南共市海关编码 94051099。

3. 阿根廷对原产于中国的陶瓷洁具进行反倾销立案调查

2017 年 5 月 19 日，阿根廷生产部发布第 396－E/2017 号决议称，决定对原产于中国的陶瓷洁具启动反倾销调查。涉案产品南共市海关编码为 69101000 和 69109000。

4. 阿根廷对原产于中国汽车铝合金轮毂进行反倾销立案调查并作出产业损害肯定性初裁

2017 年 5 月 17 日，阿根廷生产部发布第 169/2016 号决议称，决定对原产于中国的汽车铝合金轮毂启动反倾销调查。涉案轮毂的直径大于等于 14 英寸且小于等于 18 英寸。涉案产品南共市海关编码为 87087090。

2017 年 5 月 31 日，中国驻阿根廷使馆经商参处收到阿根廷生产部国家外贸委员会照会，通告阿方初步裁定原产于中国的铝合金轮毂对阿根廷相关产业造成了实质性损害。

5. 阿根廷对原产自中国、西班牙和意大利的家用铝制散热器启动反倾销立案调

查

2018 年 6 月 28 日,阿根廷生产部发布 2018 年第 367 号决议,对原产于中国、西班牙和意大利的家用铝制散热器(用于非电动加热的中央暖气)发起反倾销立案调查。涉案产品的南共市海关编码为 76151000。本案倾销调查期为 2017 年 5 月至 2018 年 6 月,损害调查期为 2015 年 5 月至 2018 年 6 月。本决议自官方公报发布次日起生效。

6. 阿根廷对原产于中国的弹簧减震器启动反倾销立案调查并作出肯定性初裁

2018 年 4 月 23 日,阿根廷生产与就业部发布第 235/2018 号决议,对原产于中国的弹簧减震器启动反倾销立案调查。涉案产品南共市海关编码为 87141000 和 87149990。

2018 年 10 月 8 日,阿根廷生产与就业部发布 2018 年第 50 号决议,对原产于中国的两轮或三轮机动车用减震器(包括弹簧减震器)作出反倾销肯定性初裁,决定按照涉案产品 FOB 价格的 34.18%征收临时反倾销税。决议自发布之日起生效,有效期为 6 个月。

7. 阿根廷对原产于中国的轮毂启动反倾销立案调查

2018 年 12 月 18 日,阿根廷生产与就业部发布 2018 年第 139 号决议,对原产于中国的轮毂[直径不小于 444.5 毫米(17.5 英寸)且不大于 622.33 毫米(24.5 英寸),宽度不小于 152.4 毫米(6 英寸),用于公共汽车、卡车、拖车和半挂车]启动反倾销立案调查。涉案产品南共市海关编码为 87087090 和 87169090。本案倾销调查期为 2017 年 12 月至 2018 年 11 月,损害调查期为 2015 年 1 月至 2018 年 11 月。本决议自官方公报发布之日次日生效。

8. 阿根廷对涉华手钳启动反倾销立案调查并作出肯定性初裁

2018 年 3 月 5 日,阿根廷生产部发布第 116/2018 号决议,决定对原产自中国和印度的普通金属手钳进行反倾销立案调查。涉案产品南共市海关编码为 82032090。本案倾销调查期为 2017 年 3 月至 2018 年 2 月,损害调查期为 2015 年 1 月至 2018 年 2 月。

2018 年 9 月 17 日,阿根廷生产部发布第 15/2018 号决议,对原产于中国和印度的普通金属手钳作出反倾销初裁,裁定继续反倾销调查,但不征收临时反倾销税。本决议于官方公报发布次日起生效。

9. 阿根廷对涉华牛仔布启动反倾销立案调查作出反倾销初裁

2018 年 2 月 21 日,阿根廷生产部发布第 82/2018 号决议,决定对原产自中国的牛仔布进行反倾销立案调查。涉案产品南共市海关编码为 52084300、52094210、

52094290、52094900、52104910、52114210、52114290 和 52114900。本案倾销调查期 2017 年 2 月至 2018 年 1 月，损害调查期 2015 年 1 月至 2018 年 1 月。

2018 年 10 月 10 日，阿根廷生产和劳动部发布 2018 年第 70 号决议，对原产于中国的牛仔布作出反倾销初裁：涉案产品存在倾销并对阿根廷国内产业构成实质性损害，决定暂不对涉案产品征收临时反倾销税，继续本案反倾销调查。

(十)墨西哥对中国出口产品启动反倾销调查情况

1. 墨西哥对原产于中国的铝膜气球启动反倾销立案调查并作出肯定性初裁

2017 年 6 月 26 日，墨西哥经济部公告称，决定对原产于中国的铝膜气球进行反倾销立案调查。涉案产品墨西哥海关编码为 95030023 和 95059099。本案倾销调查期为 2015 年 9 月 1 日至 2016 年 8 月 31 日，损害调查期为 2013 年 9 月 1 日至 2016 年 8 月 31 日。

2017 年 12 月 5 日，墨西哥经济部在官方日报公告称，对原产于中国的铝膜气球作出反倾销肯定性初裁，裁定对涉案产品征收 37.8 美元/千克的临时反倾销税。

2. 墨西哥对原产于中国的细焊丝启动反倾销调查立案

2017 年 8 月 10 日，墨西哥经济部公告称，决定对原产于中国的细焊丝进行反倾销调查立案。涉案产品墨西哥海关编码为 72292001、72299099 和 83119001。本案倾销调查期为 2015 年 10 月 1 日至 2016 年 9 月 30 日，损害调查期为 2013 年 10 月 1 日至 2016 年 9 月 30 日。

3. 墨西哥对原产于中国的铝制高压锅启动反倾销立案调查

2018 年 12 月 20 日，墨西哥经济部公告称，对原产于中国的铝制高压锅(容积不超过 9 升)启动反倾销立案调查。本案倾销调查期为 2017 年 5 月 1 日至 2018 年 4 月 30 日，损害调查期为 2015 年 5 月 1 日到至 2018 年 4 月 30 日。涉案产品墨西哥海关编码为 76151001。

4. 墨西哥对原产于中国的铝箔卷启动反倾销立案调查

2018 年 8 月 28 日，墨西哥经济部发布公告，对原产于中国的家用或工业用铝箔卷(厚度小于等于 0.08 毫米，无支撑简单压制的，外直径大于等于 100 毫米，重量大于等于 5 千克)启动反倾销立案调查。本案倾销调查期为 2017 年 1 月 1 日至 2017 年 12 月 31 日，损害调查期为 2015 年 1 月 1 日至 2017 年 12 月 31 日。涉案产品墨西哥海关编码为 76071101。

5. 墨西哥对原产于中国的聚酯短纤启动反倾销立案调查作出反倾销初裁

2018 年 2 月 6 日，墨西哥经济部公告称，决定对原产于中国的聚酯短纤进行反倾销立案调查。本案倾销调查期为 2016 年 7 月 1 日至 2017 年 6 月 30 日，损害调查期为2014年7月1日至2017年6月30日。涉案产品墨西哥海关编码为55032001和55032099。

2018年11月30日,墨西哥经济部发布公告,对原产于中国的聚酯短纤作出反倾销初裁,决定对涉案产品继续反倾销调查且不征收临时反倾销税。决议自发布次日起生效。

(十一)越南对原产于中国和韩国的彩涂板启动反倾销立案调查

2018年10月15日,越南工贸部发布公告,对原产于中国和韩国的彩涂板发起反倾销调查。涉案产品越南海关编码为72107011和72107019等。

(十二)哥伦比亚对中国出口产品启动反倾销调查情况

1. 哥伦比亚对进口自中国的不锈钢洗涤槽启动反倾销调查并作出肯定性终裁

2017年5月12日,哥伦比亚贸工部外贸司发布2017年第054号决议,决定对进口自中国的8千克及以下重量不锈钢洗涤槽(哥伦比亚海关编码为7324100000)发起反倾销调查。

2017年7月19日,哥伦比亚贸工旅游部发布117号决议,对进口自中国的8千克及以下重量的不锈钢洗涤槽作出反倾销初裁,决定对涉案产品(哥伦比亚海关编码为73241000)征收临时反倾销税,有效期6个月。征税方式为:设定最低FOB报关限价为4.57美元/千克,若涉案产品FOB进口报关价低于该限价,则征收两者差额。

2. 哥伦比亚对原产于或进口自中国的钢绞股绳启动反倾销调查并作出肯定性初裁

2017年10月3日,哥伦比亚贸工旅游部发布167号决议,启动对原产于中国的钢绞股绳启动反倾销调查。本案倾销调查期为2016年9月6日至2017年9月5日。

2017年12月15日,哥伦比亚贸工旅游部发布2017年第220号决议,公布对进口自中国的钢绞股绳反倾销初裁结果,决定对涉案产品征收15%的临时反倾销税。临时反倾销措施自决议发布之日起生效,有效期6个月。涉案产品哥伦比亚海关编码为73121090。

3. 哥伦比亚对原产于中国的柠檬酸启动反倾销调查并暂不对征收临时反倾销税

2018年3月13日,哥伦比亚贸工旅游部公告称,决定对原产于中国的进口柠檬酸启动反倾销调查。涉案产品哥伦比亚海关编码为2918140000。本案倾销调查期为2017年1月28日至2018年1月29日。2018年6月15日,哥伦比亚发布公告,决定对原产于中国的进口柠檬酸作出反倾销调查初裁,暂不采取临时反倾销措施。

4. 哥伦比亚对原产于中国的碳钢焊接管启动反倾销立案调查

2018年4月26日,哥伦比亚贸工旅游部发布第088号决议,对原产于中国的碳钢焊接管启动反倾销立案调查。涉案产品哥伦比亚海关编码为 7306301000、7306309200、7306309900、7306500000、7306610000、7306690000 和 7306900000。

(十三)智利对原产于中国的钢条启动反倾销调查并作出反倾销终裁

2017 年 1 月 31 日,智利全国进口商品价格扭曲调查委员会发布公告,对原产于中国的进口钢条产品(智利海关编码为 72283000)启动反倾销调查。

2017 年 11 月 22 日,智利财政部发布公告,对原产于中国的钢条作出反倾销调查肯定性终裁,决定对华涉案产品征收 8.2%～22.9%的反倾销税,排除用于制造磨球、含碳量超过 1%的钢条,措施有效期为 1 年:对兴澄特钢征收 8.2%的从价税,对东北特钢征收 9.8%的从价税,对宝钢征收 22.9%的从价税,对其他中国公司征收 22.9%的从价税。

(十四)秘鲁对原产于中国的拉链及其配件启动反倾销调查并作出初裁并采取临时措施

2017 年 2 月 19 日,秘鲁国家竞争和知识产权保护局倾销、补贴和非关税贸易壁垒委员会发布第 048 - 2017/CDB - INDECOPI 号决议,对原产于中国的拉链及其配件发起反倾销调查,涉案产品秘鲁海关编码为 9607110000、9607190000 和 9607200000。

2017 年 10 月 6 日,秘鲁国家竞争和知识产权保护局倾销、补贴和非关税贸易壁垒委员会发布 2017 年第 187 号决议,对原产于中国的拉链及其配件反倾销调查作出初裁:采取临时措施,为期 4 个月;对 FOB 价格不超过 22.7 美元/千克的进口金属材质拉链征收 1.19 美元/千克的临时反倾销税;对 FOB 价格不超过 22.8 美元/千克的进口其他材质拉链征收 1.16 美元/千克的临时反倾销税;对自宁波萌恒工贸有限公司进口的拉链配件征税 0.16 美元/千克,对自其他公司进口的征税 4 美元/千克,但对 FOB 价格超过 11.8 美元/千克的进口配件不征税。

(十五)南非对进口自中国的聚对苯二甲酸乙二醇酯启动反倾销调查

2018 年 11 月 23 日,南非国际贸易委员会发布第 727 号公告,对进口自中国的聚对苯二甲酸乙二醇酯发起反倾销调查,涉案产品南非海关编码为 39076。

(十六)黎巴嫩对原产于或进口自中国、阿拉伯联合酋长国等国的棒材、角材、隔板等特殊型铝材产品启动反倾销调查并作出初裁

2018 年 5 月 9 日,黎巴嫩经济与贸易部公告称,对进口自中国、沙特阿拉伯、阿拉伯联合酋长国和埃及的棒材、角材、隔板等特殊型铝材产品发起反倾销调查。涉案产品黎巴嫩海关编码为 76042100、76041090、76042990、76109090。2018 年 11 月 15 日,黎巴嫩经贸部发布关于铝型材反倾销调查的初裁决定:对原产于中国和阿拉伯联合酋长国的相关铝型材产品分别加征20%和14%的临时反倾销税。该措施的期限为4个月。如果进口商为本地注册工厂,进口涉案产品作为本地主要产业的原材料,则不必缴纳该反倾销税,但须由黎巴嫩海关按照工业规范进行监管。

(十七)乌克兰对进口自中国、俄罗斯的彩涂板发起反倾销调查

2018年10月1日,乌克兰经济发展和贸易部发布公告,对进口自中国、俄罗斯的彩涂板发起反倾销调查。

(十八)欧亚经济委员会[①]对中国出口产品发起反倾销调查情况

1. 欧亚经济委员会对进口自中国和乌克兰的镀锌板发起反倾销调查

2018年6月29日,欧亚经济委员会公告称,决定对进口自中国和乌克兰的镀锌板产品发起反倾销调查。

2. 欧亚经济委员会对进口自中国的铝轮毂发起反倾销立案调查

2018年3月2日,欧亚经济委员会公告称,对进口自中国的铝制汽车轮毂产品发起反倾销立案调查。该案是欧亚经济联盟自2015年以来发起的首起涉华反倾销案件。

3. 欧亚经济委员会对进口自中国的聚合涂层钢板再次启动反倾销调查并延长征税

2017年3月1日,欧亚经济委员会内部市场保护司通告称,根据欧亚经济联盟国家企业申请,欧亚经济委员会对原产于中国且进口到联盟的聚合涂层钢板再次启动反倾销调查。

4. 欧亚经济委员会对进口自中国的履带式推土机再次启动反倾销调查

2017年11月24日,欧亚经济委员会决定再次对中国产履带式推土机进行反倾销调查。此次反倾销调查针对卡特彼勒(青州)有限公司生产的250马力及以下的履带式推土机(具有可旋转或不可旋转推土铲)。

第二节 2017—2018年境外对中国出口产品发起反补贴调查情况

一、发达经济体对中国出口产品启动反补贴立案调查情况

(一)美国对进口自中国的甘氨酸启动反补贴立案调查并作出产业损害和反补贴初裁

2018年4月20日,美国商务部宣布对进口自中国的甘氨酸发起反补贴立案调查。本案涉及美国海关编码2922494300和2922498000项下产品。据美方统计,2017

---

① 欧亚经济委员会包含俄罗斯、白俄罗斯、哈萨克斯坦三国,并于2015年1月1日升级为欧亚经济联盟,成员国包括俄罗斯、哈萨克斯坦、白俄罗斯、吉尔吉斯斯坦和亚美尼亚五国。

年美国自印度、泰国、中国的进口额分别约为670万美元、440万美元、110万美元。

2018年5月11日，美国国际贸易委员会对进口自中国的甘氨酸作出反补贴产业损害初裁，裁定被主张存在政府补贴的中国涉案产品对美国国内产业构成实质性损害。

2018年8月28日，美国商务部宣布对进口自中国的甘氨酸作出反补贴肯定性初裁：中国强制应诉企业JC Chemicals Limited和厦门志信化学有限公司以及中国其他生产商和出口商补贴率均为144.01%。

(二)欧盟对中国出口产品进行反补贴立案调查情况

1. 欧盟对原产于中国的卡车或客车轮胎进行反补贴立案调查

2017年10月14日，欧盟委员会公告称，对原产于中国的全新或翻新卡车或客车轮胎进行反补贴立案调查。涉案产品欧盟CN(综合税则目录)编码为40112090和ex40121200。本案补贴和损害调查期为2016年7月1日至2017年6月30日。

2. 欧盟对原产于中国的电动自行车进行反补贴立案调查

2017年12月21日，欧盟委员会发布公告称，对原产于中国的电动自行车(electric bicycles)进行反补贴立案调查。涉案产品欧盟CN(综合税则目录)编码为ex87116010和ex87116090，欧盟TARIC(欧盟关税数据库)编码为8711609010。本案倾销和损害调查期为2016年10月1日至2017年9月30日，损害评估调查期为2014年1月1日至2017年9月30日。

(三)中国台湾地区对中国大陆出口产品发起反补贴立案调查情况

1. 中国台湾地区对进口自中国大陆的镀锌、锌合金扁轧钢启动反补贴立案调查

2018年4月16日，中国台湾地区"财政部关务署"公告称，对进口自中国大陆的镀锌、锌合金扁轧钢启动反补贴立案调查。本案涉及台湾地区海关编码72103000104、72103000202、72103000907、72104100003、72104900318、72104900327、72104900336、72104900416、72104900425、72104900434、72104900513、72104900522、72104900531、72104900611、72104900620、72104900639、72104900906、72106100115、72106100124、72106100133、72109090004、72122000006、72123000102、72123000200、72125090000、72259100005、72259200004、72259910005、72269910004及72269920002项下的产品。涉案企业包括江苏沙钢国际贸易有限公司、内蒙古包钢钢联股份有限公司、天津海钢板材有限公司、江阴宗承钢铁有限公司、福建凯景新型科技材料有限公司、宝山钢铁股份有限公司及武钢集团国际经济贸易有限公司等。本案补贴调查期为2017年1月1日至2017年12月31日。

2. 中国台湾地区对进口自中国大陆的冷轧不锈钢启动反补贴立案调查

2018年4月16日,中国台湾地区“财政部关务署”公告称,对进口自中国大陆的300系冷轧不锈钢启动反补贴立案调查。本案涉及台湾地区海关编码7219329011、7219329012、7219329019、7219339011、7219339012、7219339019、7219349011、7219349012、7219349019、7219359011、7219359012、7219359019、7220209011、7220209012、7220209019项下的产品。涉案生产商/出口商包括山西太钢不锈钢股份有限公司、天津太钢天管不锈钢有限公司、太钢不锈钢香港有限公司、太钢进出口(香港)有限公司等。本案补贴调查期为2017年1月1日至2017年12月31日。

3. 中国台湾地区对进口自中国大陆的碳钢钢板启动反补贴立案调查

2018年4月16日,中国台湾地区“财政部关务署”公告称,对进口自中国大陆的碳钢钢板启动反补贴立案调查。本案涉及台湾地区海关编码72085110100、72085110208、72085110306、72085120000、72085130008、72085140006、72085210207、72085220205、72085230203、72089010005、72089021002、72089030001、72089040009、72111410101、72111410209、72111410307、72111420207、72111430205、72111440203、72254000908、72269100905项下的产品。涉案企业包括莱芜钢铁集团银山型钢有限公司、江苏沙钢国际贸易有限公司、张家港沙景宽厚板有限公司、中普(邯郸)钢铁有限公司、北京普阳国际能源管理股份有限公司、南京钢铁股份有限公司等。本案补贴调查期为2017年1月1日至2017年12月31日。

二、发展中经济体对中国出口产品发起反补贴立案调查情况

(一)印度对中国出口产品发起反补贴立案调查情况

1. 印度对原产于或进口自中国的莠去津原药启动反补贴立案调查

2018年8月27日,印度商工部对原产于或进口自中国的莠去津原药进行反补贴立案调查。补贴调查期2017年4月至2018年3月,损害调查期2014—2015年、2015—2016年、2016—2017年以及本补贴调查期。涉案产品印度海关编码为38089199、38089390和38089990。

2. 印度对原产于或进口自中国的卡车和客车用充气轮胎启动反补贴立案调查

2018年3月27日,印度商工部公告称,对原产于或进口自中国的卡车和客车用充气轮胎进行反补贴立案调查。补贴调查期为2016年10月至2017年9月(12个月),损害调查期为2014—2015年、2015—2016年、2016—2017年及补贴调查期。涉案产品印度海关编码为401120。

3. 印度对原产于或进口自中国的糖精启动反补贴立案调查

2018年8月10日,印度商工部公告称,对原产于或进口自中国的糖精进行反补

贴立案调查。补贴调查期为 2017 年 4 月至 2018 年 3 月(12 个月),损害调查期为 2014—2015 年、2015—2016 年、2016—2017 年以及本补贴调查期。涉案产品印度海关编码为 29251100。

4. 印度对原产于或进口自中国的氟橡胶启动反补贴立案调查

2018 年 8 月 14 日,印度工商部公告称,对原产于或进口自中国的氟橡胶进行反补贴立案调查。补贴调查期为 2017 年 1 月至 2017 年 12 月,损害调查期为 2014—2015 年、2015—2016 年、2016—2017 年以及本补贴调查期。涉案产品印度海关编码为 3904、390469 和 39046990。

5. 印度对原产于或进口自中国和越南的焊接不锈钢管启动反补贴立案调查

2018 年 8 月 9 日,印度商工部公告称,对原产于或进口自中国和越南的焊接不锈钢管进行反补贴立案调查。补贴调查期为 2017 年 4 月至 2018 年 3 月(12 个月),损害调查期为 2014—2015 年、2015—2016 年、2016—2017 年以及本补贴调查期。涉案产品印度海关编码为 73064000、73066110、73061100 和 73062100。

(二)巴西对原产于中国的热轧钢板作出反补贴肯定性初裁和终裁

2017 年 9 月 25 日,巴西工业外贸服务部通报外贸秘书处 2017 年第 50 号通告,决定对原产于中国的热轧钢板作出反补贴肯定性初裁,初步裁定涉案产品存在补贴行为并对国内产业造成损害,但暂不采取临时反补贴措施;延长本案调查期,自 2017 年 11 月 21 日起,至多延长 6 个月。涉案产品为宽度不小于 600 毫米、厚度(非板卷产品)小于 4.75 毫米(板卷产品厚度可为任意值)的合金或非合金热轧钢板。

2018 年 5 月 21 日,巴西工业外贸服务部通报秘书处 2018 年第 34 号通告,决定对原产于中国的热轧钢板作出反补贴终裁:进口自中国的涉案产品存在补贴行为,将征收为期 5 年的反补贴税,但出于公共利益考虑,暂不实施反补贴措施,自本公告发布之日起生效。

第三节　2017—2018 年境外对中国出口产品采取“双反”措施情况

一、发达经济体对中国出口产品发起“双反”立案调查情况

(一)美国对中国出口产品发起“双反”调查情况

1. 美国对进口自中国的葡萄糖酸钠、葡萄糖酸及衍生产品启动“双反”立案调查

2017 年 12 月 21 日,美国商务部宣布对进口自中国的葡萄糖酸钠、葡萄糖酸及衍生产品发起“双反”立案调查,涉及美国海关编码 2918161000、2918165010、

2932205020 项下产品以及 2918165050、3824992890 和 3824999295 项下部分产品。2016 年美国自中国和法国对涉案产品的进口额分别约为 440 万美元和 610 万美元，进口量分别为 4 248 吨和 4 470 吨。

2. 美国对进口自中国的铝合金薄板启动“双反”立案调查

2017 年 11 月 28 日，美国商务部宣布对进口自中国的铝合金薄板(alloy aluminum sheet)启动双反立案调查。本案涉及美国海关编码 7606113060、7606116000、7606123090、7606126000、7606913090、7606916080、7606923090 和 7606926080 项下产品以及税号 7606113030、7606123030、7606913060、7606916040、7606923060、7606926040 和 7607119090 项下部分产品。据美方统计，2016 年美国自中国对涉案产品的进口额约为 60 360 万美元，进口量为 606 533 743 磅。

3. 美国对进口自中国大陆、中国台湾和意大利的锻钢件启动“双反”立案调查并作出“双反”产业损害初裁

2017 年 10 月 26 日，美国商务部宣布对进口自中国大陆、中国台湾地区和意大利的锻钢件启动反倾销立案调查，同时对进口自中国大陆的锻钢件启动反补贴立案调查。本案涉及美国海关编码 7307991000、7307993000、7307995045 和 7307995060 项下产品以及税号 7307923010、7307923030、7307929000 和 7326190010 项下部分产品。据美方统计，2016 年美国自中国大陆、中国台湾地区和意大利对涉案产品的进口额分别约为 7 840 万美元、2 110 万美元和 1 510 万美元，进口量分别约为 17 631 公吨、5 229 公吨和 3 057 公吨。

2017 年 11 月 17 日，美国国际贸委会公告称，对进口自中国大陆、中国台湾地区和意大利的锻钢件作出反倾销产业损害肯定性初裁，同时对中国涉案产品作出反补贴产业损害肯定性初裁，裁定被主张存在政府补贴和倾销的涉案产品进口对美国国内产业构成实质性损害。

4. 美国对进口自中国和印度的不锈钢法兰启动“双反”调查并作出产业损害肯定性初裁

2017 年 9 月 6 日，美国商务部决定对进口自中国和印度的不锈钢法兰产品发起反倾销和反补贴调查。美国申请人主张中国输美不锈钢法兰倾销幅度为 79.93%～216.96%，指控中国企业受到 7 大类 29 种不同类型的政府补贴。据统计，2016 年美国自中国和印度进口的不锈钢法兰总额分别约为 1 630 万美元和 3 210 万美元，进口总量分别约为 2 454 公吨和 8 031 公吨。涉案产品主要列于美国海关编码 7307211000 和 7307215000 项下。

2017 年 9 月 29 日，美国国际贸易委员会发布公告称，对进口自中国和印度的不

锈钢法兰作出反倾销和反补贴产业损害肯定性初裁，裁定被主张存在政府补贴和倾销的涉案产品进口对美国国内产业构成实质性损害。

5. 美国对进口自中国的聚四氟乙烯树脂启动“双反”立案调查

2017年10月19日，美国商务部公告称，对进口自中国的聚四氟乙烯树脂发起双反立案调查。据统计，2016年美国自中国进口的聚四氟乙烯树脂总额约为2 460万美元，进口总量约为3 057公吨。该产品所属的美国海关编码为3904610010、3904610090和390469。

6. 美国对进口自中国的铸铁污水管启动“双反”立案调查并作出产业损害和反补贴肯定性初裁

2017年8月3日，美国商务部公告称，对进口自中国的铸铁污水管发起“双反”立案调查。本案涉及美国海关编码7307110045项下产品。

2017年8月25日，美国国际贸易委员会公告称，对进口自中国的铸铁污水管作出“双反”产业损害肯定性初裁。2017年12月13日，美国商务部公告称，对进口自中国的铸铁污水管作出反补贴初裁：强制应诉企业山西泫氏实业集团有限公司补贴率为8.66%，Wor-Biz International Trading Co.，Ltd. 补贴率为12.72%，Shijiazhuang Chengmei Import & Export Co.，Ltd. 补贴率为102.31%，中国其他生产商和出口商补贴率为10.37%。

7. 美国对进口自中国的冷拔机械管启动“双反”立案调查并作出产业损害和反补贴肯定性初裁

2017年5月10日，美国商务部公告称，对进口自中国的冷拔机械管进行反倾销和反补贴立案调查。本案涉及美国海关编码7304313000、7304316050、7304511000、7304515005、7304515060、7306305015、7306305020、7306505030、7306301000和7306501000等。据统计，2016年，美国自中国、德国、印度、意大利、韩国和瑞士进口的涉案产品总额分别约2 940万美元、3 880万美元、2 500万美元、1 190万美元、2 130万美元和2 620万美元。2017年6月2日，美国国际贸易委员会公告称，对进口自中国的冷拔机械管作出反倾销和反补贴产业损害肯定性初裁。

2017年9月19日，美国商务部公告称，对进口自中国的冷拔机械管作出反补贴初裁：中国强制应诉企业 Jiangsu Hongyi Steel Pipe Co. Ltd. 补贴率为35.69%，Zhangjiagang Huacheng Import & Export Co. Ltd 补贴率为33.31%，中国其他生产商/出口商补贴率为34.5%。

8. 美国对进口自中国的工具箱（柜）启动“双反”立案调查并作出“双反”产业损害、初裁与终裁

2017年5月2日,美国商务部发布公告称,对进口自中国的工具箱(柜)发起“双反”立案调查。本案涉及美国海关编码 9403200021、9403200026、9403200030、7326908688 和 7326903500 项下产品。据统计,2016年,美国自中国进口的涉案产品总额约为9.899亿美元。2017年5月25日,美国国际贸易委员会公告称,对进口自中国的工具箱(柜)作出反倾销和反补贴产业损害肯定性初裁,初步裁定进口自中国的涉案产品对美国国内产业造成实质损害。2017年9月11日,美国商务部宣布对进口自中国的工具箱(柜)作出反补贴肯定性初裁:涉案企业江苏通润装备科技股份有限公司的补贴幅度为17.32%,中山基龙工业有限公司的补贴幅度为32.07%,其他涉案企业的补贴幅度为27.13%。

2017年11月13日,美国商务部公告称,对进口自中国和越南的工具箱(柜)作出反倾销初裁:中国强制应诉企业 Geelong Sales (Macao Commercial Offshore) Limited 倾销幅度为168.93%,Tongrun Single Entity 倾销幅度为90.40%,适用单独税率的中国生产商/出口商倾销幅度为145.99%,未获得单独税率的中国生产商/出口商倾销幅度为168.93%。

2017年11月22日,美国商务部宣布对进口自中国的工具箱(柜)作出反补贴肯定性终裁:强制应诉企业江苏通润装备科技股份有限公司的补贴幅度为15.09%,中山基龙工业有限公司的补贴幅度为14.03%;基于不利可得事实,未按要求提交调查问卷企业的补贴幅度为95.96%;中国其他涉案生产商/出口商的补贴幅度为14.39%。

9. 美国对进口自中国的铝箔启动“双反”立案调查并作出产业损害肯定性初裁

2017年3月28日,美国商务部宣布正式对进口自中国的铝箔启动反倾销和反补贴立案调查。本案涉及美国海关编码 7607113000、7607116000、7607119030、7607119060、7607119090 和 7607196000 项下产品,以及税号 7606113060、7606116000、7606123045、7606123055、7606123090、7606126000、7606913090、7606916080、7606923090 和 7606926080 项下部分产品。据统计,2016年美国自中国进口的铝箔总量约为13.76万吨,总额约为3.89亿美元。

2017年4月21日,美国国际贸易委员会公告称,对进口自中国的铝箔作出“双反”产业损害肯定性初裁:进口自中国的涉案产品对美国国内产业造成实质损害。

10. 美国对进口自中国的拉伸变形丝启动“双反”立案调查并作出“双反”产业损害初裁

2018年11月8日,美国商务部对进口自中国和印度的拉伸变形丝发起“双反”立案调查。

2018年11月30日，美国国际贸易委员会对进口自中国的拉伸变形丝作出反倾销和反补贴产业损害初裁，裁定被主张存在政府补贴和倾销行为的涉案产品对美国国内产业构成了实质性损害。本案涉及美国海关编码5402333000和5402336000项下产品。据美方统计，2017年美国自中国对涉案产品的进口总额约为3 500万美元。

11. 美国对进口自中国的铝制电线电缆启动"双反"立案调查并作出双反产业损害初裁

2018年10月12日，美国商务部宣布对进口自中国的铝制电线电缆发起"双反"立案调查。本案涉及美国海关编码8544499000项下产品和8544429090项下部分产品。

2018年11月2日，美国国际贸易委员会对进口自中国的铝制电线电缆作出"双反"产业损害初裁：被主张存在政府补贴和倾销的涉案产品进口对美国国内产业构成实质性损害。

12. 美国对进口自中国的可重复使用不锈钢啤酒桶启动"双反"立案调查并作出产业损害初裁

2018年10月11日，美国商务部宣布对进口自中国的可重复使用的不锈钢啤酒桶发起"双反"立案调查。本案涉及美国海关编码7310100010、7310000050、7310290025和7310290050项下产品。据美方统计，2017年美国自中国的进口总额约为1 810万美元。

2018年11月2日，美国国际贸易委员会对该案作出反倾销和反补贴产业损害初裁，裁定被主张存在政府补贴和倾销的涉案产品进口对美国国内产业构成实质性损害。

13. 美国对进口自中国的直径12～16.5英寸钢轮启动"双反"立案调查并作出产业损害初裁

2018年8月29日，美国商务部宣布对进口自中国的直径12～16.5英寸钢轮发起反"双反"立案调查。本案涉及美国海关编码8716905035项下产品和8716905059项下部分产品。2018年9月21日，美国国际贸易委员会对该案作出反倾销和反补贴产业损害初裁，裁定被主张存在政府补贴和倾销行为的涉案产品对美国国内产业构成实质性损害。

14. 美国对华钢货架启动"双反"立案调查并作出产业损害初裁和反补贴初裁

2018年7月11日，美国商务部宣布对进口自中国的钢货架(steel racks)发起反补贴和反倾销立案调查。本案涉及美国海关编码7326908688、9403200080和9403908041项下产品及7308903000、7308906000、7308909590和9403200090项下部分产品。据美方统计,2017 年美国自中国进口的钢货架进口总额约为 2 亿美元。

2018 年 8 月 3 日,美国国际贸易委员会对该案作出反倾销和反补贴产业损害初裁,裁定被主张存在政府补贴和倾销行为的涉案产品对美国国内产业构成了实质性损害。

2018 年 11 月 20 日,美国商务部宣布对进口自中国的钢货架作出反补贴初裁:中国强制应诉企业 Nanjing Dongsheng Shelf Manufacturing Co.,Ltd. 的补贴率为 5.04%,Xiamen Aifei Metal Manufacturing Co.,Ltd. 补贴率为 10.45%,16 家未按要求提供信息的企业补贴率为 150.49%,中国其他生产商/出口商补贴率为 8.81%。

15. 美国对进口自中国的钢制丙烷气瓶启动"双反"立案调查并作出产业损害初裁

2018 年 6 月 12 日,美国商务部宣布对进口自中国的钢制丙烷气瓶启动反倾销和反补贴立案调查。涉案产品美国海关编码为 7311000060 和 7311000090。据美方统计,2017 年美国自中国进口钢制丙烷气瓶金额约为 8 980 万美元。

2018 年 7 月 5 日,美国对进口自中国的钢制丙烷气瓶作出反倾销和反补贴产业损害初裁,裁定被主张存在政府补贴和倾销行为的涉案产品对美国国内产业构成实质性损害。

16. 美国对进口自中国的石英台面产品启动"双反"调查并作出产业损害和初裁

2018 年 5 月 14 日,美国商务部宣布,对进口自中国的石英台面产品发起"双反"立案调查。本案涉及美国海关编码 6810990010 项下产品及 6810110010、6810110070、6810191200、6810191400、6810195000、6810910000、6810990080、6815994070、2506100010、2506100050、2506200010 和 2506200080 项下部分产品。2018 年 5 月 31 日,美国国际贸易委员会对该案作出反倾销和反补贴产业损害初裁,裁定被主张存在政府补贴的和倾销行为的涉案产品对美国国内产业构成实质性损害。

2018 年 9 月 17 日,美国商务部宣布对该案作出反补贴初裁:强制应诉企业 Foshan Yixin Stone Co. Ltd. 补贴率 34.38%,Fasa Industrial Corporation Limited 和 Foshan Hero Stone Co.,Ltd. 补贴率 178.45%,中国其他生产商和出口商补贴率 34.38%。

2018 年 11 月 14 日,美国商务部宣布对该案作出反倾销初裁:中国涉案企业 C Q International Limited、Suzhou Colorquartzstone New Material Co.,Ltd. 和 ShanghaiMeiyang Stone Co.,Ltd. 倾销幅度均为 242.10%,Foshan Yixin Stone Co. Ltd. 和 Guangzhou Hercules Quartz Stone Products Co.,Ltd. 倾销幅度分为 341.29%和 289.62%;中国普遍倾销幅度为 341.29%,获得单独税率的出口商倾销幅度为

290.86%。

17. 美国对进口自中国的钢制轮毂启动“双反”调查并作出肯定性产业损害和初裁

2018年4月17日，美国商务部宣布对进口自中国的钢制轮毂发起反倾销和反补贴立案调查。本案涉及美国海关编码 8708704530、8708704560、8708706030、8708706060、8716.90.5045 和 8716.90.5059 项下产品以及 4011201015、4011205020 和 8708994850 项下部分产品。据美方统计，2017年中国对美国出口涉案产品约3.88亿美元。

2018年5月10日，美国国际贸易委员会对进口自中国的钢制轮毂作出反倾销和反补贴产业损害初裁，裁定涉案产品的进口对美国国内产业构成实质性损害。

2018年8月27日，美国商务部对该案作出反补贴初裁：强制应诉企业厦门日上集团股份有限公司补贴率为58.75%，浙江金固股份有限公司和 Shanghai Yata Industry Company Limited 补贴率为172.51%，中国其他生产商和出口商的补贴率为58.75%。

2018年10月24日，美国商务部宣布对进口自中国的钢制轮毂作出反倾销初裁：基于不利可得事实，中国普遍倾销率为231.70%。

18. 美国对进口自中国的橡皮筋启动“双反”立案调查并作出产业损害、初裁和终裁

2018年2月21日，美国商务部宣布，对进口自中国的橡皮筋发起“双反”立案调查。本案涉及美国海关编码 4016993510 项下产品和 4016996050 项下部分产品。据美方统计，2017年美国自中国的涉案产品进口额约为490万美元。

2018年3月15日，美国国际贸易委员会公告称，对该案作出“双反”肯定性产业损害初裁，裁定被主张存在政府补贴和倾销的涉案产品进口对美国国内产业构成实质性损害。

2018年7月3日，美国商务部宣布对进口自中国的橡皮筋作出反补贴肯定性初裁：强制应诉企业 Graceful Imp. & Exp. Co., Ltd.、Moyoung Trading Co., Ltd. 和宁波赛龙进出口有限公司以及中国其他生产商和出口商补贴率均为125.77%。

2018年8月30日，美国商务部作出反倾销肯定性初裁：中国生产商和出口商倾销率为27.27%。与此同时，美国商务部裁定中国全部生产商和出口商均存在为规避肯定性裁定结果而大量出口涉案产品的紧急情况，因而上述初裁将自本公告发布于美国联邦公报之日前90日对在美国报关的中国橡皮筋追溯适用，并由美国海关和边境保护署予以追溯执行。

2018 年 11 月 14 日,美国商务部宣布对进口自中国的橡皮筋作出反倾销和反补贴终裁:中国普遍倾销幅度为 27.27%;中国强制应诉企业 Graceful Imp. & Exp. Co.,Ltd.、Moyoung Trading Co.,Ltd. 和宁波赛龙进出口有限公司(Ningbo Syloon Imp. & Exp. Co.,Ltd.)以及中国其他生产商和出口商补贴率均 125.77%。

2018 年 12 月 14 日,美国国际贸易委员会对进口自中国的橡皮筋作出"双反"产业损害肯定性终裁。与此同时,美国国际贸易委员会裁定涉案企业不存在为规避肯定性终裁而大量出口涉案产品的紧急情况,因而将不对中国涉案产品追溯征收反倾销税和反补贴税。

19. 美国对进口自中国的铸铁污水管启动"双反"立案调查并作出肯定性产业损害和初裁

2018 年 2 月 16 日,美国商务部宣布,对进口自中国的铸铁污水管启动反倾销和反补贴立案调查。本案涉及美国海关编码 7303000030 项下产品。据美方统计,2017 年美国对中国铸铁污水管进口额约 1 150 万美元,进口量约 1.5695 万公吨。

2018 年 3 月 9 日,美国国际贸易委员会公告称,对进口自中国的铸铁污水管作出反倾销和反补贴产业损害肯定性初裁,裁定涉案产品的进口对美国国内产业构成实质性损害。美国商务部将继续对涉案产品进行反倾销和反补贴调查。

2018 年 6 月 26 日,美国商务部宣布对进口自中国的铸铁污水管作出反补贴初裁:运城市绛县开发区恒通铸造有限公司的补贴率为 13.11%,大连金蔚管业有限责任公司的补贴率为 111.20%,中国其他生产商和出口商的补贴率为 13.11%。

2018 年 8 月 27 日,美国商务部对进口自中国的铸铁污水管作出反倾销初裁:强制应诉企业恒通铸造有限公司和中国其他生产商和出口商的倾销率均为 302.61%。

20. 美国对进口自中国的塑料装饰丝带启动"双反"调查并作出肯定性产业损害和初裁

2018 年 1 月 17 日,美国商务部宣布正式对进口自中国的塑料装饰丝带启动"双反"立案调查。本案涉及美国海关编码 3920200015 和 3926400010 项下产品及税号 3920100000、3920200055、3920300000、3920435000、3920490000、3920620050、3920620090、3920690000、3921901100、3921901500、3921901910、3921901950、3921904010、3921904090、3926909996、5404900000、9505904000、4601999000、4602900000、5609003000、5609004000 和 6307909889 项下部分产品。

2018 年 2 月 9 日,美国国际贸易委员会公告称,对该案作出"双反"产业损害肯定性初裁,裁定被主张存在政府补贴和倾销的涉案产品进口对美国国内产业构成实质性损害。

2018 年 5 月 30 日，美国商务部宣布反补贴初裁：强制应诉企业 Joynice Gifts & Crafts Co.，Ltd. 补贴率为 14.27%，Seng San Enterprises Co.，Ltd. 补贴率为 12.81%，Santa's Collection Shaoxing Co.，Ltd. 补贴率为 94.67%，中国其他生产商和出口商补贴率为 13.54%。

2018 年 7 月 31 日，美国商务部宣布反倾销初裁：强制应诉企业 Ningbo Junlong Craft Gift Co.，Ltd. 倾销率为 45.16%，Dongguan Mei Song Plastic Industry Co.，Ltd. 倾销率为 50.93%，Ricai Film Artwork Materials Co.，Ltd. 倾销率为 370.04%，获得单独税率的 10 家企业倾销率为 48.05%，中国其他涉案出口商/生产商倾销率为 370.04%。

21. 美国对进口自中国的大口径焊管启动"双反"立案调查并作出产业损害、初裁和终裁

2018 年 2 月 12 日，美国商务部宣布对进口自中国的大口径焊管发起"双反"立案调查。据美方统计，2016 年美国自中国对涉案产品的的进口额约为 1 300 万美元，进口量为 19 011 吨。本案涉及美国海关编码 7305111030、7305111060、7305115000、7305121030、7305121060、7305125000、7305191030、7305191060、7305195000、7305314000、7305316010、7305316090、7305391000 和 7305395000 项下产品。

2018 年 3 月 5 日，美国国际贸易委员会公告称，对该案作出"双反"产业损害肯定性初裁，裁定被主张存在政府补贴和倾销的涉案产品进口对美国国内产业构成实质性损害。

2018 年 6 月 20 日，美国商务部宣布对该案作出反补贴初裁：中国强制应诉企业 Hefei Zijin Steel Tube Manufacturing Co.、Hefei Ziking Steel Pipe、Panyu Chu Kong Steel Pipe Co. Ltd. 及中国其他生产商和出口商补贴率均为 198.49%。

2018 年 8 月 21 日，美国商务部作出反倾销初裁：中国生产商和出口商倾销率为 132.63%。

2018 年 11 月 7 日，美国商务部对该案作出"双反"终裁：基于不利可得事实，裁定中国生产商和出口商倾销率均为 132.63%；中国强制应诉企业 Hefei Zijin Steel Tube Manufacturing Co.、Hefei Ziking Steel Pipe、Panyu Chu Kong Steel Pipe Co. Ltd. 及中国其他生产商和出口商补贴率均为 198.49%。

2018 年 12 月 6 日，美国国际贸易委员会对进口自中国的大口径焊管作出产业损害肯定性终裁：对进口自中国的大口径焊接碳合金钢线管作出反倾销产业损害肯定性终裁和反补贴产业损害否定性终裁；对进口自中国的大口径焊接碳合金钢结构管作出"双反"产业损害肯定性终裁；对进口自中国的大口径焊接不锈钢管作出"双反"产业损

害否定性终裁。

22. 美国企业对进口自中国的细旦涤纶短纤启动“双反”立案调查并作出产业损害肯定性初裁

2017 年 6 月 21 日,美国商务部公告称,对进口自中国的细旦涤纶短纤进行反倾销和反补贴立案调查。本案涉及美国海关编码 5503200025 项下产品。据统计,2016 年,美国自中国进口的涉案产品总额约为 7 940 万美元。

2017 年 7 月 14 日,美国国际贸易委员会公告称,对进口自中国的细旦涤纶短纤作出反倾销和反补贴产业损害肯定性初裁。

(二)加拿大对中国出口产品启动“双反”调查情况

1. 加拿大对原产于或进口自中国、印度、阿曼和巴基斯坦的聚对苯二甲酸乙二醇酯树脂启动“双反”立案调查并作出肯定性初裁

2017 年 8 月 18 日,加拿大边境服务署公告称,对原产于或进口自中国、印度、阿曼和巴基斯坦的聚对苯二甲酸乙二醇酯树脂启动反倾销和反补贴立案调查。涉案产品加拿大海关编码为 3907610000、3907690010 和 3907690090。2016 年加拿大进口涉案产品约 1 238 美元。

2017 年 11 月 1 日,加拿大国际贸易法庭对原产于或进口自中国、印度、阿曼和巴基斯坦的聚对苯二甲酸乙二醇酯树脂作出反倾销和反补贴产业损害肯定性初裁。

2017 年 11 月 16 日,加拿大边境服务署发布公告,对原产于或进口自中国、印度、阿曼和巴基斯坦的聚对苯二甲酸乙二醇酯树脂作出反倾销和反补贴肯定性初裁,税率见表 7.1。

表 7.1　加拿大对原产于或进口自中国、印度、阿曼和巴基斯坦的聚对苯二甲酸乙二醇酯树脂“双反”肯定性初裁税率

生产商/出口商	倾销幅度	补贴幅度	临时税率
Jiangsu Sanfangxiang Group Co. Ltd.	3.3%	22.8%	26.1%
All Other Chinese Exporters(其他中国出口商)	17.4%	22.8%	40.2%

2. 加拿大对原产于或进口自中国、韩国或越南等冷轧钢卷/板启动“双反”立案调查并作出肯定性初裁

2018 年 5 月 25 日,加拿大边境服务署公告称,对进口自中国、韩国和越南的冷轧钢卷/板进行反倾销和反补贴立案调查。涉案产品的加拿大海关编码为 7209150000、7209160000、7209170000、7209180000、7209250000、7209260000、7209270000、7209280000、7209900000、7211230000、7211290000、7211900000 和 7225500000。

2018年8月23日，加拿大边境服务署对原产于或进口自中国、韩国和越南的冷轧钢卷/板作出反倾销和反补贴肯定性初裁，决定自当日起对涉案产品征收临时反倾销税和反补贴税，其中中国出口商预估倾销幅度为91.9%，预估补贴幅度为11.6%，应付临时税共计103.5%。

3. 加拿大对原产于或进口自中国的抽油杆启动"双反"立案调查并作出肯定性产业损害和初裁

2018年5月18日，加拿大边境服务署公告称，对原产于或进口自中国的抽油杆启动反倾销和反补贴立案调查。涉案产品加拿大海关编码为8413910010。

2018年7月17日，加拿大国际贸易法庭公告称，对原产于或进口自中国的抽油杆作出"双反"产业损害初裁：涉案产品的进口对加拿大国内产业造成了实质性损害或损害威胁。

2018年8月16日，加拿大边境服务署对原产于或进口自中国的抽油杆作出"双反"肯定性初裁，决定自当日起对涉案产品征收临时反倾销税和反补贴税，税率见表7.2。

表7.2　加拿大对原产于或进口自中国的抽油杆"双反"肯定性初裁

中国出口商	出口商中文名称	倾销幅度	补贴幅度	合计
Found Petroleum Equipment Co., Ltd.	丰达石油装备股份有限公司	283.9%	53.1%	337.0%
Nine-Ring Petroleum Machinery Co., Ltd.	山东九环石油机械有限公司	198.6%	10.0%	208.6%
Shandong Kunlong Petroleum Machinery Co., Ltd.		200.2%	46.1%	246.3%
Zibo Hongyang Weatherford Oilfield Equipment Co., Ltd.		138.2%	9.5%	147.7%
All Other Exporters	其他出口商	305.1%	144.3%	449.4%

(三)澳大利亚对中国出口产品启动"双反"调查情况

1. 澳大利亚对进口自中国的铁道轮毂启动"双反"立案调查并作出反倾销肯定性初裁

2018年4月18日，澳大利亚反倾销委员会发布第2018/59号公告，决定自公告发布之日起对进口自中国的铁道轮毂启动"双反"立案调查。本案调查期为2017年1月1日至2017年12月31日，产业损害分析期为自2014年1月1日起。涉案产品的澳大利亚海关编码为86071900。2018年6月18日，澳大利亚反倾销委员会发布第2018/99公告称，对进口自中国和法国的铁道轮毂作出反倾销肯定性初裁，初步裁定进口自中国和法国的涉案产品在调查期内存在倾销行为并且对澳大利亚国内企业造成损害,中国涉案企业马鞍山钢铁股份有限公司和其他涉案企业的倾销幅度均为17.0%。

2. 澳大利亚对进口自中国的聚氯乙烯扁平电缆启动“双反”立案调查

2018年6月4日,澳大利亚反倾销委员会发布第2018/86号公告称,决定自公告发布之日起开始对进口自中国的聚氯乙烯扁平电缆(PVC flat electrical cables)启动反倾销和反补贴立案调查。本案倾销调查期为2017年1月1日至2017年12月31日,产业损害分析期为自2014年1月1日起。涉案产品的澳大利亚海关编码为85444920/41。

(四)新西兰对中国出口产品启动“双反”立案调查情况

1. 新西兰对进口自中国的钢筋和热轧卷板启动“双反”调查

2017年8月15日,新西兰商业、创新和就业部决定对原产于中国和马来西亚的钢筋和热轧卷板(reinforcing steel bar and coil)发起反倾销立案调查,同时对进口自中国的涉案产品发起反补贴立案调查。本案可能涉及新西兰海关编码7213109001、7213109009、7213919001、7213919005、7213919009等项下产品。

2. 新西兰对进口自中国的空心型钢启动“双反”调查并作出反倾销否定性终裁

2018年4月9日,新西兰商业、创新和就业部对进口自中国的空心型钢(hollow steel sections)进行“双反”立案调查,同时对进口自马来西亚的涉案产品进行反倾销立案调查。本案涉及新西兰海关编码73063019、73066100和73066900项下产品。本案倾销调查期为2017年1月至2017年12月,损害调查期为2011年1月至2017年12月。

2018年11月19日,新西兰商业、创新和就业部对进口自中国和马来西亚的空心型钢作出反倾销否定性终裁,认定进口自中国和马来西亚的涉案产品与新西兰国内产业的实质性损害不存在因果关系,因而决定终止反倾销调查。

(五)中国台湾地区对中国大陆出口产品启动“双反”立案调查情况

1. 中国台湾地区对进口自中国大陆的热轧扁钢启动“双反”立案调查

2018年4月16日,中国台湾地区“财政部关务署”对进口自中国大陆的不锈钢热轧扁钢启动反倾销和反补贴立案调查。涉案产品的台湾地区海关编码为721911、721912、721913、721914、721921、721922、721923、721924、722011和722012。涉案企业为鞍钢联众不锈钢有限公司、太钢不锈香港有限公司、福建福欣特殊钢有限公司、威海国际有限公司、广东吉瑞科技集团有限公司、上海JFE商事会社、福建鼎信科技有限公司、广东广新钢捷信息科技股份有限公司等。本案倾销和补贴调查期为2017年

1月1日至2017年12月31日。

2. 中国台湾地区对进口自中国大陆的冷轧碳钢启动“双反”立案调查

2018年4月16日，中国台湾地区“财政部关务署”对进口自中国大陆的冷轧碳钢启动反倾销和反补贴反补贴立案调查。本案涉及台湾地区海关编码72091510、72091520、72091530、72091610、72091620、72091630、72091710、72091720、72091730、72091810、72091820、72091830、72092510、72092520、72092530、72092610、72092620、72092630、72092710、72092720、72092730、72092810、72092820、72092830、72099010、72099021、72099029、72099031、72099039、72107010、72107020、72107030、72107090、72109010、72109020、72109030、72112310、72112320、72112911、72112912、72112920、72119010、72119020、72119030、72119040、72124010、72124020、72124030、72124090、72125010、72125020、72125030、72126000、72251910、72251920、72251930、72255000、72259990、72261920、72261930、72269210、72269290、72269990项下产品。本案补贴和倾销调查期为2017年1月1日至2017年12月31日。涉案企业包括中国宝武钢铁集团有限公司、鞍钢股份有限公司、马鞍山钢铁股份有限公司、本溪钢铁(集团)有限责任公司、本钢浦项冷轧薄板有限责任公司、湖南华菱钢铁股份有限公司和内蒙古包钢钢联股份有限公司等。

二、发展中经济体对中国出口产品发起“双反”立案调查情况

2018年3月20日，土耳其经济部发布第2018/10号公告，对进口自中国的腈纶产品启动反补贴立案调查。2018年3月21日，土耳其经济部发布第2018/11号公告，对原产于中国、德国、韩国和泰国的腈纶产品启动反倾销立案调查。涉案产品土耳其海关编码为5501300000。

第四节 2017—2018年境外对中国出口产品保障措施情况

一、发达经济体对中国出口产品发起保障措施调查情况

(一)美国对中国出口产品发起保障措施调查情况

1. 美国对进口光伏产品发起保障措施调查并作出肯定性产业损害初裁

2017年5月23日，美国国际贸易委员会发布公告，对全球光伏电池及组件发起保障措施调查(“201”调查)。

2017年9月22日，美国国际贸易委员会就晶体硅太阳能电池保障措施调查作出

产业损害裁定:涉案产品的进口对美国国内产业造成严重损害。

2. 美国对家用大型洗衣机启动保障措施调查并作出肯定性产业损害裁定和裁决

2017 年 6 月 5 日,美国国际贸易委员会对进口的家用大型洗衣机启动保障措施立案调查。本案涉及美国海关编码 84502000 项下产品以及税号 84501100、84509020 和 84509060 项下部分产品。2017 年 10 月 5 日,美国国际贸易委员会就大型家用洗衣机保障措施调查作出产业损害裁定:涉案产品的进口对美国国内产业造成严重损害。

2017 年 11 月 21 日,美国国际贸易委员会宣布对进口大型家用洗衣机作出保障措施裁决:大型家用洗衣机的进口量激增对美国国内产业造成严重损害,建议对涉案产品实施为期 3 年的配额关税;加拿大、墨西哥以及韩国等国家涉案产品不适用该保障措施。

(二)欧盟对钢铁产品进行保障措施立案调查并作出肯定性初裁

2018 年 3 月 26 日,欧盟委员会对进口的钢铁产品(steel products)启动保障措施立案调查。本案涉及欧盟 CN 编码(综合税则目录)72081000、72091500、72091610、72102000、72107080、72091899、72085120、72191100、72193100、72143000、72142000、72221111、72210010、72131000、72163110、73011000、73063041、73066110、73041100、73045112、73051100、73061110 和 72171010 等项下的钢铁产品。

2018 年 7 月 18 日,欧盟委员会公告称,钢铁产品进口激增对欧盟产业构成实质性损害,故决定对配额外进口钢铁产品征收 25%的临时保障措施税。中国内地涉案产品在征税范围内,香港特别行政区和澳门特别行政区等不在征税范围。上述临时保障措施有效期为 200 天。

(三)加拿大对进口钢产品启动保障措施立案调查

2018 年 10 月 11 日,加拿大国际贸易法庭对包括厚钢板、混凝土钢筋和盘条等在内的进口钢产品(steel products)启动保障措施立案调查并建议对涉案产品实施临时保障措施,超出配额部分再征收 25%附加税,有效期为 200 天。

本案涉及加拿大海关编码 7208510010、7208510093、7213100000、7214200000、730419、730429、730511、730512、730519、730619、730629、7208250010、7208250020、7208390040、7210700000、7212400000、7223000010、7223000020、7213200010、7213910011、7213910021、7213910031、7213990010、7213990030、7213990050、7227900010 等项下产品。

(四)海湾合作委员会对进口水泥、灰泥及混凝土用添加剂产品启动保障措施立案调查

2017 年 9 月 26 日,海湾合作委员会反国际贸易损害行为技术办公室发布公告,对进口水泥、灰泥及混凝土用添加剂产品发起保障措施调查。涉案产品海湾合作委员会海关编码为38244000。

二、发展中经济体对中国出口产品发起保障措施立案调查情况

(一)土耳其对中国出口产品发起保障措施调查情况

1. 土耳其对进口轮胎产品发起保障措施调查

2017年4月6日,土耳其经济部公告称,对自全球进口的部分轮胎产品发起保障措施调查。被调查产品的土耳其海关编码为401110、401120、401170、401180和401190,涉及乘用车轮胎、卡客车轮胎等多类产品。

2. 土耳其对进口牙刷发起保障措施调查并作出产业损害肯定性终裁

2017年5月3日,土耳其向世界贸易组织通报,已于同年4月22日对进口牙刷(toothbrushes)产品发起保障措施调查。涉案产品土耳其海关编码为960321000000。

2017年10月19日,世界贸易组织保障措施委员会发布土耳其提交的对进口牙刷保障措施终裁的通报。裁决涉案产品的进口对土耳其国内产业构成严重损害或损害威胁,决定分三个阶段对涉案产品征收保障措施税,第一个阶段为0.23美元/支,第二个阶段为0.22美元/支,第三个阶段为0.21美元/支。本裁决自土耳其部长理事会决议公布后实施,有效期为3年。

3. 土耳其对进口钢铁产品启动保障措施立案调查

2018年4月27日,土耳其经济部对进口钢铁产品启动保障措施调查,涉及土耳其海关编码7208、7209、7210、7211、7212、7225、7226、7213、7214、7215、7216、7217、7227、7228、7302、7303、7304、7305、7306、7219和7220项下产品。

4. 土耳其对进口尼龙产品启动保障措施调查

2018年12月30日,土耳其经济部公告称,对进口尼龙产品发起保障措施调查。本案被调查产品被列在土耳其海关编码540231、540232、540245、540251、540261项下。

(二)菲律宾对中国出口产品发起保障措施立案调查情况

1. 菲律宾对进口水泥启动保障措施立案调查

2018年9月10日,菲律宾对进口水泥(cement)启动保障措施立案调查。涉案产品的菲律宾海关编码为25232990和25239000。

2. 菲律宾对进口陶瓷地砖和墙砖启动保障措施立案调查

2018年12月20日,菲律宾对进口陶瓷地砖和墙砖启动保障措施立案调查。涉案产品菲律宾海关编码为69072123、69072124、69072193、69072194、69072213、69072214、69072293、69072294、69072313、69072314、69072393、69072394和

69074092。

(三)印度尼西亚对中国出口产品发起保障措施立案调查情况

1. 印度尼西亚对进口瓷砖产品启动保障措施调查并作出保障措施终裁

2018年3月29日,印度尼西亚保障措施委员会发布公告,对进口瓷砖产品(ceramic flags and paving,hearth or wall tiles)发起保障措施调查。涉案产品印度尼西亚海关编码为690721、690722、690723、690730等。本案调查期为2015—2017年。2018年7月16日,印度尼西亚保障措施委员会对进口瓷砖产品作出保障措施终裁,并建议印度尼西亚政府对涉案产品征收为期3年的保障措施税,具体措施如下:第一年23%,第二年21%,第三年19%。

2. 印度尼西亚对进口铝箔启动保障措施立案调查

2018年10月9日,印度尼西亚保障措施委员会对进口铝箔启动保障措施立案调查。涉案产品印度尼西亚海关编码为76071100和76071900。

(四)马达加斯加对中国出口产品发起保障措施立案调查情况

1. 马达加斯加对进口意大利面和毯子启动保障措施立案调查

2018年9月20日,马达加斯加对进口意大利面启动保障措施立案调查。意大利面的马达加斯加海关编码为19021990和19023090。

2. 马达加斯加对进口意大利面和毯子启动保障措施立案调查

2018年9月20日,马达加斯加对进口毯子启动保障措施立案调查。毯子的马达加斯加海关编码为63011000、63012000、63013000、630140 00和63019000。

3. 马达加斯加对进口洗衣粉启动保障措施立案调查

2018年12月31日,马达加斯加对进口洗衣粉启动保障措施立案调查;同时调查机关决定对涉案产品征收基于到岸价39%的临时保障措施税,自立案公告发布起15日开始生效,有效期200天。涉案产品马达加斯加海关编码为34021190、34021290、34021990和34022000。

(五)越南对进口化肥产品启动保障措施立案调查并作出肯定性终裁

2017年5月12日,越南工贸部发布第1682A/Q-BCT决议称,决定对进口化肥启动保障措施立案调查。涉案产品的越南海关编码为31051090、31053000、31054000、31055100、31055900和31059000。

2017年8月4日,越南工贸部竞争管理局公告发布化肥保障措施案初裁,决定对进口化肥产品采取临时保障措施,征收1 855 790越南盾/吨(约合84.3美元/吨)的临时保障措施税,自公告15日后正式生效(即2017年8月19日)。临时保障措施税执行时限不得超过200天,在2018年3月6日或终裁决定之后自动终止。

(六)印度对进口光伏电池及组件启动保障措施立案调查

2017 年 12 月 19 日,印度财政部发布公告,决定对进口光伏电池及组件发起保障措施调查,该项调查涉及印度海关编码 85414011 税目项下产品。

(七)乌克兰对硫酸和发烟硫酸启动保障措施立案调查

2017 年 8 月 10 日,乌克兰经济发展与贸易部对进口硫酸和发烟硫酸(sulphuric acid and oleum)启动保障措施立案调查。涉案产品的乌克兰海关编码为 2807000000。

(八)智利对进口奶粉和高达奶酪启动保障措施立案调查

2018 年 3 月 8 日,智利国家委员会对进口奶粉和高达奶酪启动保障措施立案调查。涉案产品智利海关编码为 04021000、04022111、04022112、04022113、04022114、04022115、04022116、04022117,04022118、04022911、04022912、04022913、04022914、04022915 0402、2916、04022917、04022918 和 04069010。

(九)哥伦比亚对进口波纹镀锌板启动保障措施调查

2018 年 3 月 26 日,哥伦比亚贸工旅游部通报决定对进口波纹镀锌板发起保障措施调查。涉案产品哥伦比亚海关编码为 7210410000 和 7225920090。

(十)哥斯达黎加对进口螺纹钢启动保障措施立案调查

2018 年 3 月 19 日,哥斯达黎加公告称,决定对进口螺纹钢(bars of steel for the reinforcement of concrete)启动保障措施立案调查,调查自 2018 年 3 月 29 日开始。本案涉及哥斯达黎加海关编码 721420000010、721420000090、721499200010、722830000010、722850000010 和 722860000010 项下的产品。

(十一)摩洛哥对进口复合板启动保障措施立案调查

2018 年 7 月 31 日,摩洛哥对进口复合板(Coated Wood Board)启动保障措施立案调查。涉案产品摩洛哥海关编码为 4410112011、4410112019、4410112090、4410113011、4410113019、4410113090、4410199211、4410199219、4410199290、4410199311、4410199319 和 4410199390。

(十二)南非对六角钢螺钉启动保障措施立案调查并作出肯定性初裁

2018 年 4 月 20 日,南非对进口六角钢螺钉(other screws fully threaded with hexagon heads made of steel)启动保障措施立案调查。涉案产品南非海关编码为 73181539。本案损害调查期为 2014 年 7 月 1 日至 2017 年 6 月 30 日。

2018 年 8 月 3 日,南非国际贸易管理委员会公告称,对进口六角螺钉保障措施案作出初裁,裁定涉案产品进口激增对南非同盟产业构成实质性损害,进口激增与损害间存在因果关系。南非国际贸易管理委员会决定采取临时措施,临时保障措施税率为从价税 42.09%。

(十三)欧亚经济联盟对进口平轧钢启动保障措施立案调查

2018 年 8 月 7 日,欧亚经济委员会对进口平轧钢启动保障措施立案调查。涉案产品的欧亚经济联盟海关编码为 7208100000、7208250000、7208260000、7209150000、7209161000、7209169000、7210110000、7210122000 和 7210128000 等。

第五节　2017—2018 年境外对中国出口产品发起贸易救济立案调查评述

2012—2018 年,中国面临的贸易摩擦形势较严峻主要是受外部环境因素影响:一方面,全球经济形势和贸易环境较为复杂,在美国频繁对外发起贸易摩擦的背景下,不少国家跟风效仿,贸易保护主义抬头,推升中国产品遭遇贸易救济调查案件的数量和涉案金额;另一方面,在中美贸易摩擦背景下,中国企业加大对国外市场的开拓力度,在一定程度上增加贸易摩擦发生的机会。在此环境下,截至 2018 年,中国已连续 24 年成为遭遇反倾销调查最多的国家,连续 13 年成为遭遇反补贴调查最多的国家,全球有 1/3 的贸易救济立案调查针对中国。

一、境外对中国贸易救济新立案数同比先降后升,反补贴和保障措施激增

2017 年,共有 21 个经济体对中国启动 75 起贸易救济调查,比 2016 年同比减少 44 起,降幅达 37%,涉案金额总计达 110 亿美元。其中,反倾销 53 起,同比减少 37 起,降幅达 41.1%;反补贴 14 起,同比减少 5 起,降幅 26.3%;保障措施 8 起,同比减少 2 起,降幅达 20%;特别保障措施 0 起,同比持平。

2018 年,共有 28 个国家和地区(同比增加 7 个)对中国启动 106 起贸易救济调查,涉案金额 336 亿美元,案件数量和金额同比分别增长 41.33%和 205.45%。其中,反倾销 60 起,同比猛增 7 起,增幅 13.2%;反补贴 29 起,增加 15 起,增幅 107.1%;保障措施 17 起,同比增加 9 起,增长 112.5%;特别保障措施 0 起,同比持平。

2019 年,世界经济复苏依然缓慢,国际贸易保护主义继续蔓延,中国经济发展形势仍然严峻复杂和国内市场竞争加剧等因素相互叠加,中国产品遭遇国外贸易救济调查案件的数量将会继续保持高位。

二、境外对中国贸易救济调查仍以反倾销为主,但占比降至历史低位

2017 年,在境外对中国启动的贸易救济调查中,反倾销案件数和占比均出现下

滑;反补贴和保障措施案件数虽明显回落,但占比小幅回升,特保措施仍维持0起。

2018年,在境外对中国启动的贸易救济调查中,反倾销案件数上升,但占比继续下滑,反补贴案件数和占比则继续上升,保障措施案件数和占比均大幅上升,特保措施仍维持0起。

2012—2018年境外对中国贸易救济调查情况见表7.3。

表7.3　　2012—2018年境外对中国启动贸易救济调查情况

年份	总数(起)	反倾销		反补贴		保障措施		特保措施	
		数量(起)	占比(%)	数量(起)	占比(%)	数量(起)	占比(%)	数量(起)	占比(%)
2012	96	60	62.5	10	10.4	24	25	2	2.1
2013	108	75	69.4	14	13	19	17.6	0	0
2014	95	57	60	14	14.7	24	25.3	0	0
2015	93	67	72	8	8.6	18	19.4	0	0
2016	119	90	75.6	19	16	10	8.5	0	0
2017	75	53	70.7	14	18.7	8	10.7	0	0
2018	106	60	56.6	29	27.4	17	16.0	0	0

三、发展中经济体逐步成为对中国发起贸易救济调查的主力

(一)发展中经济体仍据主体地位,但美国重居首位

2017年,共有21个经济体对中国启动贸易救济调查,其中发达经济体8个(美国、欧盟、澳大利亚、加拿大、日本、韩国、新西兰和海湾合作委员会),发展中经济体13个。在国外对中国发起的75起贸易救济调查中,发展中经济体36起,占比48%;发达经济体39起,占比52%,重新占据对中国发起贸易救济调查的主体地位。

就国别(地区)而言,2017年美国、印度、巴西和阿根廷是对中国贸易救济的主要发起主体。其中,已互为第一大贸易国的中美之间因高达数千亿美元的双边贸易额而导致双方贸易摩擦不断,中国也因此成为美国贸易“制裁”的重灾区,2017年美国对中国发起贸易救济立案调查23起,金额达46亿美元,是对中国产品立案数量最多、涉案金额最高的国家;印度则以16起屈居第二位;巴西以5起位居第三;阿根廷以4起位居第四。

2018年,共有28个经济体对中国启动贸易救济调查,其中发达经济体8个(美国、欧盟、澳大利亚、加拿大、韩国、新西兰、海湾合作委员会、中国台湾地区),发展中经济体20个。在国外对中国发起的106起贸易救济调查中,发展中经济体56起,占比52.8%;发达经济体50起,占比47.2%,以微弱优势成为对中国发起贸易救济立案调

查的主体。

就国别(地区)而言,2018年美国、印度、中国台湾地区、加拿大等是对中国大陆产品发起贸易救济调查数量较多的国家(地区),其中,美国更是以26起继续独占鳌头,印度以15起位居第二,中国台湾地区以7起跃居第三,加拿大以6起位居第四,澳大利亚、欧亚经委会、阿根廷均以5起并列第五,土耳其则以4起位居第六。

(二)发达经济体偏爱反补贴和反倾销,发展中经济体热衷保障措施和反倾销

2017年,发达经济体对中国发起贸易救济调查39起。其中,反倾销22起,占比56.4%;反补贴14起,占比35.9%;保障措施3起,占比7.7%。发展中经济体共对中国发起贸易救济调查36起。其中,反倾销31起,占比达86.1%;反补贴0起,占比0%;保障措施5起,占比13.9%。

2018年,发达经济体对中国发起贸易救济调查50起。其中,反倾销25起,占比50%;反补贴23起,占比46%;保障措施2起,占比4%。发展中经济体对中国发起贸易救济调查56起。其中,反倾销35起,占比62.5%;反补贴6起,占比10.7%;保障措施15起,占比26.8%。

2017年,境外对中国发起反倾销立案调查53起。其中,发达经济体22起,占比41.5%;发展中经济体31起,占比58.5%。反补贴立案调查14起,全部由发达经济体发起。保障措施立案调查8起。其中,发达经济体3起,占比37.5%;发展中经济体5起,占比62.5%。

2018年,境外对中国发起反倾销立案调查60起。其中,发达经济体25起,占比41.7%;发展中经济体35起,占比58.3%。反补贴立案调查29起。其中,发达经济体23起,占比79.3%;发展中经济体6起,占比20.7%。保障措施立案调查17起。其中,发达经济体2起,占比11.8%;发展中经济体15起,占比88.2%。

2013—2018年境外对中国启动贸易救济调查启动的主体分析见表7.4。

表7.4　2013—2018年境外对中国启动贸易救济调查启动的主体分析

年份	经济体类型	反倾销(起)	反补贴(起)	保障措施(起)	特保措施(起)	合计(起)	占比(%)
2013	发　达	20	14	2	0	36	33.3
	转　型	1	0	2	0	3	2.8
	发展中	54	0	15	0	69	63.9
2014	发　达	18	12	0	0	30	31.6
	转　型	5	0	0	0	5	5.3
	发展中	34	2	24	0	60	63.2

续表

年份	经济体类型	反倾销(起)	反补贴(起)	保障措施(起)	特保措施(起)	合计(起)	占比(%)
2015	发达	18	8	0	0	26	28
	转型	1	0	1	0	2	2
	发展中	38	0	17	0	65	70
2016	发达	26	16	0	0	42	35.3
	发展中	64	3	10	0	77	64.7
2017	发达	22	14	3	0	39	52
	发展中	31	0	5	0	36	48
2018	发达	25	23	2	0	50	47.2
	发展中	35	6	15	0	56	52.8

四、对中国发起贸易救济调查涉案行业众多，钢铁及制品占比近半

2017 年，钢铁及其制品、化工和机电等延续传统态势，依旧是反倾销集中区。2017 年，国外对中国启动 75 起贸易救济调查共涉及钢铁及其制品、化工、机电产品、建材、有色金属制品、纺织、塑料、橡胶、运输工具、造纸、药品和文具等 12 个行业。其中，钢铁及其制品行业以 23 起数居首位，占比 30.7%；其次是化工产品 15 起，占比 20%；位居第三的是机电产品立案 10 起(包括光伏产品 3 起和家用电器 3 起)，占比 13.3%，涉案金额 54 亿美元，是涉案金额最高的行业；位居第四的是有色金属及制品立案 7 起，占比 9.3%。

2018 年，钢铁、化工、建材和机电产品是立案数量较多、涉案金额较大的行业。2018 年，国外对中国启动 106 起贸易救济调查共涉及钢铁及其制品、化工、机电产品、建材、纺织、塑料、橡胶、运输工具、造纸、有色金属制品、食品、药品等 12 个行业。其中，其中，钢铁及其制品行业以 45 起数居首位，占比 42.5%；其次是化工产品 17 起，占比 16%；位居第三的是建材立案 8 起，占比 7.6%；位居第四的是机电产品立案 7 起(包括光伏产品 1 起和家用电器 2 起)，占比 6.6%；运输工具与橡胶产品各以 6 起并列第五，占比均为 5.7%。

必须特别注意，钢铁及其制品、化工、机电产品、建材等行业成为中国遭受贸易救济调查的主要产业，表明国外对中国启动贸易救济调查的行业集中度较高，该特征体现在反倾销、反补贴和保障措施三种具体手段上：

(1)2017 年，反倾销主要集中于钢铁及其制品 18 起，占国外对中国反倾销调查总

数53起的43%;化工10起,占比18.9%;机电产品6起,占比11.3%。三者合计占比64.2%。

2018年,反倾销主要集中于钢铁及其制品23起,占国外对中国反倾销调查总数(60起)的38.3%;化工12起,占比20%;运输工具5起,占比8.3%。三者合计占比66.7%;

(2)2017年,反补贴主要集中于钢铁及其制品5起,占国外对中国反补贴调查总数14起的35.7%;化工3起,占比21.4%;有色金属制品2起,占比14.3%;三者合计占比71.4%。

2018年,反补贴主要集中于钢铁及其制品15起,占国外对中国反补贴调查总数29起的51.7%;化工4起,占比13.8%。机电产品、塑料产品和橡胶产品各2起,占比均为6.9%。

(3)2017年,保障措施主要集中于机电产品3起,占国外对中国保障措施调查总数8起的37.5%;化工2起,占比25%;建材、塑料、橡胶各1起,占比均为12.5%。

2018年,保障措施主要集中于钢铁及制品7起,占国外对中国保障措施调查总数17起的41.2%;建材4起,占比23.5%;食品2起,占比11.8%。三者合计占比76.5%。

更需值得注意的是,美国还对钢铁产品启用非常用贸易救济手段。如2017年4月,美国总统特朗普签署备忘录,授权美国商务部对进口钢铁产品发起"232调查",这是美国自2001年针对铁矿石和半成钢发起"232调查"后,时隔16年再次发起"232国家安全调查",充分体现其日益升温的贸易保护主义倾向,不惜采取极端措施,挑战多边贸易规则。

五、"双反"调查启动数先降后升,美国仍为主要发起方

2017年,国外对中国启动"双反"调查12起,比2016年15起降低3起,占同期对中国启动反倾销调查总数53起的24.1%,占对中国启动反补贴调查总数14起的85.7%。对中国12起"双反"调查全部由发达经济体发起,其中,美国以10起占据首位,占比83.3%,加拿大和新西兰各1起,占比均为8.3%。对中国12起"双反"调查主要涉及钢铁产品5起,占比41.7%;化工3起,占比25%;有色金属制品2起,占比16.7%;药品和机电各1起,占比均为8.3%。

2018年,国外对中国启动"双反"调查20起,比2017年12起增加8起,占同期对中国启动反倾销调查数60起的33.3%,占对中国启动反补贴调查总数29起的69%。其中,发达经济体发起19起"双反"调查(美国12起,占比60%;澳大利亚、加拿大和

中国台湾地区各 2 起，占比各 10%）；土耳其 1 起，占比 5%——土耳其是首次对中国产品启动“双反”调查。对华 20 起“双反”调查主要涉及钢铁产品 11 起，占比 55%；化工、机电和塑料各 2 起，占比均为 10%；建材、橡胶和运输工具各 1 起，占比均为 5%。

六、美国对中国“337”调查成蔓延趋势

近年来，“337”调查被屡屡发起，得到大范围应用，成为美国保护其国内产业的主要工具。如 2017 年美国立案的涉及中国企业的“337”调查数量达 25 起，是中国加入世界贸易组织以来最高的一年；2018 年，美国立案的涉及中国企业的“337”调查数量达 19 起，占美国启动“337”调查总数的比例不断提高，中国已连续 17 年成为遭受该调查最多的国家。

2002—2018 年美国对中国启动“337”调查的情况见表 7.5。

表 7.5　美国对中国启动“337”调查的情况

年份	2002—2012	2013	2014	2015	2016	2017	2018
数量(起)	148	14	12	10	21	25	19
占比(%)	34.2%	33.3	35.3	27.8	38.2	39.1	39.6

从发起方分析，美国对中国“337”调查呈现出美国联合其他国家发起的趋势。从涉案产品看，资本技术密集型的高科技产品逐渐成为遭遇“337”调查的“重灾区”，由中低端产品向高端产品延伸成为“337”调查的显著特征之一——电子类产品是被调查的重灾区，其次为运输设备、医疗设备及化工产品等。如 2018 年，深圳企业遭遇“337”调查的涉案产品包括 LED 显示单元、耳机听筒、无人机和 3G 移动通信设备等，呈现出向中高端产业倾斜之势。此外，2017 年美国还发出 20 年间基本处于闲置状态的 301 条款，将矛头对准中国科技行业。

但需注意，中国在全球分工中的制造中枢和贸易大国地位短期内不会因贸易摩擦的加剧而发生质的改变，中国机电产品贸易正从量的增长转变为附加值的提升和技术、质量、品牌、服务等的提质增效，由产品国际化迈入企业国际化，由货物出口为主向货物、服务、技术、资本输出相结合转变以及由价格竞争优势向综合竞争优势转化的新发展阶段。

然而，在美国对中国贸易救济调查频繁的高压态势下，特朗普政府频频动用的贸易保护主义工具却并未给其带来收益，反而起到适得其反的效果。按美方统计，2017 年，美国贸易逆差 5 660 亿美元，创 2008 年以来最高水平，同比增长 12.1%。其中，对中国贸易逆差创新高达 3 752 亿美元，同比增长 8.1%。按中方统计，2017 年，中国对

美货物贸易顺差 2 758.12 亿美元,同比增加 10.02%;2018 年,中国对美货物贸易顺差 3 233.2 亿美元,同比扩大 17.2%。

七、美国商务部自主对中国商品启动“双反”调查:既当原告又当法官值得关注

2017 年 11 月 28 日,美国商务部宣布对进口自中国的铝合金薄板启动“双反”立案调查。该案中,美方非基于国内产业申请,而由政府机关对来自中国的通用铝合金板自主发起“双反”调查,是自美国商务部对加拿大软木行业主动发起反补贴调查以来的首次,时隔 25 年。该案中,美国商务部同时扮演法官和原告,此种做法在国际贸易的历史上实属罕见。

(一)为何不经由产业申请,而由美国商务部自主立案

众所周知,无论是世界贸易组织的反倾销协议,还是美国的关税法,对于反倾销和反补贴调查的提请都有严格的要求,即要有代表性的企业提出申请,同时也要具备充分、准确的证据。但为何美国商务部此次对自中国进口的普通铝合金板启动的“双反”调查并没有产业申请方?

美国商务部对此解释称,自 2005 年以来,美国自中国进口的普通铝合金板一直呈现增长态势,2014—2016 年以来进口数量增幅尤其显著。此外,美国国际贸易委员会根据《1930 年关税法》第 332(G)条进行的调查(即“332 竞争力调查”)显示,中国的铝产业呈现出系统性和显著的产能过剩,而这也给中国向美国市场出口更多的铝产品形成潜在“压力”。鉴于上述情形,美国决定对原产于中国的进口普通铝合金板进行反倾销和反补贴调查。

尽管美国的贸易规则允许自主立案,但要求存在“特殊情形”,且要满足证据的充分性和准确性要求。虽然规则没有对“特殊情形”作出定义和解释,但从 20 世纪 60 年代谈判的历史看,“特殊情形”主要是指很多小企业无法组织申请立案的情况。但从目前美国商务部的对外解释看,并未就“特殊情形”作出充分的、令人信服的说明。

(二)该案已对贸易规避行为出台限制规定并引发潜在连锁效应

此次调查针对的是普通合金铝卷,即厚度在 0.2~6.3 毫米之间的平卷铝产品,主要用于建筑材料、交通工程、基础电子元件、电器等。但值得注意的是,此次调查对象还包括在第三国进行进一步加工的普通合金薄板,加工工艺包括但不限于退火、回火、喷漆、上光、修边、切割、冲孔和切割等。该特殊情形将使国内普遍规避“双反”税收的贸易手段无效。

(三)该案存在严重的单边贸易保护主义倾向

在没有产业提出申请的情况下调查机关主动立案,意味着调查机关同时充当原告

和法官的角色,从而客观上无法保证随后调查和裁决的公正性和客观性。因为由政府发起的贸易救济调查往往具有明显的贸易保护主义倾向,所以各国在贸易救济调查中很少采用自主立案。在美国的历史上由政府主动发起贸易救济调查也是罕有的现象,前两次分别是1985年里根政府针对日本半导体行业发起的反倾销调查以及1991年老布什政府针对加拿大软木行业发起的反补贴调查。因此,此次美国商务部主动发起反倾销调查表明美国政府渴望出台进口保护政策以提供进口保护的愿望。

八、美国对中国铝箔产品"双反"案随意界定"非市场经济地位"和"公共机构"

受钢铁和铝全球产能过剩、美国产业发展以及特朗普个人经历等因素影响,铝箔所属的钢铁和铝行业已成为美国发起贸易救济的重点领域。2018年2月27日,美国商务部发布对中国铝箔产品反倾销和反补贴调查最终裁定,对中国铝箔产品征收48.64%～106.09%的畸高反倾销税率,并征收17.16%～80.97%的高额反补贴税率。但从调查过程和结果看,美方依然罔顾世界贸易组织规则,严重损害了中国铝箔出口企业利益。

第一,在反倾销调查中,美国商务部仍然以其国内法为依据继续认定中国为"非市场经济国家",适用"替代国"做法,裁定出48.64%～106.09%的畸高反倾销税率。

第二,在反补贴调查中,美国商务部人为地将中国原材料供应商、金融机构认定为"公共机构",在没有任何证据的情况下错误地裁定出17.16%～80.97%的高额反补贴税率。但在"公共机构"认定上,世界贸易组织已提出认定标准是"行使或被授予政府职权的实体"。

铝箔"双反"案已影响中国企业对美国出口,导致中国输美铝箔产品大幅下滑。2016年,中国铝箔出口量为108万吨,其中对美出口量为16.9万吨;2017年,中国铝箔出口量达116.3万吨,同比增长7.69%,但对美出口量同比减少2万吨,降幅达11.84%。

事实上,中国和美国在铝箔行业处于不同价值链上,有着不同的产业分工,片面指责中国铝箔对美国产业造成损害不符合事实。美国铝企业早在20多年前就主动退出附加值较低的铝箔生产,转而生产利润较高的铝材产品,因此,美国铝箔产量的下降和市场份额的减少是美国企业的商业选择,并非由进口铝箔导致。① 2017年,中国铝和铝材输美仅16.8亿美元,而美国2017年铝和铝材整体进口额约为167亿美元,即中国出口至美国的铝和铝材仅占美国进口总额的10%左右。因此,美方对中国不合理且过度使用贸易救济措施,不仅无法实现美国铝箔产业的"复兴",反而将影响美国内

① 吴力.美"铝箔案"终裁站不住脚[N].国际商报,2018-03-07.

就业,损害广大美国消费者的福利。

九、贸易救济调查已严重影响中国轮胎产业发展

中国轮胎产品频遭贸易救济调查,加之国内环保等因素,轮胎出口承受巨大压力。

(一)对美轮胎出口受影响巨大

2015 年 1 月 20 日,美国对中国乘用车和轻卡轮胎启动"双反"调查;2017 年 1 月 24 日,美国商务部发布对中国卡车或客车轮胎反倾销和反补贴的终裁结果,其中反倾销税率为 9%和 22.57%,反补贴税率为 38.61%～65.46%;2017 年 4 月 13 日,美国商务部发布对中国非公路用轮胎第七次复审终裁结果,反倾销税率在 33.08%～105.31%;2018 年 3 月 12 日,美国商务部发布对中国乘用车及轻卡车轮胎"双反"调查第一次行政复审终裁结果,认定中国输美有关轮胎存在倾销及补贴行为,反倾销终裁税率在 1.50%～76.46%。

受美国对中国轮胎产品发起多起反倾销调查影响,中国对美国出口涉案产品数量受冲击,2008—2017 年出口美国轮胎数量存在两轮明显下跌,分别是 2009—2011 年和 2015—2017 年(如由 2014 年的 54.75 万吨降至 2017 年的 15.73 万吨),对应于 2009 年的中美轮胎"特保"案和 2015 年的乘用车及轻卡轮胎"双反"案(见图 7.1)。

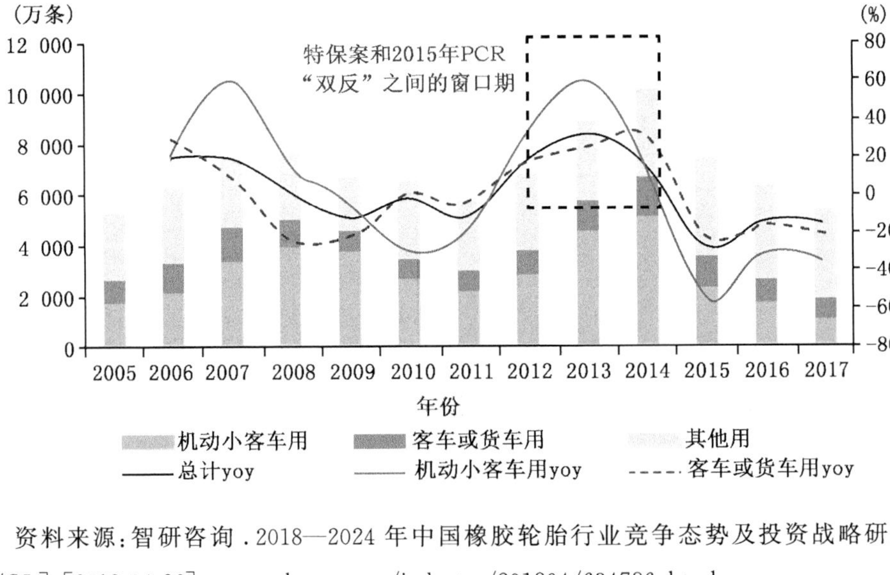

资料来源:智研咨询.2018—2024 年中国橡胶轮胎行业竞争态势及投资战略研究报告[R/OL].[2018-04-26].www.chyxx.com/industry/201804/634786.html.

图 7.1 2005—2017 年对美国轮胎出口量及增速情况

其中,输美机动小客车用轮胎受影响程度最大,同比变化幅度大于同期输美轮胎总量同比变化幅度。2017 年对美出口轮胎中机动小客车用占比只有 20%,输美轮胎

数量占轮胎出口总量的比例变化与输美轮胎数量的绝对值变化趋势一致，并于 2017 年降至近 10 年以来最低点，占比仅约 12%(见图 7.2)。

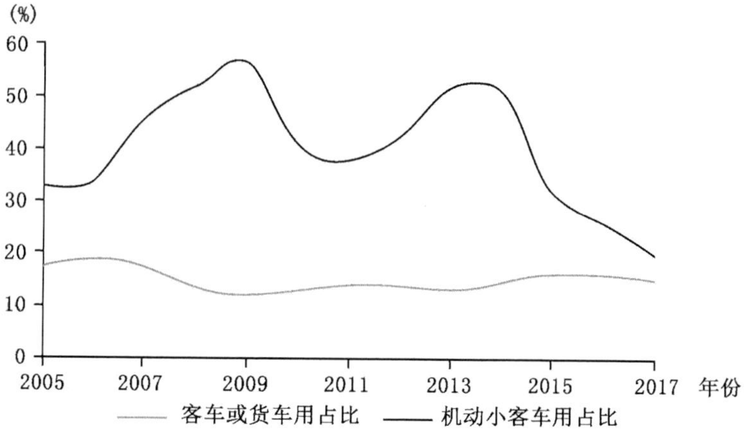

资料来源：智研咨询．2018—2024 年中国橡胶轮胎行业竞争态势及投资战略研究报告[R/OL].[2018-04-26]. www.chyxx.com/industry/201804/634786.html.

图 7.2　2005—2017 年出口美国轮胎结构(分产品)

(二)向其他市场的贸易转移效应难以抵补美国市场下滑，且连锁效应隐现

在轮胎出口地区结构中，美国一度是中国轮胎最大的出口市场，“双反”裁定的高额税率使中国轮胎对美出口数量阶段性大幅下降，进而转向欧洲拓展市场——伴随两次阶段性的输美轮胎份额下滑，同期轮胎出口欧洲数量迅速上升：2010—2011 年，输欧乘用车及轻卡轮胎同比增长 40%、25%；卡客车轮胎同比增长 34%、39%；轮胎对欧出口占比由 2009 年的 10%增至 2011 年的 13%；2016 年，对欧乘用车及轻卡轮胎出口数量较 2015 年同比增长 11%，卡客车轮胎同比增长 15%，轮胎对欧出口占比首超美国，约 14.7%，但还是难抵轮胎对欧美出口份额加总逐年下降的趋势，且其他市场为应对自中国进口轮胎激增，也陆续采取贸易救济手段。如 2018 年 5 月 8 日，欧盟正式开始对特定的产自中国的卡客车轮胎征收为期 6 个月的反倾销税，暂定反倾销关税每条轮胎在 52.85～82.17 欧元，主要针对承载指数超过 121 的新的或翻新的卡客车轮胎；2018 年 10 月 23 日，欧盟委员会针对从中国进口的卡客车轮胎开始征收为期 5 年的反倾销税，税率为每条 42.73～61.76 欧元，征税产品既包括新轮胎，也包括翻新轮胎，如此种种将加大中国轮胎厂家的出口压力，大幅减少中国对欧盟的轮胎出口量。[①] 此外，近年来，土耳其也连续对产自中国的橡胶轮胎、农用机械轮胎等产品发起多起反倾销调查。2017 年 7 月 18 日，印度商工部反倾销调查局发布对中国新充气子

① 刘叶琳．举步维艰的轮胎出口[N]. 国际商报，2018-06-19.

午线卡客车轮胎反倾销调查案终裁:对中国进口的卡客车轮胎征收 0～40%的反倾销税;2018 年 2 月,印度对产自中国的橡胶制新充气卡客车轮胎发起反补贴调查。

(三)中国轮胎产业如何实现顺利出口

一方面,轮胎企业需加速培育自主品牌。目前,由于中国轮胎企业众多,出口产品多为低端产品,企业出口利润较低,市场竞争加剧品牌的角逐,品牌营销成为轮胎企业提升产品附加值的一个有效途径。因此,轮胎企业应加大研发投入力度,生产高品质产品,提升出口利润;并在立足于轮胎产品的优质性的基础上,逐步实现产品的多样化,而非盲目追求轮胎产品多样化而忽略轮胎产品质量。另一方面,中国轮胎企业应注重提升服务能力,让产品质量与服务都获得国际市场的认可。要在激烈的轮胎市场竞争中发展壮大,企业成熟化发展是唯一的出路;而成熟化离不开配备齐全的生产设备,离不开齐备的人才储备,前期的投资是不容小觑的,即大投入、规模化生产是发展趋势,也是轮胎企业通往成熟化的必经之路。

十、轮毂产品遭受连锁贸易救济调查且出现负面效应

(一)中国轮毂产品多次受到境外贸易救济调查

2009 年以来,中国轮毂产品先后遭到欧盟、欧亚经济委员会(由俄罗斯、白俄罗斯、哈萨克斯坦、亚美尼亚、吉尔吉斯斯坦五国组成)、阿根廷的反倾销调查,以及美国和澳大利亚的"双反"调查等共 9 起贸易救济调查,其中美国是时隔 6 年后再次提起"双反"调查(见表 7.6)。

表 7.6　　2009—2019 年中国轮毂遭受贸易救济调查情况

发起方	产品类型	时　间	进　度
欧　盟	铝合金轮毂反倾销	2009 年 8 月 13 日	应欧洲轮毂制造商协会申请启动反倾销调查
		2009 年 9 月	对友发、戴卡、万丰、和立四家企业进行第一轮调查,主要调查是否具备"市场经济主体地位"
		2010 年 1 月	第一轮被调查企业都不具备"市场经济主体地位";对多家中国企业启动第二轮调查
		2010 年 5 月 12 日	初裁:统一按 20.6%征收反倾销税
		2010 年 10 月 28 日	终裁 :按 22.3%计征反倾销税,有效期 5 年
		2015 年 10 月 27 日	启动日落复审调查
		2017 年 1 月 24 日	日落复审终裁:继续按原税率征税
欧亚经济委员会	铝合金轮毂反倾销	2018 年 2 月 26 日	启动反倾销调查
		2019 年 1 月 10 日	终裁:按 33.66%计征反倾销税,有效期 5 年

续表

发起方	产品类型	时　间	进　度
阿根廷	铝合金轮　毂反倾销	2017年5月17日	启动调查(14英寸≤直径≤18英寸)
		2017年5月31日	初裁:存在产业实质性损害
		2018年1月5日	终裁:按36.9%计征反倾销税,有效期5年
		2018年12月18日	启动调查(17.5英寸≤直径≤24.5英寸)
美　国	钢　制轮　毂“双反”	2011年3月30日	美国汽车产业协会提出调查申请
		2012年3月19日	商务部终裁:征收高额“双反”税
		2012年4月17日	美国国际贸易委员会终裁:不存在产业损害或损害威胁,停止征收“双反”税
		2018年3月27日	Accuride Corporation 和 Maxion Wheels Akron,LLC 提出调查申请
		2018年4月17日	启动“双反”调查,据美方统计,2017年中国对美国出口涉案产品约3.88亿美元
		2018年5月10日	“双反”产业损害初裁:构成实质性损害
		2018年8月27日	反补贴初裁:补贴率为58.75%～172.51%
		2018年10月24日	反倾销初裁:中国普遍倾销率231.70%
澳大利亚	铁　道轮　毂“双反”	2018年4月18日	“双反”立案调查,据澳方统计,2017年中国对澳大利亚出口涉案产品770万美元
		2018年6月18日	反倾销初裁:中国普遍倾销幅度17.0%

其中,欧亚经济委员会对中国铝合金轮毂发起反倾调查,是2015年以来欧亚经济联盟发起的首起对中国反倾销案,申请者仅有俄罗斯斯卡德公司一家企业,支持方是K&K公司。因此,这次反倾销调查是欧亚经济联盟对中国铝制品行业的试探性举动。

但值得关注的是,本次立案公告显示:在产业损害调查期内,欧亚经济联盟汽车铝制轮毂产量、存货和出口量均有提升,表明中国汽车铝制轮毂出口并没有对欧亚经济联盟汽车铝制轮毂产业造成损害,即不构成倾销,但最终却裁定征收33.66%的反倾销,加之欧亚经济联盟承认中国的市场经济地位,因此,该终裁在中国汽车铝制轮毂产业界引起强烈反应。

(二)境外对中国轮毂产品贸易救济调查负面效应初显

当前,境外对中国轮毂产品贸易救济调查负面效应已初显。根据中国汽车工业协会统计数据,2018年我国铝合金出口金额和数量虽均再创历史新高,但同比增速都呈现下滑,出口平均单价的逐步提高将影响国际竞争力。特别是2018年12月,中国汽车铝合金车轮出口金额3.62亿美元,同比减少5.2%,环比下降17.62%;出口数量

8.08 万吨,同比虽增加 2.5%,但环比却下降 15.95%。这显示中国铝合金轮毂出口形势日趋严峻。

2016—2018 年中国铝合金轮毂出口情况见表 7.7。

表 7.7　2016—2018 年我国铝合金轮毂出口情况

年份	出口额		出口数		单价(美元/千克)
	金额(亿美元)	同比(%)	数量(万吨)	同比(%)	
2016	38.66	0	83.64	6.1	4.622
2017	42.93	11.05	92.63	10.75	4.635
2018	47.38	10.4	99.41	7.3	4.766

2016—2018 年,美国、俄罗斯(欧亚经委会成员方)、澳大利亚、阿根廷、德国和比利时(欧盟成员方)自中国进口金额占中国铝合金轮毂出口总额的比重持续下降,但对墨西哥、泰国和加拿大等非发起国的出口额占比却有所上升(见表 7.8),表明贸易救济已发生贸易效应。

表 7.8　中国铝合金轮毂出口国别情况分析

经济体	2016 年		2017 年		2018 年	
	金 额(万美元)	占 比(%)	金 额(万美元)	占 比(%)	金 额(万美元)	占 比(%)
美 国	199 256	51.5	219 177	51.06	239 742	50.6
俄罗斯	5 972	1.5	6 287	1.46	66 575	1.4
澳大利亚	2 612	0.7	2 748	0.64	2 456	0.5
阿根廷	1 543	0.4	1 371	0.32	1 067	0.2
德 国	6 386	1.7	5 778	1.35	5 900	1.2
比利时	1 874	0.5	1 819	0.42	1 937	0.4
荷 兰	1 671	0.4	2 166	0.50	1 936	0.4
英 国	2 087	0.5	2 120	0.5	2 520	0.5
墨西哥	20 257	5.2	22 906	5.34	28 595	6.0
泰 国	8 365	2.2	10 048	2.34	11 857	2.5
加拿大	6 739	1.7	7 867	1.83	9 483	2.0

(三)中国轮毂行业应对贸易救济措施的策略

(1)加大技术研发,提升自主品牌。据中国汽车工业协会统计数据,2016—2018 年连续三年出口排名前 7 位的公司——中信戴卡股份有限公司、盛旺汽车零部件(昆山)有限公司、保定市立中车轮制造有限公司、浙江万丰奥威汽轮股份有限公司、连云港启创铝制品制造有限公司、广州驭风旭铝铸件有限公司、六和轻合金(昆山)有限公司都主要以 OEM 为主,而缺乏自主品牌和知识产权。因此,中国轮毂企业要加大技术研发投入和打造自主品牌。

(2)鼓励企业兼并重组,提高企业规模和行业集中度。2017 年底,中国铝合金轮毂出口企业达 1 598 家,行业集中较低,如出口排名前 40 位厂商出口总金额 35.84 亿美元,占该产品出口总金额的 83.50%,且企业出口规模还有待提高,如 2018 年仅有中信戴卡股份有限公司出口数量超过 1 000 万只,3 家公司出口数量超过 500 万只,10 家公司出口数量超过 200 万只,20 家公司出口数量超过 100 万只,企业平均出口规模还有待提高。

(3)强化出口市场多元化战略以有效规避部分国家和地区贸易救济措施的影响。2018 年,中国铝合金轮毂虽共计出口到 173 个国家和地区,但出口市场却过于集中——出口量前 40 位的国家和地区总金额达 46.33 亿美元,占该产品出口总额的 97.8%。其中,出口美国总金额位居第一,达 23.97 亿美元,占总出口金额比重连续多年超过半数;出口美国数量也位居第一,达 47.77 万吨,占总出口数量的比重达 48.1%;出口日本总金额位居第二,但出口金额仅 8.24 亿,占比仅 17.4%;出口日本数量也位居第二,达 18.63 万吨,占比仅 18.7%;出口金额和数量位居第三至第五位的国家和地区的金额和数量占比则仅有个位数(见表 7.9)。

表 7.9　　2018 年中国出口铝合金轮毂前五位国家情况

序　号	国　家	出口量		出口额	
		数量(万吨)	占比(%)	金额(亿美元)	占比(%)
1	美　国	47.77	48.1	23.97	50.6
2	日　本	18.63	18.7	8.244	17.4
3	墨西哥	5.893	5.93	2.860	6.0
4	泰　国	2.611	2.63	1.186	2.5
5	加拿大	2.054	2.07	0.948	2.0

十一、阿根廷成为对中国发起贸易救济调查的新主体

统计数据显示,阿根廷已成为拉美地区对中国发起反倾销调查数量最多的国家。

(一)产业结构差异及贸易逆差问题是导致中阿贸易摩擦频发的主因

(1)阿根廷对中国发起贸易救济调查主要集中于橡胶、玩具等中国企业具有传统

比较优势的劳动密集型工业制成品。当前,阿根廷正在逐渐调整以农牧业占主导的产业结构,加快扶持国内制造业发展。因此,阿根廷对中国实行贸易救济调查旨在保护本国工业企业市场份额。

(2)2017 年以来,阿根廷对中国贸易逆差有所扩大。2017 年,阿根廷对中国出口 47.42 亿美元,同比下降 7.4%,自中国进口 90.67 亿美元,同比增长 25.9%,对中国贸易逆差 43.25 亿美元,同比增长 107.78%;2018 年,阿根廷对中国出口 35.21 亿美元,同比下降 25.9%,自中国进口 84.18 亿美元,同比下降 7.2%,对中国贸易逆差 48.97 亿美元,同比增长 13.23%。

(二)中国可通过增加对阿根廷直接投资、签署自由贸易协定等途径降低贸易壁垒

中阿两国产业结构具有很大的互补性。贸易逆差正是该产业结构差异的体现,即阿根廷对中国采取贸易救济措施无法根本扭转贸易逆差;经济互补性强也意味着合作领域广泛。

(1)中国应加强“一带一路”建设与阿根廷发展战略对接,加强重大项目合做,扩大双边贸易,优化贸易结构,增加高附加值贸易产品和服务贸易。

(2)中国不应一味地以产品出口方式进入阿根廷市场,而可增加对阿根廷直接投资,如中阿在基础设施、矿业、能源等领域方面就有很大的投资合作空间。这将为阿根廷创造大量就业机会,通过深化互利合作,在一定程度上也有利于减少贸易摩擦。

(3)随着中国市场越来越开放,阿根廷应该想办法开拓出更广阔的中国市场,或者加快推动产业结构升级,而不是单方面设置贸易壁垒。

(本章执笔:查贵勇副教授)

第八章

世界贸易组织争端

自 2001 年 12 月 11 日中国正式加入世界贸易组织以来，中国直接或间接地参与了世界贸易组织争端解决机制。本章旨在对中国在 2017—2018 年参与的世界贸易组织贸易争端解决的实践进行简单回顾，从中总结经验教训，以便为今后中国更好地利用世界贸易组织争端解决机制解决贸易争端提供有益借鉴。

第一节　2017—2018 年世界贸易组织争端概况

一、中国作为起诉方的世界贸易组织争端

（一）世界贸易组织发布中国诉美国反补贴措施案执行之诉专家组报告（DS437）

2012 年 5 月 25 日，中国就美国对中国部分产品的反补贴措施诉至世界贸易组织争端解决机构。

2014 年 7 月 14 日，世界贸易组织就美国对中国部分产品的反补贴措施案（DS437）发布专家组报告。该案涉及 2007—2012 年间美国商务部对中国输美产品 22 起反补贴调查的初裁和终裁裁决。涉案产品包括：低克重热敏纸，环形焊接压力管，环形焊接碳钢管线管，柠檬酸及柠檬酸盐，后拖式草地维护设备及相关零部件，厨房用金属架（筐），石油管材，预应力混凝土结构用钢绞线，钢格板，钢丝层板，镁碳砖，无缝碳钢和合金钢标准管、管线管和压力管，铜版纸，钻管产品，铝型材，复合木地板，钢制轮毂，镀锌钢丝，高压钢瓶，晶体硅光伏电池（无论是否组装入模块），应用级风电塔，拉制不锈钢水槽。中方请求专家组认定美国对中国上述产品的反补贴调查违反了世界贸易组织《补贴与反补贴措施协定》的相关规定。对此，专家组支持了中方多项诉

讼请求,认定美国对中国发起的反补贴措施在公共机构认定、土地专向性认定以及对出口限制措施发起反补贴调查等做法违反世界贸易组织规则,但美国在进行反补贴调查时适用可获得的不利事实、补贴利益计算、补贴专向性认定方面不违反世界贸易组织规则。

2014 年 12 月 18 日,世界贸易组织就中国诉美国对中国部分产品的反补贴措施案(DS437)发布上诉机构报告。2015 年 10 月 9 日,世界贸易组织就中国诉美国对中国部分产品的反补贴措施案(DS437)美国对争端解决机构裁决和建议的"合理执行期"问题作出仲裁裁决。该案仲裁人决定,美国履行世界贸易组织争端解决机构就该案作出的裁决和建议的合理期限为自上诉机构报告和专家组报告通过之日起的 14 个半月之内,即截至 2016 年 4 月 1 日。2016 年 5 月 13 日,根据世界贸易组织《关于争端解决规则和程序的谅解》第 4 条和第 21.5 条、《1994 年关税与贸易总协定》(GATT 1994)第ⅩⅫ条、《补贴与反补贴措施协定》第 30 条以及 2016 年 4 月 15 日中美就该案达成的协议第 1 段项下规定,中国就美国商务部在 2007—2012 年期间对中国发起的包括中国原产热敏纸、柠檬酸、铝合金型材、不锈钢管、太阳能板在内的 17 起反补贴及其反补贴措施案(DS437)向世界贸易组织申请与美国进行磋商,中方主张美国在补贴行为及其客体公共属性、产业专项性补贴、未支付合理补偿金的土地使用专项补贴及其相应利益的判定上适用了不合法标准和方法、合理执行期到期后继续对中国产品征收不当反补贴税、未有效履行世界贸易组织贸易争端解决机构裁决。2016 年 6 月 9 日,美国根据世界贸易组织《关于争端解决规则和程序的谅解》第 21.6 条规定就中国诉美国对中国产轻质热敏纸、柠檬酸及其盐、圆形焊接碳钢线管和草坪护理设备等产品反补贴措施案(DS437)向世界贸易组织贸易争端解决机构提交裁决执行情况报告。2016 年 7 月 14 日,世界贸易组织发布公告称,中国于 2016 年 7 月 8 日根据世界贸易组织《关于争端解决规则和程序的谅解》第 6 条和第 21.5 条、《1994 年关税与贸易总协定》(GATT 1994)第ⅩⅫⅠ条和《补贴与反补贴措施协定》第 30 条的规定就美国未有效履行世界贸易组织争端解决机构关于中国诉美国对其包括热敏纸、柠檬酸、铝合金型材、不锈钢管和太阳能板在内的部分产品反补贴措施案的裁决一事向世界贸易组织争端解决机构申请成立专家组。

2016 年 10 月 5 日,世界贸易组织就中国诉美国对其包括热敏纸、柠檬酸、铝合金型材、不锈钢管和太阳能板在内的产品反补贴措施一案(DS437)正式成立专家组。

2018 年 3 月 21 日,世界贸易组织公布了中国诉美国反补贴措施案(DS437)执行之诉专家组报告,裁决美方全部 11 项涉案反补贴措施违反世界贸易组织规则。

(二)中国向世界贸易组织申请授权就美国对中国反倾销程序方法和应用的世界贸易组织争端案(DS471)实施贸易报复

2014年3月26日,世界贸易组织争端解决机构就中国诉美国在对中国反倾销调查程序中适用的部分做法(DS471)依据中国的申请作出成立专家组的决定,这也是中国第二次就该案提出成立专家组的申请。该案主要涉及美国反倾销调查中关于计算方法"本身"及其"适用"的争议。在3月26日的世界贸易组织争端解决机构例会上,美国依然表示,其反倾销调查中的计算方法与世界贸易组织规则相符,并认为中方的指责没有法律依据。对此,中国表示反对,认为美方的相关做法违反了世界贸易组织《反倾销措施协定》和《1994年关税与贸易总协定》的相关规定。

2018年9月11日,世界贸易组织发布第WT/DS471/18号通报称,由于美方没有采取实质行动纠正其对中国产品实施的多项违规反倾销措施,中国将美国对中国反倾销程序方法和应用的世界贸易组织争端案(DS471)诉诸世界贸易组织争端解决机构,向世界贸易组织申请授权对美实施每年约70亿美元的贸易报复。

2016年10月,世界贸易组织发布专家组报告,裁定美国对中国机电、轻工等多个行业出口产品实施的13项反倾销措施违反世界贸易组织规则。2017年5月发布的上诉机构报告也支持了专家组的裁决。世界贸易组织仲裁员随后裁定美方应于2017年8月22日前完成裁决执行工作。

世界贸易组织规定,如果败诉方在确定的合理执行限期内未执行裁决或建议,而且在该合理期限后20日内争议双方仍未就补偿达成协议,胜诉方可以请求世界贸易组织争端解决机构授权实施"中止减让"等(即贸易报复措施)。

根据世界贸易组织规则,在中方提出贸易报复授权请求后,如果美方未就报复程度提出反对,世界贸易组织争端解决机构则应在合理期限结束后30日内(即9月21日前),给予中方报复授权。这是中国加入世界贸易组织后首次针对争端解决案件败诉方不执行争端解决案件裁决提出贸易报复授权请求。

(三)中国就美国对进口自中国某些产品的关税措施向世界贸易组织提出磋商请求(DS543)

2018年3月22日,美国总统特朗普签署备忘录,依据"301调查"结果,美国将对从中国进口的商品大规模征收关税,并限制中国企业对美投资并购;同日,中国商务部公布了自美国进口的7类、128税项产品(主要是农产品)拟加征关税的清单并征求公众意见,一时间"中美贸易战"引起广泛关注。

2018年4月5日,世界贸易组织发布第WT/DS543/1号通报称,中国于2018年4月4日就美国对进口自中国某些产品的关税措施(tariff measures on certain goods from China)向世界贸易组织争端解决机构申请与美国进行磋商。

美国 232 措施名为维护“国家安全”,实为实施贸易保护主义。美方一方面选择性地排除部分国家和地区,另一方面对包括中国在内的部分世界贸易组织成员实施了征税措施。美方的这种做法严重违反多边贸易体制的非歧视原则,严重违反其在世界贸易组织项下的关税减让承诺和有关保障措施的规则及纪律,损害了中国作为世界贸易组织成员的正当权益。鉴于美方拒绝根据世界贸易组织规则与中方进行补偿谈判,中方不得不启动争端解决程序,捍卫合法权益。

(四)中国就美国对中国钢铁和铝产品的措施向世界贸易组织提出磋商请求(DS544)

2018 年 3 月 22 日,美国以“国家安全”为由对进口自中国的钢铁和铝产品分别征收 25%和 10%的关税。

2018 年 4 月 5 日,世界贸易组织发布第 WT/DS543/1 号通报称,中国于 2018 年 4 月 4 日就美国对进口自中国某些产品的关税措施(tariff measures on certain goods from China)向世界贸易组织争端解决机构申请与美国进行磋商。2018 年 4 月 9 日,世界贸易组织发布第 WT/DS544/1 号通报称,中国于 2018 年 4 月 5 日就美国对进口自中国的钢铁和铝产品的措施(certain measures on steel and aluminium products)向世界贸易组织争端解决机构申请与美国进行磋商。

(五)中国就美国对进口自中国的晶体硅光伏产品的保障措施向世界贸易组织提出磋商请求(DS562)

2018 年 8 月 16 日,世界贸易组织发布第 WT/DS562/1 号通报称,中国于 2018 年 8 月 14 日就美国对进口自中国的晶体硅光伏产品的保障措施(safeguard measure on imports of crystalline silicon photovoltaic products)向世界贸易组织争端解决机构申请与美国进行磋商。

中国依据世界贸易组织《关于争端解决规则与程序的谅解》第 1 条和第 4 条、《1994 年关税与贸易总协定》第 22 条以及《保障措施协定》第 14 条的规定,就美国进口太阳电池片和光伏组件(crystalline silicon photovoltaic products)的 201 保障措施,在世界贸易组织争端解决机制项下向美方提出磋商请求。措施包括:《2018 年 1 月 23 日 9693 号声明——促进面对进口太阳电池片和光伏组件积极调整的总统声明》(83 FR 3541),以及该行动的依据:美国国际贸易委员会在 2017 年 9 月 22 日发布的损害决定,2017 年 11 月 13 日的报告,2017 年 12 月 27 日发布的针对未预见发展的补充报告。

(六)中国就美国与可再生能源有关的若干措施向世界贸易组织提出磋商请求(DS563)

2018年8月16日,世界贸易组织发布第WT/DS563/1号通报称,中国于2018年8月14日就美国与可再生能源有关的若干措施(certain measures related to renewable energy)向世界贸易组织争端解决机构申请与美国进行磋商。

(七)中国就美国对中国某些商品的关税措施Ⅱ向世界贸易组织提出磋商请求(DS565)

2018年8月27日,世界贸易组织发布第WT/DS565/1号通报称,中国于2018年8月23日就美国对中国某些商品的关税措施Ⅱ(tariff measures on certain goods from China Ⅱ)向世界贸易组织争端解决机构申请与美国进行磋商。

中国就美国301调查向160亿美元中国产品的征税措施在世界贸易组织争端解决机制下第二次提交磋商请求(DS565)。

磋商内容包括:修正过《1974年贸易法》301—310节(19 U.S.C.,§2411—2420),美国3月22日发布的301报告中的事实认定,总统备忘录中欲采取的措施,美国贸易代表办公室对价值340亿美元以及160亿美元产品加征25%关税的行动声明。中方认为美方的措施违背了以下规则:

(1)《1994年关税与贸易总协定》第1条第1款规定的最惠国待遇原则。

(2)《1994年关税与贸易总协定》第2条第1款第(a)、(b)项规定的关税减让承诺。

(3)世界贸易组织《关于争端解决规则与程序的谅解》第23条规定的争端解决的规则和程序。

美国的行为导致中国减损或丧失了根据世界贸易组织协定直接或间接获得的利益。中国保留提出其他诉讼请求和事项的权利。

二、中国作为被诉方的世界贸易组织争端

(一)美国就中国原铝补贴措施案向世界贸易组织申请启动磋商程序(DS519)

2017年1月17日,世界贸易组织发布通报称,美国于2017年1月12日就中国原铝补贴措施案(DS519)向世界贸易组织申请与中国进行磋商。美国主张中国自2007年向中国原铝生产商提供包括优惠银行贷款等金融优惠政策及低价原料、生产资料在内的一系列补贴措施,涉嫌违反《补贴与反补贴措施协定》第6.3条(a)(b)(c)(d)款及《1994年关税与贸易总协定》第16:1条的规定,对美方利益造成《补贴与反补贴措施协定》第5(c)条规定的包括严重损害在内的不利影响。

(二)中国就欧盟对中国反倾销“替代国”计算方法向世界贸易组织申请成立专家组(DS516)

2016 年 12 月 12 日，根据世界贸易组织《关于争端解决规则与程序的谅解》第 4 条、《1994 年关税与贸易总协定》第 X Ⅻ 条及《反倾销协定》第 17 条的规定，中国就美国和欧盟对中国反倾销调查程序中“替代国”计算方法向世界贸易组织申请启动争端(DS515 和 DS516)磋商程序。本次磋商亦涉及欧盟、美国与“替代国”计算方法法律规定相关的任何法律修订、修正及后续相关法律，以及在 2016 年 12 月 11 日后对中国涉案产品进行反倾销立案调查、复审立案及相应初裁、终裁中继续适用上述法律而作出的全部后续行为。

2017 年 3 月 10 日，世界贸易组织发布第 WT/DS516/9 号公告称，中国就欧盟对中国反倾销调查程序中“替代国”计算方法向世界贸易组织申请成立专家组。

(三)中国就美国对中国反倾销措施中采取的价格比较方法向世界贸易组织提出补充磋商请求(DS515)

2017 年 11 月 3 日，世界贸易组织发布第 WT/DS515/1/Add. 1 号通报称，中国就美国对中国反倾销措施中所采取的价格比较方法(涉及 9 项原审调查、31 项肯定性行政复审和 11 项日落复审肯定性终裁)向世界贸易组织争端解决机构申请与美国进行补充磋商。

2016 年 12 月 12 日，根据世界贸易组织《关于争端解决规则与程序的谅解》第 4 条、《1994 年关税与贸易总协定》第 X Ⅻ 条及《反倾销协定》第 17 条的规定，中国就美国对中国反倾销调查程序中“替代国”计算方法向世界贸易组织申请启动争端(DS515)磋商程序。本次磋商亦涉及美国与“替代国”计算方法法律规定相关的任何法律修订、修正及后续相关法律，以及在 2016 年 12 月 11 日后对中国涉案产品进行反倾销立案调查、复审立案及相应初裁、终裁中继续适用上述法律而作出的全部后续行为。2017 年 2 月 7 日—8 日，中美举行了首轮磋商，但磋商未果。2017 年 3 月 29 日，美国商务部宣布，根据美国法律的规定，将对所谓“非市场经济”地位和中国商品进行审查。美国商务部于 2017 年 10 月 30 日发布裁决称，根据美国法律，中国仍然是“非市场经济”。美国将继续违反其在世界贸易组织规则下的义务，因此中国不得不与美国进一步磋商，积极争取解决该争端。

(四)美国就中国保护知识产权的某些措施向世界贸易组织提出磋商请求(DS542)

2018 年 3 月 26 日，世界贸易组织发布第 WT/DS542/1 号通报称，美国于 2018 年 3 月 23 日就中国保护知识产权的某些措施(certain measures concerning the protection of intellectual property rights)向世界贸易组织争端解决机构申请与中国进行磋

商。

(五)欧盟就中国对技术转移的措施向世界贸易组织提出磋商请求(DS549)

2018年6月6日,世界贸易组织发布第WT/DS549/1号通报称,欧盟于2018年6月1日就中国对技术转移的措施(certain measures on the transfer of technology)向世界贸易组织争端解决机构申请与美国进行磋商。

(六)美国就中国对美国产品的附加税向世界贸易组织提出磋商请求(DS558)

2018年7月19日,世界贸易组织发布第WT/DS558/1号通报称,美国于2018年7月16日就中国对美国产品的附加税(additional duties on certain products from the United States)向世界贸易组织争端解决机构申请与中国进行磋商。

(七)加拿大就中国对浆粕反倾销措施提起执行之诉(DS483)

2013年2月6日,中国商务部对自美国、加拿大和巴西进口的浆粕启动反倾销调查,涉案产品海关编码为47020000、47061000、47063000。2013年2月6日,商务部就该案作出初裁;2014年4月4日,商务部就该案作出终裁,对加拿大企业征收的反倾销税税率为0～23.7%不等。

2014年10月15日,加拿大就中国对自其进口浆粕的反倾销措施向世界贸易组织争端解决机构提出与中国的磋商申请。加拿大认为,中国2013年11月和2014年4月对进口浆粕作出的反倾销初裁和终裁决定违反了《1994年关税与贸易总协定》和《反倾销措施协定》的相关规定。

2015年2月12日,加拿大向世界贸易组织争端解决机构提出就中国对自加拿大进口浆粕的反倾销措施案(DS483)成立专家组的申请。2015年3月10日,在世界贸易组织争端解决机构的特别会议上,争端解决机构基于加拿大的申请就中国对自加拿大进口浆粕的反倾销措施案(DS483)作出成立专家组的决定。加拿大认为,中国的相关措施与其在《反倾销措施协定》及《1994年关税与贸易总协定》项下的义务不符。对此,中方表示遗憾,并指出中方实施的反倾销措施与世界贸易组织规则完全相符。智利、欧盟、日本、韩国、挪威和美国将保持其作为第三方参加专家组程序的权利。2015年4月27日,世界贸易组织就加拿大诉中国对自加拿大进口浆粕的反倾销措施案(DS483)专家组成员确定,并于4月28日公布。

2017年4月25日,世界贸易组织就加拿大诉中国对加浆粕反倾销措施案(DS483)发布专家组报告。2018年9月12日,世界贸易组织发布第WT/DS483/9号通报称,加拿大于9月11日将中国浆粕反倾销措施世界贸易组织争端案(DS483)执行措施诉诸世界贸易组织组织争端解决机制,申请与中国进行磋商。

(八)巴西就中国对食糖进口的若干措施向世界贸易组织提出磋商请求(DS568)

2018年10月20日,世界贸易组织发布第WT/DS568/1号通报称,巴西于2018

年10月16日就中国对食糖进口的若干措施(certain measures concerning imports of sugar)向世界贸易组织争端解决机构申请与中国进行磋商。

三、中国作为第三方的世界贸易组织争端

中国作为第三方参与的世界贸易组织争端,起诉方主要为日本、土耳其、中国台湾地区、欧盟、韩国和印度尼西亚等国家和地区,涉及钢铁、化工、汽车和造纸等产品,其中参与日本、土耳其、中国台湾地区、欧盟和韩国的诉讼争端有1起,参与印度尼西亚诉讼争端有3起。

(一)日本就印度对进口钢铁产品的保障措施和最低限价向世界贸易组织申请启动磋商程序(DS518)

2017年1月9日,世界贸易组织发布通报称,日本于2016年12月20日就印度对进口钢铁产品的保障措施和最低限价案(DS518)向世界贸易组织申请与印度进行磋商。

澳大利亚、中国、欧盟、印度尼西亚、哈萨克斯坦、韩国、卡塔尔、俄罗斯、新加坡、中国台北、乌克兰、美国和越南作为第三方参加该案专家组程序。

(二)土耳其就摩洛哥对其产热轧钢反倾销措施向世界贸易组织申请成立专家组(DS513)

2017年1月13日,世界贸易组织发布第WT/DS513/2号通报称,土耳其于2017年1月12日就摩洛哥对其产热轧钢反倾销措施案(DS513)向世界贸易组织争端解决机构申请成立专家组。

2016年10月3日,土耳其就该案向世界贸易组织申请与摩洛哥进行磋商。

中国、埃及、欧盟、印度、日本、哈萨克斯坦、阿曼、俄罗斯、新加坡、阿拉伯联合酋长国和美国作为第三方参加该案专家组程序。

(三)台湾、澎湖、金门、马祖单独关税区和加拿大就碳钢焊接管反倾销措施案合理执行期达成共识(DS482)

2017年1月30日,世界贸易组织发布第WT/DS482/6号通报称,台湾、澎湖、金门、马祖单独关税区和加拿大已就加拿大对台湾、澎湖、金门及马祖单独关税区(即中国台湾地区)碳钢焊接管的反倾销措施案争端解决建议和裁决的合理执行期达成共识,双方一致同意合理执行期为14个月,自2017年1月25日起至2018年3月25日止。

2014年6月25日,台湾、澎湖、金门、马祖单独关税区就该案向世界贸易组织申请与加拿大进行磋商。2015年1月22日,台湾、澎湖、金门、马祖单独关税区就该案

向世界贸易组织申请成立专家组。2015 年 3 月 10 日，世界贸易组织就该案成立专家组。2016 年 12 月 21 日，世界贸易组织发布该案专家组报告。

欧盟、中国、韩国、阿拉伯联合酋长国、美国和巴西作为第三方参加该案专家组程序。

（四）印度尼西亚就欧盟和印度尼西亚脂肪醇反倾销措施案的专家组报告提起上诉（DS442）

2017 年 2 月 14 日，世界贸易组织发布第 WT/DS442/5 号公告称，印度尼西亚就其诉欧盟对印度尼西亚脂肪醇的反倾销措施案专家组报告提起上诉。

2012 年 7 月 27 日，印度尼西亚就欧盟对进口自印度尼西亚的脂肪醇实施的反倾销临时和最终措施及其相关调查向世界贸易组织申请与欧盟进行磋商。2013 年 5 月 1 日，印度尼西亚向世界贸易组织申请就该案成立专家组。2013 年 6 月 25 日，世界贸易组织争端解决机构就该案正式成立专家组。2016 年 12 月 16 日，世界贸易组织就该案发布专家组报告。

澳大利亚、中国、厄瓜多尔、欧盟、危地马拉、洪都拉斯、印度和美国作为第三方参与该案专家组程序。

（五）欧盟就其诉俄罗斯对德国和意大利轻型商务车的反倾销税案专家组报告提起上诉（DS479）

2017 年 3 月 2 日，世界贸易组织发布第 WT/DS479/7 号通报称，欧盟就其诉俄罗斯对德国和意大利产轻型商务车实施的反倾销措施案专家组报告提起上诉。

2014 年 5 月 21 日，欧盟就俄罗斯对自德国和意大利进口的轻型商用车征收反倾销税的做法诉至世界贸易组织争端解决机构。

2014 年 10 月 20 日，世界贸易组织争端解决机构就欧盟诉俄罗斯对德国和意大利轻型商用车的反倾销税案（DS479）作出成立专家组的决定。在此次争端解决机构例会上，欧盟第二次就该案提出成立专家组的申请，认为俄罗斯对自德国和意大利进口轻型商用车实施的反倾销措施违反了世界贸易组织《反倾销措施协定》。对此，俄罗斯表示失望，并表示其相关措施符合世界贸易组织规则。

中国、印度、日本、韩国、美国作为第三方参与该案专家组程序。

（六）世界贸易组织就韩美油井钢管反倾销措施案发布专家组报告（DS488）

2017 年 11 月 14 日，世界贸易组织就韩国诉美国对韩油井钢管反倾销措施案（DS488）发布专家组报告。韩国于 2014 年 12 月 22 日向世界贸易组织申请启动与美国磋商程序，双方于 2015 年 1 月 21 日展开磋商但未能达成一致，韩国于 2015 年 2 月 23 日向世界贸易组织申请的专家组在 2015 年 3 月 25 日成立。

加拿大、中国、欧盟、印度、俄罗斯、土耳其作为第三方参加该案专家组程序。

(七)世界贸易组织就印度尼西亚诉美国对自印度尼西亚进口铜版纸的反倾销和反补贴措施案发布专家组报告(DS491)

2017 年 12 月 6 日,世界贸易组织就印度尼西亚诉美国对自印度尼西亚进口铜版纸的反倾销和反补贴措施案(DS491)发布专家组报告。印度尼西亚于 2015 年 3 月 13 日向世界贸易组织申请启动与美国磋商程序,双方于 2015 年 6 月 25 日展开磋商但未能达成一致。印度尼西亚于 2015 年 7 月 9 日和 2015 年 8 月 20 日向世界贸易组织申请成立专家组,世界贸易组织随后在 2015 年 9 月 28 日成立专家组。

巴西、加拿大、中国、欧盟、印度、韩国和土耳其作为第三方参加小组会议。

第二节 世界贸易组织争端情况评述

根据世界贸易组织《关于争端解决规则与程序的谅解》的规定,世界贸易组织争端解决机制由适用范围、管理与运作、一般原则、基本程序、建议与裁决的实施和监督、补偿与减让的中止、涉及最不发达成员国的特殊程序、专家组的工作程序、专家组复审等环节构成。世界贸易组织争端解决机制的实质在于:不是决定当事国在有关案件中的胜败或制裁某一当事方,而是求得有关争端的有效解决,维持和恢复争端当事方依照有关协议的权利和义务之间的平衡。世界贸易组织争端解决机制为增强多边贸易体制的可预见性和保障多边贸易体制有效运行方面发挥了十分重要的作用,而且日益取得发展中国家的信赖,成为国际贸易争端解决的最主要方式。

一、中国在世界贸易组织争端解决活动中的表现与特点

在加入世界贸易组织前,国内政府官员及学者几乎一致认为,中国加入世界贸易组织的好处之一就是:借助世界贸易组织争端解决机制,改善中国的谈判地位和贸易待遇,反击中国出口所遭受的各种不公平做法,减轻或避免单方贸易报复威胁或贸易报复,为中国对外经济贸易创造一个和平、稳定、安全的环境。加入世界贸易组织以来,中国在外贸领域取得的成就举世瞩目,但与各贸易伙伴的贸易摩擦也在不断增多。中国一直密切关注争端解决机制的运行,作为一个还处于学习与了解世界贸易组织规则阶段的新成员,尽管主动运用世界贸易组织争端解决机制不够,但是一直在通过第三方的身份积极参与争端解决活动,关注与中国贸易利益相关的争议问题。中国政府非常重视世界贸易组织争端解决机制,积极参与世界贸易组织贸易争端解决。截至 2018 年底,中国已成为世界贸易组织争端解决机制的第四大用户(见表 8.1)。

表 8.1　　中国参与世界贸易组织争端解决案件情况(截至 2018 年底)

次序	成员	总数	起诉	被诉	第三方
1	美国	424	123	153	148
2	欧盟	382	100	85	197
3	日本	240	25	15	200
4	中国	233	22	43	168
5	印度	204	24	25	155
6	加拿大	204	39	23	142
7	巴西	185	32	16	137
8	韩国	162	20	18	124
9	墨西哥	142	25	15	102
10	澳大利亚	131	8	16	107

资料来源:https://www.wto.org/english/tratop_e/dispu_e/dispu_by_country_e.htm。

加入世界贸易组织以来,中国贸易争端大多针对主要的贸易伙伴欧美,其中上诉美国的案件有 15 起。2017—2018 年,由于中美贸易战导致中美两国贸易争端频发,中国主动起诉美国的案件就有 15 起,上诉欧盟的有 5 起(见图 8.1)。而中国被起诉的 43 起案件中来自美国的有 23 起,来自欧盟的有 9 起,来自墨西哥的有 4 起,来自加拿大的有 3 起,来自日本的有 2 起,来自危地马拉和巴西的各有 1 起(见图 8.2)。

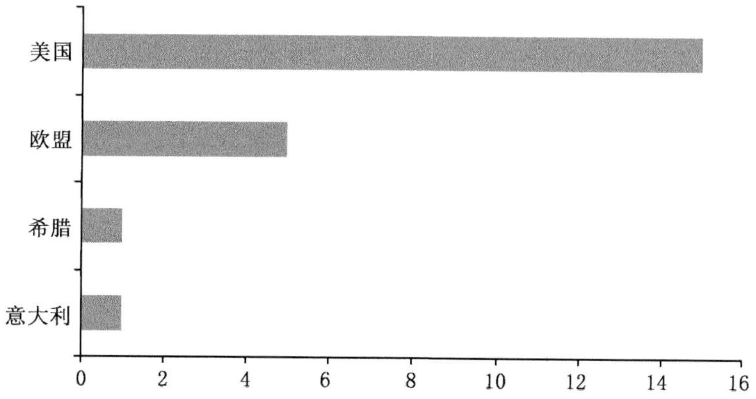

图 8.1　2017—2018 年世界贸易争端中被中国起诉的国家和地区

综观中国在 2017—2018 年度的世界贸易组织争端解决活动中投诉、应诉和以第三方身份参与的情况,具有下列特点:

(1)2017—2018 年度在世界贸易组织争端解决机制下,中国参与世界贸易组织争

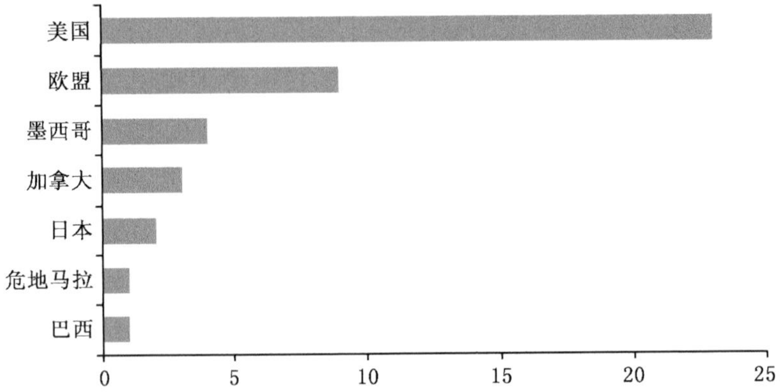

图 8.2 2017—2018 年世界贸易争端中起诉中国的国家和地区分布

端解决的总体情况如表 8.2 所示。其中上诉案件数为 5 起,相较于 2015—2016 年增加了 2 起;被诉案件数 5 起,相较于 2015—2016 年减少了 4 起;作为第三方参与的案件数为 33 起,相较于 2013—2014 年增加了 13 起(见图 8.3)。

表 8.2 中国参与世界贸易组织争端解决案件情况(2017 年 1 月 1 日至 2018 年 12 月 31 日)

年 度	起 诉	被 诉	第三方
2017—2018	DS543 DS544 DS562 DS563 DS565	DS519 DS542 DS549 DS558 DS568	DS510 DS512 DS513 DS518 DS522 DS523 DS524 DS526 DS529 DS531 DS533 DS534 DS536 DS537 DS538 DS539 DS541 DS545 DS546 DS548 DS550 DS551 DS552 DS553 DS554 DS556 DS557 DS559 DS560 DS561 DS564 DS566 DS567

资料来源:https://www.wto.org/english/tratop_e/dispu_e/dispu_by_country_e.htm。

(2)针对美国挑起的贸易战,中国积极主动上诉,争取贸易权益。中美贸易争端一直不断,2003—2005 年,由美国单方面挑起的一系列贸易摩擦给中美贸易关系蒙上了浓重的阴影,贸易大战似乎一触即发,中美两国进入了前所未有的贸易摩擦期。中美贸易摩擦作为中美经贸关系的一部分随中美政治关系的发展和国际局势的变幻而发生变化。2018 年 3 月 23 日,特朗普政府不顾中方劝阻,执意发动贸易战,掀起了又一轮的中美贸易争端。美国单边主义的做法已经违背了世界贸易组织的基本精神和原则,是世界贸易组织《关于争端解决规则与程序的谅解》第 23 条所明确禁止的,在此背景下,世界贸易组织采取行动合理合法。在处理涉及世界贸易组织的经贸事项时,美

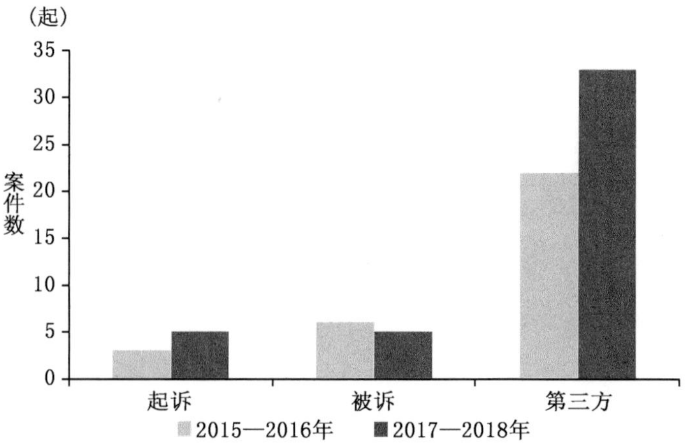

图 8.3 2015—2016 年和 2017—2018 年中国参与的世界贸易组织争端情况比较

国必须依据世界贸易组织规则和争端解决机构的最终裁决,不能通过 301 调查等单方面认定其他成员是否违反世界贸易组织规则。美国一系列关于进口商品加征关税的做法,已经违反了世界贸易组织规则和世界贸易组织的权威性。基于此,中国在 2017—2018 年的世界贸易组织上诉案件中,针对美国发起的贸易战主动上诉,主要涉及关税措施(DS543、DS565)、钢铁和铝产品(DS544)、晶体硅光伏产品(DS562)和再生能源(DS563),详情见表 8.3。

表 8.3 2017—2018 年中国在世界贸易组织争端中起诉案件情况(截至 2018 年 12 月 31 日)

案件名称及编号	起诉方及投诉时间	所涉及的协定条文	第三方	现状
中国就美国对进口自中国某些产品的关税措施向世界贸易组织提出磋商请求(DS543)	中国,2018 年 4 月 4 日	《1994 年关税与贸易总协定》条款一:1 和条款二(甲)、(乙);《争端解决谅解》条款二十三	巴西、加拿大、欧盟、印度、印度尼西亚、日本、哈萨克斯坦、韩国、新西兰、挪威、俄罗斯、中国台北、乌克兰	申请磋商
中国就美国对中国钢铁和铝产品的措施向世界贸易组织提出磋商请求(DS544)	中国,2018 年 4 月 4 日	《保障措施协议》条款 2.1、2.2、4.1、4.2、5.1、7、11.1(甲)、12.1、12.2 和 12.3;《1994 年关税与贸易总协定》条款一:1. 条款二:1(甲)和(乙),条款十:3(甲),条款十九:1(甲),2	巴林、巴西、加拿大、加拿大、危地马拉、中国香港、冰岛、印度、印度尼西亚、日本、哈萨克斯坦、马来西亚、墨西哥、新西兰、挪威、卡塔尔、俄罗斯、沙特阿拉伯、新加坡、南非、瑞士、中国台北、泰国、土耳其、乌克兰、委内瑞拉、玻利维亚	申请磋商

续表

案件名称及编号	起诉方及投诉时间	所涉及的协定条文	第三方	现状
中国就美国对进口自中国的晶体硅光伏产品的保障措施向世界贸易组织提出磋商请求(DS562)	中国,2018年8月14日	《保障措施协议》条款2.1、2.2、3.1、3.2、4.1、4.2、5.1、7.1、7.4、8.1、12.1、12.2和12.3;《1994年关税与贸易总协定》条款十三,条款十九:1(甲)和2	暂无	申请磋商
中国就美国与可再生能源有关的若干措施向世界贸易组织提出磋商请求(DS563)	中国,2018年8月14日	《补贴与反补贴措施协议》条款3.1(乙)和条款3.2;《与贸易有关的投资措施协议》条款2.1和2.2;《1994年关税与贸易总协定》条款三:4	暂无	申请磋商
中国就美国对中国某些商品的关税措施Ⅱ向世界贸易组织提出磋商请求(DS565)	中国,2018年8月23日	《1994年关税与贸易总协定》条款一:1,条款二:1(甲)和(乙);《争端解决谅解》条款二十三	暂无	申请磋商

(3)中国积极参与世界贸易组织争端,成为最活跃的第三方。

自加入世界贸易组织以来,中国以第三方身份参与了168件投诉的争端解决活动,其中2017—2018年达到了33件,位居第一(见图8.4)。世界贸易组织争端解决机制中的第三方制度,既能保护第三方的实质利益不受损害,又可身临其境和现场观察争端当事各方解决贸易争端的战略和战术,学习别国的经验、吸取他国的教训;不仅可以监督世界贸易组织争端解决机制的正常运转,而且还能维护和坚持世界贸易组织争端解决机制的多边特性;无承受败诉压力与风险之苦,有影响争端解决进程之乐。我国之所以广泛作为第三方参与,除上述第三方制度的好处外,还有下列特殊考虑:

①中国作为贸易大国有广泛的贸易利益。中国近些年来进出口贸易位居世界第三,因此,涉及中国贸易伙伴贸易制度的争端,中国都有实质性贸易利益。从维护中国贸易利益的角度,中国应当作为第三方广泛参与世界贸易组织案件的审理。

②获得大量的国际贸易信息。作为第三方参与,一般可以了解到大量的有关世界贸易组织成员中争端各方贸易管理制度的信息和贸易体制,包括其法律规定和实际运转情况。这些信息对中国未来对这些世界贸易组织成员的贸易以及参照制定中国自己的贸易管理体制,都具有很重要的价值。在作为第三方参与的过程中,中国政府主管部门特别注意与国务院其他有关部门、进出口商会、行业协会、大型企业保持密切合

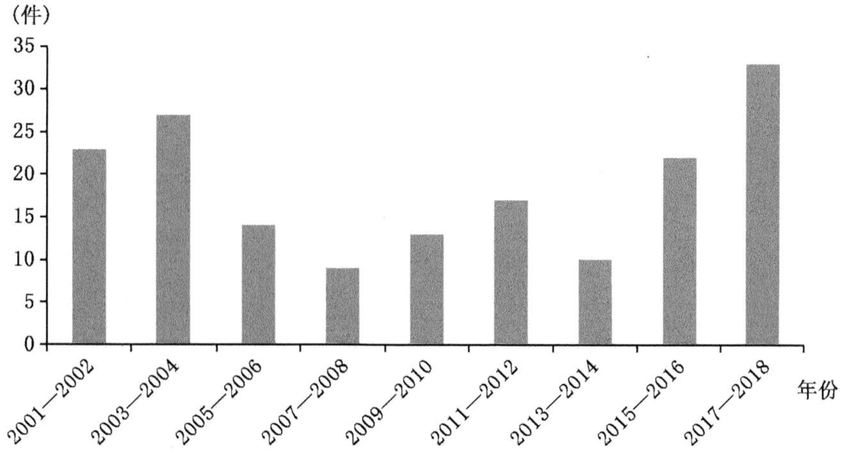

图 8.4　加入世界贸易组织以来中国作为第三方参与的世界贸易组织案件数

作，共同研究确定中国参与这些案件的立场，同时使有关产业跟踪国际贸易体制的发展动态。

③作为第三方可以参与世界贸易组织规则的制定与发展。世界贸易组织争端解决专家组和上诉机构在审理案件过程中会对世界贸易组织规则进行创造性的解释和发展，从而丰富完善世界贸易组织法律体系。此外，某些争端解决案件是在世界贸易组织多边谈判不能解决问题的背景下发生的，例如欧盟和美国之间有关农产品补贴的案件，就是通过世界贸易组织的争端解决来寻求谈判上的突破口。在这些案件中，中国通过提交书面文件和参加开庭，阐述中国对世界贸易组织规则的理解，从而对世界贸易组织规则的制定和发展产生了影响。

④中国加入世界贸易组织的时间只有十几年，还处于学习阶段，急需培养和锻炼中国政府处理世界贸易组织争端解决活动的专业队伍。虽然我国政府已经建立了一支比较稳定的争端解决参与队伍，但世界贸易组织争端解决是一项高度专业化的法律工作，不仅要对世界贸易组织规则有很深入的了解，还要具有高超的诉讼技巧，只有大量参与世界贸易组织案件的审理工作，才能不断提高我国处理世界贸易组织争端解决活动的专业队伍的业务水平，更好地维护中国的贸易利益。

(4)被诉案件涉及面广，主要投诉国依然为欧美，但卷入世界贸易组织成员多，有些则政治意图明显。就被诉来说，据世界贸易组织秘书处统计，2017—2018 年，我国在世界贸易组织争端解决机制下的被诉案件共 5 件(见表 8.4)，其中美国起诉 3 件，欧盟 1 件，巴西 1 件。

表 8.4　2017—2018 年中国在世界贸易组织中被诉案件情况(截至 2018 年 12 月 31 日)

案件名称及编号	起诉方及起诉时间	所涉及的协定条文	第三方	现状
美国就中国原铝补贴措施案向世界贸易组织申请启动磋商程序(DS519)	美国,2017 年 1 月 12 日	Articles 5(c),6.3(a),6.3(b),6.3(c) and 6.3(d) of the SCM Agreement;Article ⅩⅥ:1 of the GATT 1994	暂无	申请磋商
美国就中国保护知识产权的某些措施向世界贸易组织提出磋商请求(DS542)	美国,2018 年 3 月 23 日	Articles 3,28.1(a) and (b) and 28.2 of the TRIPS Agreement	澳大利亚、巴西、加拿大、埃及、欧盟、印度、日本、哈萨克斯坦、韩国、新西兰、挪威、俄罗斯、新加坡、中国台北、土耳其、乌克兰	申请磋商
欧盟就中国对技术转移的措施向世界贸易组织提出磋商请求(DS549)	欧盟,2018 年 6 月 1 日	Articles 3, 28.1(a), 28.1(b),28.2,33,39.1 and 39.2 of the TRIPS Agreement;Article Ⅹ:3(a) of the GATT 1994;Paragraphs 2(A)(2) of Part I of China's Protocol of Accession.	暂无	申请磋商
美国就中国对美国产品的附加税向世界贸易组织提出磋商请求(DS558)	美国,2018 年 7 月 16 日	Articles Ⅰ:1,Ⅱ:1(a),and Ⅱ:1(b) of the GATT 1994	巴西、加拿大、欧盟、危地马拉、印度、印度尼西亚、日本、哈萨克斯坦、墨西哥、新西兰、挪威、俄罗斯、新加坡、南非、瑞士、中国台北、泰国、土耳其、乌克兰、委内瑞拉、玻利维亚	申请磋商
巴西就中国对食糖进口的若干措施向世界贸易组织提出磋商请求(DS568)	巴西,2018 年 10 月 16 日	Agriculture: Art. 4.2 GATT 1994: Art. Ⅱ:1(a),Ⅱ:1(b),Ⅹ:1,Ⅹ:2,Ⅹ:3(a),ⅪⅠ:1,ⅩⅡ:2,ⅩⅢ:3(b),ⅩⅨ:1 Import Licensing: Art. 1.2,1.3,2.2(a),3.2, 3.3 Safeguards: Art. 2.1,3.1,4.1(a),4.1(c),4.2(a),4.2(b),4.2(c),5.1,7.1 Protocol of Accession: Part I,para. 1.2	暂无	申请磋商

2017 年 1 月 17 日,世界贸易组织发布通报称,美国于 2017 年 1 月 12 日就中国原铝补贴措施案(DS519)向世界贸易组织申请与中国进行磋商。美国主张中国自 2007

年向中国原铝生产商提供包括优惠银行贷款等金融优惠政策及低价原料、生产资料在内的一系列补贴措施，涉嫌违反《补贴与反补贴措施协定》第6.3条(a)(b)(c)(d)款及《1994年关税与贸易总协定》第16:1条的规定，对美方利益造成《补贴与反补贴措施协定》第5(c)条规定的包括严重损害在内的不利影响。对此，我国商务部指出，中国铝业市场是一个高度竞争与市场化的行业，相关贷款和购买原材料均已充分市场化和商业化，不存在美方所指称的补贴问题。美方的磋商请求缺乏事实依据和世界贸易组织规则基础，所谓补贴项目是对行业市场的误读和对世界贸易组织规则的误解。

2018年3月23日，美国贸易代表办公室宣布，针对所谓中国的“歧视性的技术许可要求”，美国政府提出与中方在世界贸易组织争端解决机制下进行磋商的请求(DS542)。美国指责中国偷窃技术知识产权并且要求上诉世界贸易组织，实际上是特朗普在3月22日发动的“贸易战”的一部分。

针对技术转移问题，2018年6月1日，欧盟在世界贸易组织争端解决机制项下要求与中方进行磋商，启动世界贸易组织争端解决程序。欧盟称中国政府有关技术转让措施不符合《与贸易有关的知识产权协定》等世界贸易组织规则的相关规定(DS549)。

另外一起中国被诉的案件则是涉及食品方面。食糖是中国重要农副产品之一，关系到中国超过4 000万糖农的经济利益。因进口食糖增加导致中国食糖产业受到严重损害，中国政府应国内产业要求，依法对进口食糖实施保障措施。2018年10月16日，巴西就中国对进口食糖采取的进口管理措施提起世界贸易组织争端解决机制下的磋商请求(DS568)。

(5)与近年来世界贸易组织投诉案件总数呈现下降趋势相反，对中国的投诉案件数依旧呈现上升趋势。就向世界贸易组织投诉的总体情况而言，图8.5和图8.6比较清楚地说明了20年来世界贸易组织受理案件的年度分布情况。可见，加入世界贸易组织后前三年的投诉案件数急剧上升，1997年达到顶峰。尔后几年有所下降，2011年新投诉最少，之后又开始略微上升。中国自2001年12月11日加入世界贸易组织以来，贸易规模愈来愈大，对中国的世界贸易组织投诉案件数也呈现出了上升的趋势。

随着反全球化及贸易保护主义抬头，加之中美贸易战，中国很可能已经进入被投诉的高峰期。如前所述，中国不仅已成为世界贸易组织成员中位列第三位的被诉方，而且成为美国、欧盟、加拿大等世界贸易组织主要成员的重点投诉目标，这不仅使中国的应诉能力面临更严峻的考验，而且给中国提供了前所未有的进一步参与世界贸易组织争端解决活动的机遇。

(6)通过积极参与世界贸易组织争端解决，中国政府不仅加深了对世界贸易组织争端解决机制的认识，而且增强了通过世界贸易组织争端解决机制解决国际贸易摩擦

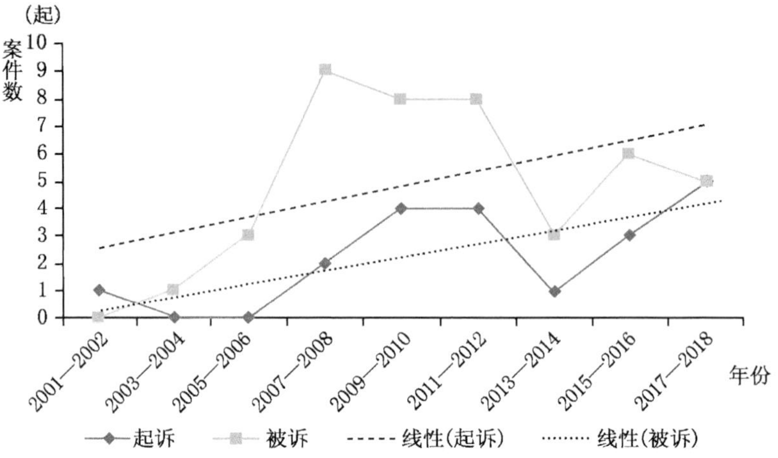

资料来源:https://www.wto.org/english/tratop_e/dispu_e/dispu_status_e.htm。

图 8.5 中国加入世界贸易组织以来起诉和被诉的世界贸易争端变化

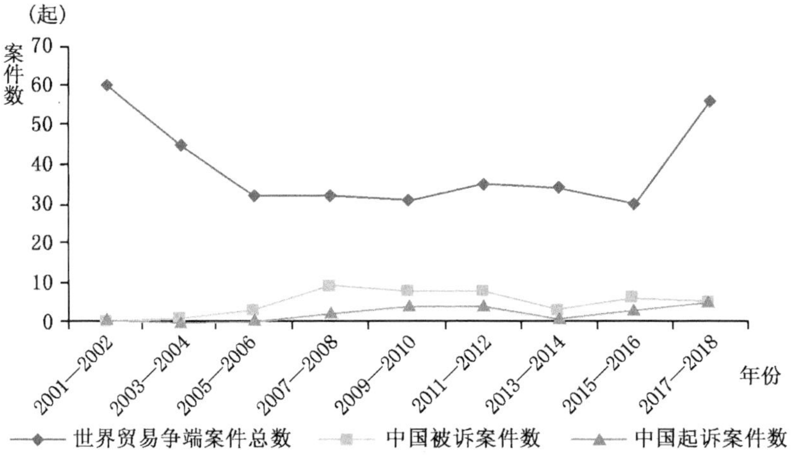

资料来源:https://www.wto.org/english/tratop_e/dispu_e/dispu_status_e.htm。

图 8.6 中国起诉和被诉案件数与世界贸易争端总数的比较

的信心。

加入世界贸易组织十多年来,中国在世界贸易组织争端解决中政策高调积极、行事低调节制,外交解决为主、诉讼手段为辅。更为重要的是,随着日益深入地参加世界贸易组织争端解决活动,中国政府不仅进一步提高了对世界贸易组织争端解决机制的认识水平,而且增强了通过世界贸易组织争端解决机制解决国际贸易摩擦的信心,越来越自觉地把世界贸易组织争端解决机制视为执行本国贸易政策的重要工具。在中美贸易战背景下，多边贸易体系依旧是中美贸易的唯一基础，世界贸易组织规则对解决中美贸易争端作用依旧很大。

二、关于中国进一步参与世界贸易组织争端解决活动的思考

当前，自由贸易和多边贸易体制遇到巨大挑战。自从美国特朗普政府在全世界推行贸易保护主义和单边主义，不断挑起贸易摩擦，就对世界贸易持续产生了负面影响。在为世界贸易制造麻烦之时，美国还阻挠世界贸易组织上诉机构成员遴选程序补充7人小组缺额，使之逐步陷入瘫痪，从而无法在争端解决机制项下纠正其违法行为、制约其贸易保护主义和单边主义。这一情况如不尽快解决，将导致世界贸易组织规则无效，使多边贸易秩序面临倒退的危局。

世界贸易组织有三大功能，分别是争端解决、贸易谈判和贸易政策审议。其中，争端解决机制被视为“皇冠上的明珠”。而世界贸易组织上诉机构被称作负责贸易争端裁决的“最高法院”，由7名成员组成，每名成员任期4年，可以连任两届。由于自2017年8月以来美国阻碍新成员遴选进程，致使该机构目前只有3名成员在任，有4个缺额无法填补。

根据世界贸易组织规则，任何裁决都须至少3名法官签署。而世界贸易组织的争端解决规则规定，上诉机构成员的任命需要世界贸易组织成员之间达成共识。而美国认为上诉机构运作中的“系统性”问题仍未得到解决，指责上诉机构行为经常超出其职权范围，上诉机构的判决“增加或减少了世界贸易组织成员的权利或义务”，等等，与其他成员存在巨大分歧，阻挠新法官的遴选，导致无法及时补额。中国应积极参与世界贸易组织改革的进程，坚决反对贸易保护主义和单边主义。

中国在世界贸易组织改革进程中，首先应大力呼吁坚持世界贸易组织的基本原则，也就是最惠国待遇、国民待遇、关税约束、透明度、特殊与差别待遇等，以及贸易自由化的总体方向，不能另起炉灶，推倒重来；其次，坚持改革应该以发展为核心，照顾发展中成员的合理诉求；最后，坚持改革应在相互尊重、平等互利的基础上，循序渐进，优先解决危及世界贸易组织生存的问题。

（本章执笔：高军博士）

附　章

我国出口退(免)税政策的变化

第一节　2017—2018年中国出口退(免)税政策的变化

一、国家税务总局明确跨境应税行为免税备案等管理规定

2017年8月14日,国家税务总局公告2017年第30号《关于跨境应税行为免税备案等增值税问题的公告》发布,对跨境应税行为免税备案等增值税问题明确如下:

(1)纳税人发生跨境应税行为,按照国家税务总局《关于发布〈营业税改征增值税跨境应税行为增值税免税管理办法(试行)〉的公告》(国家税务总局公告2016年第29号)的规定办理免税备案手续后发生的相同跨境应税行为,不再办理备案手续。纳税人应当完整保存相关免税证明材料备查。纳税人在税务机关后续管理中不能提供上述材料的,不得享受相关免税政策,对已享受的减免税款应予补缴,并依照《中华人民共和国税收征收管理法》的有关规定处理。

(2)纳税人以承运人身份与托运人签订运输服务合同,收取运费并承担承运人责任,然后委托实际承运人完成全部或部分运输服务时,自行采购并交给实际承运人使用的成品油和支付的道路、桥、闸通行费,同时符合下列条件的,其进项税额准予从销项税额中抵扣:

①成品油和道路、桥、闸通行费,应用于纳税人委托实际承运人完成的运输服务。

②取得的增值税扣税凭证符合现行规定。

(3)其他个人委托房屋中介、住房租赁企业等单位出租不动产,需要向承租方开具增值税发票的,可以由受托单位代其向主管税务机关按规定申请代开增值税发票。

(4)自2018年1月1日起,金融机构开展贴现、转贴现业务需要就贴现利息开具发票的,由贴现机构按照票据贴现利息全额向贴现人开具增值税普通发票,转贴现机构按照转贴现利息全额向贴现机构开具增值税普通发票。

(5)本公告除第四条外,自2017年9月1日起施行,此前已发生未处理的事项,按照本公告规定执行。

二、启运港退税政策进一步完善

2018年1月8日,财政部、海关总署、国家税务总局公布《关于完善启运港退税政策的通知》(财税〔2018〕5号),主要内容如下:

(1)对符合条件的出口企业从启运地口岸(以下称启运港)启运报关出口,由符合条件的运输企业承运,从水路转关直航或经停指定口岸(以下称经停港),自离境地口岸(以下称离境港)离境的集装箱货物,实行启运港退税政策。

对从经停港报关出口、由符合条件的运输企业途中加装的集装箱货物,符合前款规定的运输方式、离境地点要求的,以经停港作为货物的启运港,也实行启运港退税政策。

(2)政策适用范围:

①启运港。

启运港为泸州市泸州港、重庆市果园港、宜昌市云池港、岳阳市城陵矶港、武汉市阳逻港、九江市城西港、芜湖市朱家桥港、南京市龙潭港、张家港市永嘉港、南通市狼山港、苏州市太仓港、连云港市连云港港、青岛市前湾港。

②离境港。

离境港为上海市外高桥港区、上海市洋山保税港区。

③经停港。

承运适用启运港退税政策货物的船舶,可经停南京市龙潭港、武汉市阳逻港、苏州市太仓港加装货物,但不得经停除上述港口以外的其他港口或在上述港口卸载货物。

从经停港加装的货物,需为已报关出口、经由上述第②项规定的离境港离境的集装箱货物。

④运输企业及运输工具。

运输企业为在海关的信用等级为一般信用企业或认证企业,并且纳税信用级别为B级及以上的航运企业。

运输工具为配备导航定位、全程视频监控设备并且符合海关对承运海关监管货物运输工具要求的船舶。

国家税务总局定期向海关总署传送纳税信用等级为B级及以上的企业名单。企业纳税信用等级发生变化的,定期传送变化企业名单。海关总署根据上述纳税信用等级等信息确认符合条件的运输企业和运输工具。

⑤出口企业。

出口企业的出口退(免)税分类管理类别为一类或二类,并且在海关的信用等级为一般信用企业或认证企业。

海关总署定期向国家税务总局传送一般信用企业或认证企业名单。企业信用等级发生变化的,定期传送变化企业名单。国家税务总局根据上述名单等信息确认符合条件的出口企业。

(3)主要流程:

①启运地海关依出口企业申请,对从启运港启运的符合条件的货物办理放行手续后,生成启运港出口货物报关单电子信息。以经停港作为货物启运港的,经停地海关依出口企业申请,对从经停港加装的符合条件的货物办理放行手续后,生成启运港出口货物报关单电子信息。

②海关总署按日将启运港出口货物报关单电子信息(加启运港退税标识)通过电子口岸传输给国家税务总局。

③出口企业凭启运港出口货物报关单电子信息及相关材料到主管退税的税务机关申请办理退税。出口企业首次申请办理退税前,应向主管出口退税的税务机关进行启运港退税备案。

④主管出口退税的税务机关,根据企业出口退(免)税分类管理类别信息、国家税务总局清分的企业海关信用等级信息和启运港出口货物报关单信息,为出口企业办理退税。出口企业在申请退税时,上述信息显示其不符合启运港退税条件的,主管税务机关根据国家税务总局清分的结关核销的报关单数据(加启运港退税标识)办理退税。

⑤启运港启运以及经停港加装的出口货物自离境港实际离境后,海关总署按日将正常结关核销的报关单数据(加启运港退税标识)传送给国家税务总局,国家税务总局按日将已退税的报关单数据(加启运港退税标识)反馈海关总署。

⑥货物如未运抵离境港不再出口,启运地或经停地海关应撤销出口货物报关单,并由海关总署向国家税务总局提供相关电子数据。上述不再出口货物如已办理出口退税手续,出口企业应补缴税款,并向启运地或经停地海关提供税务机关出具的货物已补税证明。

对已办理出口退税手续但自启运日起超过2个月仍未办理结关核销手续的货物,除因不可抗力或属于上述第⑥项情形且出口企业已补缴税款外,视为未实际出口,税务机关应追缴已退税款，不再适用启运港退税政策。

⑦主管出口退税的税务机关，根据国家税务总局清分的正常结关核销的报关单数据，核销或调整已退税额。

三、财政部等部委印发《口岸进境免税店管理暂行办法》补充规定，规范免税店招标管理

2018 年 3 月 29 日，财政部、商务部、文化和旅游部、海关总署、国家税务总局联合印发《关于印发口岸进境免税店管理暂行办法补充规定的通知》(财关税〔2018〕4 号)，规范对口岸免税店招标活动的管理。《口岸进境免税店管理暂行办法》(财关税〔2016〕8 号)(以下简称《办法》)的主要补充规定如下：

(1)招标投标活动应严格遵守《中华人民共和国招标投标法》《中华人民共和国招标投标法实施条例》等有关法律法规的规定。口岸进境免税店的经营主体须丰富经营品类，制定合理价格，服务于引导境外消费回流，满足居民消费需求，加速升级旅游消费的政策目标。

(2)招标投标活动应保证具有免税品经营资质的企业公平竞争。招标人不得设定歧视性条款，不得含有倾向、限制或排斥投标人的内容，不得以特定行政区域或者特定的业绩作为加分条件或者中标条件。

单位负责人为同一人或者存在控股、管理关系的不同单位，不得参加同一标段投标或者未划分标段的同一招标项目投标。

(3)合理规范口岸进境免税店租金比例和提成水平，避免片面追求“价高者得”。财务指标在评标中占比不得超过 50%。财务指标是指投标报价中的价格部分，包括但不限于保底租金、销售提成等。招标人应根据口岸同类场地现有的租金、销售提成水平来确定最高投标限价并对外公布。租金单价原则上不得高于同一口岸出境免税店或国内厅含税零售商业租金平均单价的 1.5 倍；销售提成不得高于同一口岸出境免税店或国内厅含税零售商业平均提成比例的 1.2 倍。

(4)应综合考虑企业的经营能力，甄选具有可持续发展能力的经营主体。经营品类，尤其是烟酒以外品类的丰富程度应是重要衡量指标。技术指标在评标中占比不得低于 50%。技术指标分值中，店铺布局和设计规划占比 20%；品牌招商占比 30%；运营计划占比 20%；市场营销及顾客服务占比 30%。品牌招商分值中，烟酒占比不得超过 50%。

(5)规范评标工作程序。评标过程分为投标文件初审、问题澄清及讲标和比较评价三个阶段，对每个阶段的评审要出具评审报告。

(6)中标人不得以装修费返还、税后利润返回、发展基金等方式对招标企业进行变相补偿。招标人及所在政府不得通过补贴、财政返回等方式对中标企业进行变相补偿。

(7)口岸所在地的省(区、市)财政厅(局)对口岸进境免税店招标项目实施管理。财政部驻地方财政监察专员办事处对招标投标程序和政策落实情况履行行政监督职责,主要职责包括:

①对评标委员会成员的确定方式、评标专家的抽取和评标活动是否符合法定程序进行监督。

②负责受理投标人或者其他利害关系人关于招标投标活动不符合法律、行政法规规定的投诉,提出工作意见后报财政部。

③监督财政部、商务部、海关总署、国家税务总局、国家旅游局《关于口岸进境免税店政策的公告》(财政部 商务部 海关总署 国家税务总局 国家旅游局公告 2016 年第 19 号)和《办法》的执行情况。

四、增值税税率再次发生重大调整,部分出口货物和跨境应税行为的退税率随之调整

为进一步完善增值税制度,2018 年 4 月 4 日,财政部、国家税务总局联合发布了《关于调整增值税税率的通知》(财税〔2018〕32 号),再次调整增值税税率。从 2018 年 5 月 1 日起,增值税税率调整如下:

(1)纳税人发生增值税应税销售行为或者进口货物,原适用 17%和 11%税率的,税率分别调整为 16%、10%。

(2)纳税人购进农产品,原适用 11%扣除率的,扣除率调整为 10%。

(3)纳税人购进用于生产销售或委托加工 16%税率货物的农产品,按照 12%的扣除率计算进项税额。

(4)原适用 17%税率且出口退税率为 17%的出口货物,出口退税率调整至 16%。原适用 11%税率且出口退税率为 11%的出口货物、跨境应税行为,出口退税率调整至 10%。

(5)外贸企业 2018 年 7 月 31 日前出口的第(4)条所涉货物、销售的第(4)条所涉跨境应税行为,购进时已按调整前税率征收增值税的,执行调整前的出口退税率;购进时已按调整后税率征收增值税的,执行调整后的出口退税率。生产企业 2018 年 7 月 31 日前出口的第(4)条所涉货物、销售的第(4)条所涉跨境应税行为,执行调整前的出口退税率。

调整出口货物退税率的执行时间及出口货物的时间，以出口货物报关单上注明的出口日期为准，调整跨境应税行为退税率的执行时间及销售跨境应税行为的时间，以出口发票的开具日期为准。

五、国家税务总局发布公告，明确统一小规模纳税人标准后小规模纳税人有关出口退(免)税问题

2018 年 4 月 22 日，国家税务总局发布《关于统一小规模纳税人标准有关出口退(免)税问题的公告》(国家税务总局公告 2018 年第 20 号)，公告自 2018 年 5 月 1 日起施行。公告指出，根据财政部、国家税务总局《关于统一增值税小规模纳税人标准的通知》(财税〔2018〕33 号)、国家税务总局《关于统一小规模纳税人标准等若干增值税问题的公告》(国家税务总局公告 2018 年第 18 号)及现行出口退(免)税有关规定，现将统一小规模纳税人标准有关出口退(免)税问题公告如下：

(1)一般纳税人转登记为小规模纳税人(以下称转登记纳税人)的，其在一般纳税人期间出口适用增值税退(免)税政策的货物劳务、发生适用增值税零税率跨境应税行为(以下称出口货物劳务、服务)，继续按照现行规定申报和办理出口退(免)税相关事项。

自转登记日下期起，转登记纳税人出口货物劳务、服务，适用增值税免税规定，按照现行小规模纳税人的有关规定办理增值税纳税申报。

出口货物劳务、服务的时间，按以下原则确定：属于向海关报关出口的货物劳务，以出口货物报关单上注明的出口日期为准；属于非报关出口销售的货物、发生适用增值税零税率跨境应税行为，以出口发票或普通发票的开具时间为准；属于保税区内出口企业或其他单位出口的货物以及经保税区出口的货物，以货物离境时海关出具的出境货物备案清单上注明的出口日期为准。

(2)原实行免抵退税办法的转登记纳税人在一般纳税人期间出口货物劳务、服务，尚未申报抵扣的进项税额以及转登记日当期的期末留抵税额，计入“应交税费——待抵扣进项税额”，并参与免抵退税计算。上述尚未申报抵扣的进项税额应符合国家税务总局公告 2018 年第 18 号第四条第二款的规定。

上述转登记纳税人发生国家税务总局公告 2018 年第 18 号第五条所述情形、按照本公告第一条第一款规定申报办理出口退(免)税或者退运等情形，需要调整“应交税费——待抵扣进项税额”的，应据实调整，准确核算“应交税费——待抵扣进项税额”的变动情况。

(3)原实行免退税办法的转登记纳税人在一般纳税人期间出口货物劳务、服务，尚

未申报免退税的进项税额可继续申报免退税。

上述尚未申报免退税的进项税额应符合国家税务总局公告2018年第18号第四条第二款的规定。其中,用于申报免退税的海关进口增值税专用缴款书,转登记纳税人不申请进行电子信息稽核比对,应经主管税务机关查询,确认与海关进口增值税专用缴款书电子信息相符且未被用于抵扣或退税。

(4)转登记纳税人结清出口退(免)税款后,应按照规定办理出口退(免)税备案变更。

委托外贸综合服务企业(以下称综服企业)代办退税的转登记纳税人,应在综服企业主管税务机关按规定向综服企业结清该转登记纳税人的代办退税款后,按照规定办理委托代办退税备案撤回。

(5)转登记纳税人再次登记为一般纳税人的,应比照新发生出口退(免)税业务的出口企业或其他单位,办理出口退(免)税有关事宜。

六、国家税务总局明确综合服务企业有关出口货物退(免)税问题

国家税务总局于2018年5月14日发布《关于外贸综合服务企业办理出口货物退(免)税有关事项的公告》(国家税务总局公告2018年第25号)。公告指出,国家税务总局《关于调整完善外贸综合服务企业办理出口货物退(免)税有关事项的公告》(国家税务总局公告2017年第35号)实施以来,部分外贸综合服务企业(以下简称综服企业)反映部分老合同无法按照35号公告规定办理退税的问题。为解决综服企业反映的问题,促进综服企业规范健康发展,现将有关出口货物退(免)税问题明确如下:

(1)综服企业在2017年11月1日至2018年2月28日期间出口的货物,符合国家税务总局《关于外贸综合服务企业出口货物退(免)税有关问题的公告》(国家税务总局公告2014年第13号)规定的,允许在2018年6月30日前,按照国家税务总局公告2014年第13号的规定申报办理出口退(免)税。

出口货物的出口时间,以出口货物报关单上注明的出口日期为准。

(2)综服企业按照本公告第一条的规定申报出口退(免)税时,必须在《外贸企业出口退税进货明细申报表》"备注"栏、《外贸企业出口退税出口明细申报表》"备注"栏填写"WMZHFW"。否则,不得执行本公告第一条的规定。

七、部分机电、文化产品的出口退税率提高

2018年9月5日,财政部、国家税务总局发布《关于提高机电、文化等产品出口退税率的通知》(财税〔2018〕93号)。通知指出,为完善出口退税政策,对机电、文化等产

品提高增值税出口退税率,并列出了提高出口退税率 产品的清单。

(1)将多元件集成电路、非电磁干扰滤波器、书籍、报纸等产品出口退税率提高至16%。

(2)将竹刻、木扇等产品出口退税率提高至13%。

(3)将玄武岩纤维及其制品、安全别针等产品出口退税率提高至9%。

通知自2018年9月15日起执行。通知所列货物适用的出口退税率,以出口货物报关单上注明的出口日期界定。

八、跨境电子商务综合试验区零售出口货物税收政策发布

2018年9月28日,财政部、国家税务总局、商务部、海关总署发布了《关于跨境电子商务综合试验区零售出口货物税收政策的通知》(财税〔2018〕103号)。

为进一步促进跨境电子商务健康快速发展,培育贸易新业态新模式,将跨境电子商务综合试验区(以下简称综试区)内的跨境电子商务零售出口(以下简称电子商务出口)货物有关税收政策规定如下:

(1)对综试区电子商务出口企业出口未取得有效进货凭证的货物,同时符合下列条件的,试行增值税、消费税免税政策:

①电子商务出口企业在综试区注册,并在注册地跨境电子商务线上综合服务平台登记出口日期、货物名称、计量单位、数量、单价、金额。

②出口货物通过综试区所在地海关办理电子商务出口申报手续。

③出口货物不属于财政部和国家税务总局根据国务院决定明确取消出口退(免)税的货物。

(2)各综试区建设领导小组办公室和商务主管部门应统筹推进部门之间的沟通协作和相关政策落实,加快建立电子商务出口统计监测体系,促进跨境电子商务健康快速发展。

(3)海关总署定期将电子商务出口商品申报清单电子信息传输给国家税务总局。各综试区税务机关根据国家税务总局清分的出口商品申报清单电子信息加强出口货物免税管理。具体免税管理办法由省级税务部门商财政、商务部门制定。

通知所称综试区,是指经国务院批准的跨境电子商务综合试验区;通知所称电子商务出口企业,是指自建跨境电子商务销售平台或利用第三方跨境电子商务平台开展电子商务出口的单位和个体工商户。

通知自2018年10月1日起执行,具体日期以出口商品申报清单注明的出口日期为准。

九、我国提高部分产品的出口退税率

2018 年 10 月 22 日，财政部、国家税务总局发布《关于调整部分产品出口退税率的通知》(财税〔2018〕123 号)。通知指出，为进一步简化税制、完善出口退税政策，对部分产品增值税出口退税率进行调整。调整内容如下：

(1)将相纸胶卷、塑料制品、竹地板、草藤编织品、钢化安全玻璃、灯具等产品出口退税率提高至 16%。

将润滑剂、航空器用轮胎、碳纤维、部分金属制品等产品出口退税率提高至 13%。

将部分农产品、砖、瓦、玻璃纤维等产品出口退税率提高至 10%。

提高出口退税率的产品清单见附件。

(2)取消豆粕出口退税。

豆粕是指产品编码为 23040010、23040090 的产品。

(3)除本通知第(1)、(2)条所涉产品外，其余出口产品，原出口退税率为 15%的，出口退税率提高至 16%；原出口退税率为 9%的，出口退税率提高至 10%；原出口退税率为 5%的，出口退税率提高至 6%。

调整后的出口退税率从 2018 年 11 月 1 日起执行。本通知所列货物适用的出口退税率，以出口货物报关单上注明的出口日期界定。

十、《启运港退(免)税 管理办法》修订并重新发布

2018 年 12 月 28 日，国家税务总局公告 2018 年第 66 号发布了《启运港退(免)税管理办法(2018 年 12 月 28 日修订)》，该办法自 2019 年 1 月 1 日起施行。《启运港退(免)税管理办法》(国家税务总局公告 2014 年第 52 号发布，国家税务总局公告 2018 年第 31 号修改)同时废止。

第二节　中国出口退(免)税政策变化评述

出口退(免)税政策适用于商品和服务出口，其主要目的是对出口商品和服务退还出口之前所经历的各流转环节所纳的国内流转税，使本国商品以不含国内流转税的价格进入国际市场。一般认为，这种政策有利于出口国商品和服务出口，因而为世界各国所普遍采用而成为一种国际通用的税收政策。

一、出口退(免)税的理论依据

这种政策的合理性，也可以从理论上得到解释。税收是各国政府为提供公共物品

进行的筹资，各国纳税人只享受了各自政府为其提供的公共物品，各国的纳税人理应只负担本国政府的税收，但出口商品和服务最终由境外的消费者所消费，如果不对出口商品在出口之前各环节上所征的流转税予以退还，不对出口服务免税，就意味着出口国的纳税人为该出口商品缴纳了税收，却无法享受该商品的消费，纳税与受益不能匹配，违反了税收的公平原则。出口退(免)税政策在理论上的合理性也得到了世界贸易规则的认可，而不会将出口退(免)税视为出口补贴。

当今世界，国际分工深化，各国经济关系日益密切，商品在国家和地区间的频繁流动早已十分平常，跨国服务提供也越来越频繁，为适应国际经济交往的需要，各国的国内流转税制度设计必须符合国际贸易规则和本国经济发展形势，因而各国的国内流转税中大多设有出口商品和服务的退(免)税制度。在中国，主要的流转税税种是增值税和消费税，两种税的基本制度中同样设有退(免)税的规定。根据 2017 年 11 月 19 日公布的第 691 号国务院令，重新发布的《中华人民共和国增值税暂行条例》第二条第(四)、(五)款分别规定，纳税人出口货物，税率为零；境内单位和个人跨境销售国务院规定范围内的服务、无形资产，税率为零。《中华人民共和国消费税暂行条例》第十一条也规定，对纳税人出口货物应税消费品，免征消费税。可见，这两个条例的规定构成了中国出口退(免)税的法律基础。

二、中国的出口退(免)税制度

在中国，出口退(免)税政策包括退(免)出口货物和服务的增值税和消费税。应征消费税的应税消费品出口，分为退税和免税两种情形，前者适用于生产企业直接出口，后者适用于外贸企业在国内购进应税消费品出口。由于目前中国只对 15 种特定的消费品征收消费税，因而消费税的出口退(免)税不论从范围还是规模上都远远小于增值税退(免)税，所以通常所称的出口退(免)税主要是指增值税的退(免)税。

出口退(免)增值税，即增值税零税率。在《中华人民共和国增值税暂行条例》中的表述为“纳税人出口货物，税率为零”，“境内单位和个人跨境销售国务院规定范围内的服务、无形资产，税率为零”。严格地讲，增值税零税率应保证出口货物或服务以不含增值税的价格进入国际市场。但是，在执行中，国家又将出口货物和服务的税收政策作为国家调节出口的经济政策使用，因此，对货物和服务出口的不同情况，国家在遵循“征多少、退多少”“未征不退和彻底退税”基本原则的前提下，制定了不同的退(免)税政策。这些政策具体包括：

(1)出口退税并免税。这里的“免税”是指对货物、服务和跨境应税行为在出口销售环节免征增值税，“出口退税”是对货物、服务和跨境应税行为在出口前实际承担的增值税,以规定的退税率计算后予以退还。

(2)出口免税不退税。这是指对货物、服务和跨境应税行为在出口销售环节免征增值税,但不退税。这种政策适用于两种情形,一是货物、服务和跨境应税行为在出口销售的前一环节本来就免税,二是小规模纳税人的货物、服务和跨境应税行为在出口销售,因为小规模纳税人按简易计税法计税。

(3)出口不免税也不退税。这种政策适用于国家限制或不鼓励出口的货物、服务和跨境应税行为,对于这些货物、服务和跨境应税行为出口,按国内销售征税。

三、2017—2018年出口退(免)税政策变化的主要内容

2017—2018年是中国流转税制度改革力度较大的两年,对出口退(免)税政策产生了较大的影响,因而财政部、国家税务总局、海关总署等相关部门就出口退(免)税政策发布了多个文件,其主要内容如下:

(1)出口退税率多次调整。

如前所述,出口退(免)税政策是国家出口政策的重要组成部分,而出口退税率调整是最为重要的政策工具。

第一次调整是在2018年4月4日,原适用17%税率且出口退税率为17%的出口货物,出口退税率调整至16%,原适用11%税率且出口退税率为11%的出口货物、跨境应税行为出口退税率调整至10%。

第二次调整是在2018年9月5日,提高了部分机电、文化产品的出口退税率,将多元件集成电路、非电磁干扰滤波器、书籍、报纸等产品出口退税率提高至16%,将竹刻、木扇等产品出口退税率提高至13%,将玄武岩纤维及其制品、安全别针等产品出口退税率提高至9%。

第三次调整发生在2018年10月22日,再次提高部分产品的出口退税率,将相纸胶卷、塑料制品、竹地板、草藤编织品、钢化安全玻璃、灯具等产品出口退税率提高至16%,将润滑剂、航空器用轮胎、碳纤维、部分金属制品等产品出口退税率提高至13%,将部分农产品、砖、瓦、玻璃纤维等产品出口退税率提高至10%。

第一次调整是在"减税降费"背景下,为了适应增值税制度改革的需要而作出的。由于出口货物在出口前所征的增值税税率下降,出口退税率也随之下降,所以这次调整虽然下调退税率,但并不会增加出口货物的税收负担,只是仍然保持零税率,因而对货物出口的影响是中性的。对于后两次调整,应该从对外贸易环境变化来理解,2018年9—10月,中美贸易摩擦升级并转化为贸易战的趋势越来越明朗,中国产品出口前景越来越变得不确定。提高货物出口的退税率,可以在很大程度上提升中国传统出口

产品的优势,保持出口的平稳,为中国经济保增长促就业保驾护航。

(2)明确小规模纳税人有关出口退(免)税问题。

2017 年 11 月 19 日,李克强总理签发了第 691 号国务院令,废止了《中华人民共和国营业税暂行条例》,并修改了《中华人民共和国增值税暂行条例》,财政部、国家税务总局随之发布了《关于统一增值税小规模纳税人标准的通知》(财税〔2018〕33 号)。该通知规定,自 2018 年 5 月 1 日起,增值税小规模纳税人的标准统一为年应税销售额不超过 500 万元。而依据原来的标准,年应征增值税的销售额不超过 50 万元(适用于从事货物生产和提供加工、修理修配的纳税人)和 80 万元(适用于从事货物批发的零售的纳税人),由此产生了原一般纳税人转登记为小规模纳税人的问题。对于一般纳税人和小规模纳税人出口货物劳务、服务和发生适用增值税零税率跨境应税行为,增值税制度明确规定适用不同的税收政策,前者在大多数情形下可以享受出口退税,而后者一般享受免税。因此,国家税务总局于 2018 年 4 月 22 日发布《关于统一小规模纳税人标准有关出口退(免)税问题的公告》(国家税务总局公告 2018 年第 20 号),明确一般纳税人转登记为小规模纳税人的,其在一般纳税人期间出口适用增值税退(免)税政策的货物劳务、发生适用增值税零税率跨境应税行为,继续按照现行规定申报和办理出口退(免)税相关事项;自转登记日下期起,转登记纳税人出口货物劳务、服务,适用增值税免税规定,按照现行小规模纳税人的有关规定办理增值税纳税申报。

(3)强化对出口退(免)税的管理。

中国从实施增值税以来就建立了较为规范的符合国际惯例的出口退(免)税制度,近年来在推进营业税改征增值税的过程中又不断完善了这一制度。但是,好的制度必须通过强化管理,使之真正落实,才能发挥应有的作用。出口退免税关系到对外贸易,而对外贸易在我国经济中具有十分重要的地位。近两年来,中国经济面临下行压力,外部经济环境不确定性增加,对外贸易形势更为严峻。在此情形下,就更应该加强对出口退(免)税的管理。

加强对出口退(免)税的管理,既要强化风险意识,保障国家财政收入免遭侵蚀,也要做好纳税服务,保障纳税人切实享受制度和政策红利,助力企业发展。此外,对出口退(免)税管理业务复杂、政策综合性强,还涉及税务机关及海关等多个国家管理部门,管理难度大。为此,国家有关部门公布了一系列规章,如财政部、国家税务总局、商务部、海关总署发布的《关于跨境电子商务综合试验区零售出口货物税收政策的通知》(财税〔2018〕103 号),国家税务总局发布的《关于外贸综合服务企业办理出口货物退(免)税有关事项的公告》(国家税务总局公告 2018 年第 25 号),国家税务总局 2018 年 12 月 28 日修订并重新发布的《启运港退(免)税 管理办法》等,这些规章制度旨在通过狠抓管理,切实保障我国现有的出口退(免)税政策能够得到有效落实。

(本章执笔:毛道根副教授)

附表一

1980—2018 年中国海关税收收入情况一览

年份	全国海关税收收入（亿元，不含船舶吨税收入）	关税收入（亿元）	进口环节税收收入（亿元）	船舶吨税收入（亿元）	中央财政收入（亿元）	海关税收占中央财政收入比重（%）
1980	34.80	33.53	1.27		284.45	12.23
1981	59.80	54.04	5.76		311.07	19.22
1982	54.70	47.46	7.24		346.84	15.77
1983	63.90	53.88	10.02		490.01	13.04
1984	126.00	103.07	22.93		665.47	18.93
1985	350.50	205.21	145.29		769.53	45.55
1986	246.70	151.62	95.08		778.42	31.69
1987	250.30	142.37	107.93		736.29	33.99
1988	262.80	155.02	107.78		774.76	33.92
1989	339.30	181.54	157.76		822.52	41.25
1990	282.70	159.01	123.69		992.42	28.49
1991	338.40	187.28	151.12		938.25	36.07
1992	381.00	212.75	168.25		979.51	38.90
1993	447.80	256.47	191.33		957.51	46.77
1994	622.40	272.68	349.72		2 906.50	21.41
1995	680.10	291.83	388.27		3 256.62	20.88
1996	793.10	301.84	491.26		3 661.07	21.66
1997	853.10	319.49	533.61		4 226.92	20.18
1998	879.00	313.04	565.96		4 892.00	17.97
1999	1 590.70	562.23	1 028.47		5 849.21	27.20
2000	2 242.00	750.48	1 491.52		6 989.17	32.08
2001	2 492.40	840.52	1 651.88	6.00	8 582.74	29.04
2002	2 590.70	704.27	1 886.43	8.45	10 388.64	24.94
2003	3 711.60	923.13	2 788.47	9.38	11 865.27	31.28
2004	4 744.20	1 043.77	3 700.43	11.54	14 503.10	32.71
2005	5 278.50	1 066.17	4 212.33	13.81	16 548.53	31.90
2006	6 104.40	1 141.78	4 962.62	15.74	20 456.62	29.84

续表

年份	全国海关税收收入(亿元,不含船舶吨税收入)			船舶吨税收入(亿元)	中央财政收入(亿元)	海关税收占中央财政收入比重(%)
		关税收入(亿元)	进口环节税收收入(亿元)			
2007	7 586.00	1 432.57	6 153.43	18.20	27 749.16	27.34
2008	9 161.10	1 769.95	7 391.15	20.11	32 680.56	28.03
2009	9 213.60	1 483.81	7 729.79	23.79	35 915.71	25.65
2010	12 518.30	2 027.83	10 490.47	26.63	42 488.47	29.46
2011	16 142.09	2 559.12	13 582.97	29.74	51 327.22	31.45
2012	17 579.10	2 783.93	14 795.17	40.95	56 175.23	31.29
2013	16 635.17	2 630.61	14 004.56	43.55	60 198.48	27.63
2014	17 268.71	2 843.41	14 425.30	45.23	64 493.45	26.78
2015	15 094.19	2 560.84	12 533.35	46.97	69 267.19	21.80
2016	15 384.00	2 603.75	12 781.00	48.02	72 365.62	21.26
2017	18 968.52	2 997.85	15 970.67	50.40	81 123.36	23.38
2018	19 726.75	2 847.78	16 878.97	49.78	85 456.46	23.08

注:船舶吨税收入于2001年开始纳入财政预算,此前的收入数据不详。

资料来源:2017年以前的数据来源于《中国统计年鉴》。2018年数据来源于财政部公布的《2018年中央一般公共预算收入决算表》。

附表二

中国原产地规则主要法律文件一览(截至 2018 年 12 月)

序号	原产地规则	主要法规、规章、文件	国际协定	备　注
1	原产地条例	《中华人民共和国进出口货物原产地条例》(国务院令 2004 年第 416 号公布)		非优惠原产地规则
2	非优惠原产地规则实质性改变标准	《关于非优惠原产地规则中实质性改变标准的规定》(海关总署令第 122 号公布,第 238 号修改)		
3	优惠原产地管理规定	《中华人民共和国海关进出口货物优惠原产地管理规定》(海关总署令第 181 号公布)		优惠原产地规则
4	亚太贸易协定原产地规则	《中华人民共和国海关〈亚太贸易协定〉项下进出口货物原产地管理办法》(海关总署令第 177 号公布,第 198 号修改)	《亚洲及太平洋经济和社会理事会发展中国家成员国关于贸易谈判的第一协定》	优惠原产地规则
5	中国-东盟自贸区原产地规则	《中华人民共和国海关〈中华人民共和国与东南亚国家联盟全面经济合作框架协议〉项下进出口货物原产地管理办法》(海关总署令第 199 号公布)	《中华人民共和国与东南亚国家联盟全面经济合作框架协议》	优惠原产地规则
6	内地与香港 CEPA 原产地规则	《中华人民共和国海关关于执行〈内地与香港关于建立更紧密经贸关系的安排〉项下〈关于货物贸易的原产地规则〉的规定》(海关总署令第 106 号公布,第 141 号、第 198 号、第 206 号修改)	《内地与香港关于建立更紧密经贸关系的安排》	优惠原产地规则
7	内地与澳门 CEPA 原产地规则	《中华人民共和国海关关于执行〈内地与澳门关于建立更紧密经贸关系的安排〉项下〈关于货物贸易的原产地规则〉的规定》(海关总署令第 107 号公布,第 142 号、第 198 号、第 207 号修改)	《内地与澳门关于建立更紧密经贸关系的安排》	优惠原产地规则
8	中国-巴基斯坦自由贸易协定原产地规则	《中华人民共和国海关〈中华人民共和国政府与巴基斯坦伊斯兰共和国政府自由贸易协定〉项下进口货物原产地管理办法》(海关总署令第 162 号公布,第 198 号修改)	《中华人民共和国政府与巴基斯坦伊斯兰共和国政府自由贸易协定》	优惠原产地规则
9	中国-智利自由贸易协定原产地规则	《中华人民共和国海关〈中华人民共和国与智利共和国政府自由贸易协定〉项下进口货物原产地管理办法》(海关总署令第 151 号公布,第 198 号修改,第 224 号修改)	《中华人民共和国与智利共和国政府自由贸易协定》	优惠原产地规则

续表

序号	原产地规则	主要法规、规章、文件	国际协定	备　注
10	中国-新西兰自由贸易协定原产地规则	《中华人民共和国海关〈中华人民共和国政府和新西兰政府自由贸易协定〉项下进出口货物原产地管理办法》(海关总署令第 175 号公布,第 198 号修改)	《中华人民共和国政府和新西兰政府自由贸易协定》	优惠原产地规则
11	中国-新加坡自由贸易协定原产地规则	《中华人民共和国海关〈中华人民共和国政府和新加坡共和国政府自由贸易协定〉项下进出口货物原产地管理办法》(海关总署令第 178 号公布,第 203 号修改)	《中华人民共和国政府和新加坡共和国政府自由贸易协定》	优惠原产地规则
13	中国-秘鲁自由贸易协定原产地规则	《中华人民共和国海关〈中华人民共和国与秘鲁共和国政府自由贸易协定〉项下进口货物原产地管理办法》(海关总署令第 186 号公布)	《中华人民共和国政府和秘鲁共和国政府自由贸易协定》	优惠原产地规则
14	大陆与台湾 ECFA 原产地规则	《中华人民共和国海关〈海峡两岸经济合作框架协议〉项下进出口货物原产地管理办法》(海关总署令第 200 号公布)	《海峡两岸经济合作框架协议》	优惠原产地规则
15	台湾地区农产品零关税原产地规则	《海关总署关于对原产于台湾地区 15 种进口鲜水果实施零关税有关事宜的公告》(海关总署公告 2005 年第 37 号) 《海关总署关于对原产于台湾地区的 19 种进口农产品免征关税有关事宜的公告》(海关总署公告 2007 年第 6 号)。		优惠原产地规则
16	中国-哥斯达黎加自由贸易协定原产地规则	《中华人民共和国海关〈中华人民共和国政府和哥斯达黎加共和国政府自由贸易协定〉项下进出口货物原产地管理办法》(海关总署令第 202 号公布)	《中华人民共和国政府和哥斯达黎加共和国政府自由贸易协定》	优惠原产地规则
17	中国-冰岛自由贸易协定原产地规则	《中华人民共和国海关〈中华人民共和国政府和冰岛政府自由贸易协定〉项下进出口货物原产地管理办法》(海关总署令第 222 号公布)	《中华人民共和国政府和冰岛政府自由贸易协定》	优惠原产地规则
18	中国-瑞士自由贸易协定原产地规则	《中华人民共和国海关〈中华人民共和国和瑞士联邦自由贸易协定〉项下进出口货物原产地管理办法》(海关总署令第 223 号公布)	《中华人民共和国和瑞士联邦自由贸易协定》	优惠原产地规则